中国文化名著选读

SELECTED READINGS OF CHINESE CULTURAL

李彦东　纪凌云 编

CFP 中国电影出版社
2017・北京

前言
INTRODUCTION

《中国文化名著选读》一书主要是为大学新生编选的同名课程教材，同时也适用于对中国文化感兴趣的文史爱好者，目的是推动大学的博雅教育，在专业分工过于细致乃至于琐碎的当下，将中国文化的一些内在精神通过文本释读的方式传递给年轻一代。

最近二十年，“国学”逐渐升温，相关的出版物和电视讲座铺天盖地，普通民众对“国学”的认知也越来越深入。对于大学生而言，应该有更高一点的追求，对中国文化的了解至少在宏观上有所把握，在微观上有所体悟。这就需要对文化名著有系统而理性的认识。

编选中国文化名著最困难的是选什么和不选什么的问题。在中国文化史上，能够塑造国民心理、转移社会风气和构造文化形态的著作并不少，而且随便选都能找到充分的理由。

为方便教材使用者理解中国文化名著的含义，有几个编选的前提和原则有必要略为交代一下。

第一个原则是以传统中国为范围，对于现代中国，尤其是五四运动以来出现的各种作品不在选择之列。现代中国的文化思考并非不重要，但它的来源比较复杂，而且在语体上与传统文化名著差别甚大。两者并列在一起，不仅篇幅难以统筹，而且对于讲授也会产生巨大的困难。

第二个原则是不选古代文学作品，这与课程设定有关。选修此门课程的不少同学可能会学习专门的中国古代文学史，为了避免在学习时的重复，像《诗经》、唐诗、宋词、《红楼梦》等一概不录。

第三个原则是大致按照四部分类，经部强调体系，史部重视广度，子部看重独特。本次所挑文本长短不一，为了整体上的匀称，每部（篇）名著节选部分约五千字左右。在每篇开头都有提要和版本，提要是模仿四库全书提要，介绍作者、作品的基本信息，以及其意义读法等。版本则为读者提供较为方便的最近出版的可用版本。在文本末尾一般还有参考文献，这是对理解文本较有帮助的研究成果，便于延伸阅读。在全书的末尾，还有文化名著的中英文对照索引，方便读者在阅读相关汉学著作时按图索骥。

此书是合作编选，前后侧重略有差异。魏晋以前部分是由纪凌云编选，考虑到语言文字障碍，注释篇幅甚巨。唐宋以后部分及中英文译名由李彦东完成。

目 录
INTRODUCTION

大　学

题解

《大学》原本是《礼记》中的第四十二篇，相传为曾子所作，实际上出自秦汉时的儒生之手。北宋时得到程颢、程颐的极力尊崇，被抽出独立成篇。南宋时朱熹将《大学》与《中庸》《论语》《孟子》合编注释，自此这四部书被并称为“四书”，并成为学校官定的教科书和历代科举考试的必读书。《大学》概括总结了先秦儒家的道德修养理论，以及关于道德修养的基本原则和方法，对几千年的儒家思想产生了重要影响。《大学》的历代注本很多，主要有宋代朱熹的《大学章句》《大学或问》，明代王守仁的《大学问》，清代陈确的《大学辨》、李塨的《大学传注》等。通行本有清代阮元的《十三经注疏》校刻本。

版本

《大学》的版本主要有两种：一是按《礼记》中《大学》原文进行排定的古

本；一是经朱熹编排整理，划分为经、传的《大学章句》本。后者流传更广、影响更大。

通行本有：

[清]阮元校刻：《十三经注疏》，中华书局1980 年第1 版。

[宋]朱熹撰：《四书章句集注》，中华书局2011年版。

选读

大学之道，在明明德，在亲民，在止于至善。

知止而后有定，定而后能静，静而后能安，安而后能虑，虑而后能得。

物有本末，事有终始，知所先后，则近道矣。

古之欲明明德于天下者，先治其国；欲治其国者，先齐其家；欲齐其家者，先修其身；欲修其身者，先正其心；欲正其心者，先诚其意；欲诚其意者，先致其知。致知在格物。

物格而后知至，知至而后意诚，意诚而后心正，心正而后身修，身修而后家齐，家齐而后国治，国治而后天下平。

自天子以至于庶人，壹是皆以修身为本[1]。

其本乱而末治者否矣，其所厚者薄，而其所薄者厚，未之有也。

《康诰》曰："克明德。"[2]《大甲》曰："顾諟天之明命。"[3]《帝典》曰："克明峻德。"[4]皆自明也。

汤之盘铭曰："苟日新，日日新，又日新。"[5]《康诰》曰："作新民。[6]"《诗》曰："周虽旧邦，其命惟新。[7]"是故，君子无所不用其极。

《诗》云："邦畿千里，惟民所止。[8]"《诗》云："缗蛮黄鸟，止于丘隅。[9]"子曰："于止，知其所止，可以人而不如鸟乎！[10]"《诗》云："穆穆文王，于缉熙敬止！[11]"为人君，止于仁；为人臣，止于敬；为人子，止于孝；为人父，止于慈；与国人交，止于信。

《诗》云："瞻彼淇澳，菉竹猗猗。有斐君子，如切如磋，如琢如磨。瑟兮僩兮，赫兮喧兮。有斐君子，终不可諠兮！[12]”如切如磋者，道学也；如琢如磨者，自修也；瑟兮僩兮者，恂慄也[13]；赫兮喧兮者，威仪也；有斐君子，终不可諠兮者，道盛德至善，民之不能忘也。

《诗》云：“於戏！前王不忘。[14]”君子贤其贤而亲其亲，小人乐其乐而利其利，此以没世不忘也。

子曰：“听讼，吾犹人也，必也使无讼乎！[15]”无情者不得尽其辞。大畏民志，此谓知本。

此谓知本。此谓知之至也。

所谓诚其意者，毋自欺也。如恶恶臭，如好好色，此之谓自谦[16]。故君子必慎其独也！小人闲居为不善[17]，无所不至，见君子而后厌然[18]，揜其不善[19]，而著其善。人之视己，如见其肺肝然，则何益矣[20]。此谓诚于中，形于外，故君子必慎其独也。曾子曰：“十目所视，十手所指，其严乎！”富润屋，德润身，心广体胖，故君子必诚其意。

所谓修身在正其心者：身有所忿懥[21]，则不得其正；有所恐惧，则不得其正；有所好乐，则不得其正；有所忧患，则不得其正。心不在焉，视而不见，听而不闻，食而不知其味。此谓修身在正其心。所谓齐其家在修其身者：人之其所亲爱而辟焉[22]，之其所贱恶而辟焉，之其所畏敬而辟焉，之其所哀矜而辟焉[23]，之其所敖惰而辟焉[24]。故好而知其恶，恶而知其美者，天下鲜矣。故谚有之曰：“人莫知其子之恶，莫知其苗之硕。”此谓身不修不可以齐其家。

所谓治国必先齐其家者，其家不可教而能教人者，无之。故君子不出家而成教于国。孝者，所以事君也；弟者，所以事长也；慈者，所以使众也。《康诰》曰：“如保赤子。[25]”心诚求之，虽不中不远矣。未有学养子而后嫁者也。一家仁，一国兴仁；一家让，一国兴让；一人贪戾，一国作乱；其机如此。此谓一言偾事[26]，一人定国。尧、舜帅天下以仁，而民从之。桀、纣帅天下以暴，而民从之。其所令反其所好，而民不从。是故君子有诸己而后求诸人，无诸己而后非诸人。所藏乎身不恕，而能喻诸人者，未之有也[27]。故治国在齐其家。《诗》云："桃之夭夭，其叶蓁蓁。之子于归，宜其家人。[28]"宜其家人，而后可以教国人。《诗》云："宜兄宜弟。[29]"宜兄宜弟，而后可以教国人。《诗》云："其仪不忒，正是四国。[30]"其为父子兄弟足法，而后民法之也。此谓治国在齐其家。

所谓平天下在治其国者：上老老而民兴孝，上长长而民兴弟，上恤孤而民不倍[31]，是以君子有絜矩之道也[32]。所恶于上，毋以使下；所恶于下，毋以事上；所恶于前，毋以先后；所恶于后，毋以从前；所恶于右，毋以交于左；所恶于左，毋以交于右；此之谓絜矩之道。《诗》云："乐只君子，民之父母。[33]"民之所好好之，民之所恶恶之，此之谓民之父母。《诗》云："节彼南山，维石岩岩。赫赫师尹，民具尔瞻。[34]"有国者不可以不慎，辟则为天下僇矣[35]。《诗》云："殷之未丧师，克配上帝。仪监于殷，峻命不易。[36]"道得众则得国，失众则失国。是故君子先慎乎德。有德此有人，有人此有土，有土此有财，有财此有用。德者，本也；财者，末也。外本内末，争民施夺。是故财聚则民散，财散则民聚。是故言悖而出者，亦悖而入；货悖而入者，亦悖而出。《康诰》曰："惟命不于常。"道善则得之，不善则失之矣。《楚书》曰[37]："楚国无以为宝，惟善以为宝。"舅犯曰："亡人无以为宝，仁亲以为宝。[38]"《秦誓》曰："若有一介臣，断断兮无他技，其心休休焉，其如有容焉。人之有技，若己有之，人之彦圣，其心好之，不啻若自其口出。实能容之，以能保我子孙黎民，尚亦有利哉。人之有技，媢疾以恶之，人之彦圣，而违之俾不通，实不能容，以不能保我子孙黎民，亦曰殆哉！[39]"唯仁人放流之，迸诸四夷[40]，不与同中国。此谓唯仁人为能爱人，能恶人。见贤而不能举，举而不能先，命也；见不善而不能退，退而不能远，过也。好人之所恶，恶人之所好，是谓拂人之性[41]，灾必逮夫身[42]。是故君子有大道，必忠信以得之，骄泰以失之。生财有大道，生之者众，食之者寡，为之者疾，用之者舒，则财恒足矣。仁者以财发身，不仁者以身发财[43]。未有上好仁而下不好义者也，未有好义其事不终者也，未有府库财非其财者也。孟献子曰："畜马乘，不察于鸡豚；伐冰之家，不畜牛羊；百乘之家，不畜聚敛之臣。

与其有聚敛之臣，宁有盗臣。[44]”此谓国不以利为利，以义为利也。长国家而务财用者[45]，必自小人矣。彼为善之，小人之使为国家，灾害并至。虽有善者，亦无如之何矣！此谓国不以利为利，以义为利也。

注释

[1] 壹是：一切。

[2] 《康诰》：《尚书》中的篇名。克明德：能够做到明德的人。

[3] 《大甲》：也是《尚书》中的篇名。顾諟天之明命：要顾到天命我的明德的命令。諟：同“是”。

[4] 《帝典》：即《尧典》，《尚书》中的一篇。峻：光明。

[5] 汤之盘铭：成汤在盥洗的盘子上刻的铭文。苟日新，日日新，又日新：人确实能够每天去除其旧染的习惯，始终不断地去求未知的新道理。

[6] 作新民：鼓励人们做新的人。

[7] 出自《诗·大雅·文王》篇。周虽旧邦，其命惟新：周虽然是旧朝，但是文王能够自新其德并新民之德，而始受天命。

[8] 出自《诗·商颂·玄鸟》篇。邦畿千里，惟民所止：天子之国地方千里，是人民聚集居止之处。

[9] 出自《诗·小雅·绵》篇。缗蛮黄鸟，止于丘隅：“缗蛮、缗蛮”叫着的黄鸟，栖息在山的一角里。

[10] 于止三句：这是孔子对以上两句诗的慨叹，意思是像这种小鸟，尚且知道到可以栖止的地方去栖止，难道人反而不如鸟吗?

[11] 出自《诗·大雅·文王》篇。穆穆文王，于缉熙敬止：这句诗是赞美文王能够继续明其明德，敬其所止，必于至善，好不苟且。穆穆：深远的意思。于（wū）：叹词。缉：继续。熙：光明。敬止：无不敬而安所止。以上四段，《礼记注》本在“此以没世不忘也”之后，朱熹认为是错简，所以移到这里。

[12] 出自《诗·卫风·淇澳》篇，意思是说望那淇水旁边绿色的竹子，竟然这样的

茂盛啊！君子道德茂盛，好像淇澳的绿竹一样。君子的仪容，严密而武毅，又煊赫而盛大。这样的君子，是使人终身不能忘记的。瞻：望。淇：水名。澳（yù）：水边的地方。菉：通“绿”。猗猗：茂盛的样子。斐：文质彬彬的样子。切：剖开。琢：雕刻。磋、磨：磨出光来。瑟：严密的样子。僩（xiàn）：武毅的样子。赫、喧：煊赫盛大的样子。諠（xuān）：忘记。

[13] 恂慄：战惧。

[14] 出自《诗·周颂·烈文》篇。於戏（wūhū）：叹词。前王：谓文、武也。

[15] 出于《论语·颜渊》篇。这段话意思是说：听诉讼者的言语，我跟别人一样，如果一定要说有什么不一样，那就是我会努力使他们向善而不致诉讼。

[16] 谦：通“慊”（qiè），惬意的意思。

[17] 闲居：这里是独居的意思。

[18] 厌然：遮遮掩掩的样子。

[19] 揜：同“掩”。

[20] 人之三句：可是在别人看来，好像看见他的肺肝一样，这样遮掩又有什么好处呢？

[21] 忿懥（zhì）：愤恨发怒的意思。

[22] 之：相当于“于”。辟：同“僻”，偏的意思。

[23] 哀矜：哀怜。

[24] 敖惰：骄傲怠慢。敖：同“傲”。

[25] 如保赤子：《尚书·康诰》中的句子。意思是说，婴儿虽不能言，如果保姆能够真诚地去推求他的意思，关心他的饥饱、冷暖、痛痒，虽然未必能事事猜中，但是相差也不会太远了。

[26] 偾（fèn）事：败事。

[27] 所藏三句：自己没有推己及人的恕道，而想让人家信从你的话，是不可能的。

[28] 出自《诗·周南·桃夭》篇。夭夭：形容桃花的鲜艳。蓁蓁（zhēn）：形容桃叶的茂盛。之子：犹言“是子”，这个女子。于归：女子出嫁。宜其家人：指（女子）与其夫家的人和睦。

[29]出自《诗·小雅·蓼萧》篇。这句诗是说一个人与兄弟必须和睦。

[30]出自《诗·曹风·鸤鸠》篇。仪：指做人的法则。忒：差错。这句诗是说只有自己做人的法则没有差错，才能匡正四方的国家。

[31]倍：同“背”。

[32]絜矩之道：推己度人之道。絜：度。

[33]出自《诗·小雅·南山有壹》篇。

[34]出自《诗·小雅·节南山》篇。节：高峻的样子。岩岩：山石耸立的样子。赫赫：威严的样子。师尹：指周太师尹氏。具：都。瞻：瞻仰。这几句诗是说：威严赫赫的师尹就像高峻的南山、耸立的岩石，正是百姓所共同瞻仰的。

[35]僇：同“戮”。这句是说：如果有所偏失，就要为天下人所诛戮了。

[36]出自《诗·大雅·文王》篇。师：众也。仪：通“宜”。监：观察。峻：大。这一段是说：殷代帝王在没有失去民心以前，还能够配上帝而为天下之主。后来王天下者，应当观察殷纣丧亡的原因，因为受天的大命而为天子是不容易的。

[37]《楚书》：楚国的古书。

[38]舅犯：晋文公重耳的母舅。重耳因为骊姬之乱，出亡在外。舅犯跟着他。这两句话是秦穆公使人劝他图谋复国时，舅犯教他答复使者的。亡人：出亡的人，这里是重耳自称之词。

[39]《秦誓》：《尚书》中的篇名。秦穆公出师袭郑，回师到了殽这个地方，为晋国所败，秦穆公乃作此誓以告群臣。这段话是说：倘若有一个臣子诚实专一，似乎并没有什么特长，而其胸襟宽广，有容人之量，看他人有技能，就好像自己也拥有了一样，看见他人德才兼备，心里便喜欢，他人的话简直好像是他自己说的，实在是能容人。这样的人必能保我的子孙黎民，且有利于国家。如果看见别人有技能，便以嫉妒之心厌恶他，看到别人德才兼备，便设法离弃他，使他不得通于君主，这实在是不能容人。这样的人，一定不能保我的子孙黎民，国家便有危险了。断断兮：诚实专一的样子。休休：宽容的样子。彦：美士也。不啻：不但。黎民：众民。媢（mào）疾：嫉妒。违：离弃。俾：使。殆：危险。

[40]迸：驱逐也。

[41] 拂：违反。

[42] 逮：及。

[43] 仁者二句：仁者散财以聚民，可以王天下，这就叫"以财发身"；不仁者搜刮民财，一定会招致祸殃，这就叫"以身发财"。

[44] 畜马乘一段：做大夫的，不应当再细察养鸡养猪的小利；卿大夫之家，不应当蓄养牛羊以图利；有封地之家，不应当再养那些搜刮民财的家臣。与其有损义的聚敛之臣，宁可有损财的盗臣。孟献子：鲁国的贤大夫仲孙蔑。畜马乘：指士初试为大夫者。伐冰之家：卿大夫以上，丧祭用冰者。百乘之家：指有封地者。聚敛之臣：指善于搜刮百姓的臣子。盗臣：指窃取公家财物的臣子。

[45] 长（zhǎng）国家：做一国的领袖。

参考文献

蔡志忠著：《大学——博大的学问》，生活·读书·新知三联书店1990年版。

钱穆著：《四书释义》，九州出版社2011年版。

周予同原著，朱维铮编校：《群经通论》，上海人民出版社，2012年版。

伍庸伯、严立山著，梁漱溟编著：《儒家修身之门径——〈礼记·大学篇〉伍严两家解说》，商务印书馆2016年版。

中　庸

题　解

与《大学》相似，《中庸》原本也是《礼记》中的一篇，是其中的第三十一篇，相传为孔子的孙子子思所作，北宋时得到程颢、程颐的极力尊崇，被抽出独立成篇。南宋时朱熹将《中庸》与《大学》《论语》《孟子》合编注释，自此这四部书被并称为“四书”，并成为学校官定的教科书和历代科举考试的必读书。书中提出了儒家的“中庸之道”理论，并提出了人性修养的教育理论。《中庸》的历代注本有很多，重要的有宋代程颢的《中庸义》、程颐的《中庸解义》、朱熹的《中庸章句》，清代戴震的《中庸补注》，近代康有为的《中庸注》、马其昶的《中庸谊诂》、胡怀琛的《中庸浅说》等。通行本有清代阮元的《十三经注疏》校刻本。

版　本

通行本有：

[清]阮元校刻:《十三经注疏》, 中华书局1980 年第1 版。

[宋]朱熹撰:《四书章句集注》, 中华书局2011年版。

选读

天命之谓性，率性之谓道，修道之谓教[1]。道也者，不可须臾离也。可离非道也。是故君子戒慎乎其所不睹，恐惧乎其所不闻[2]。莫见乎隐，莫显乎微[3]。故君子慎其独也。

喜怒哀乐之未发，谓之中；发而皆中节，谓之和[4]。中也者，天下之大本也；和也者，天下之达道也。致中和，天地位焉，万物育焉[5]。

仲尼曰："君子中庸，小人反中庸。君子之中庸也，君子而时中[6]；小人之中庸也[7]，小人而无忌惮也。"

子曰："中庸其至矣乎！民鲜能久矣。"

子曰："道之不行也，我知之矣。知者过之，愚者不及也。道之不明也，我知之矣，贤者过之，不肖者不及也。人莫不饮食也，鲜能知味也。"

子曰："道其不行矣夫！"

子曰："舜其大知也与！舜好问而好察迩言，隐恶而扬善，执其两端，用其中于民，其斯以为舜乎！"

子曰："人皆曰'予知'，驱而纳诸罟擭陷阱之中[8]，而莫之知辟也。人皆曰'予知'，择乎中庸而不能期月守也。"

子曰："回之为人也，择乎中庸，得一善，则拳拳服膺而弗失之矣[9]。"

子曰："天下国家可均也，爵禄可辞也，白刃可蹈也，中庸不可能也。"子路问强。子曰："南方之强与？北方之强与？抑而强与[10]？宽柔以教，不报无道，南方之强也，君子居之。衽金革[11]，死而不厌，北方之强也，而强者居之。故君子和而不流[12]，强哉矫[13]。中立而不倚[14]，强哉矫。国有道，不变塞焉[15]，强哉矫。国无道，至死不变，强哉矫。"

子曰："素隐行怪[16]，后世有述焉，吾弗为之矣。君子遵道而行，半涂而废，吾弗能已矣。君子依乎中庸。遁世不见知而不悔，唯圣者能之。”

君子之道费而隐[17]。夫妇之愚，可以与知焉，及其至也，虽圣人亦有所不知焉[18]。夫妇之不肖，可以能行焉，及其至也，虽圣人亦有所不能焉。天地之大也，人犹有所憾。故君子语大，天下莫能载焉；语小，天下莫能破焉。《诗》云：“鸢飞戾天，鱼跃于渊。[19]”言其上下察也[20]。君子之道，造端乎夫妇，及其至也，察乎天地。

子曰：“道不远人。人之为道而远人，不可以为道。《诗》云：‘伐柯伐柯，其则不远。[21]’执柯以伐柯，睨而视之，犹以为远[22]。故君子以人治人，改而止。

“忠恕违道不远[23]。施诸己而不愿，亦勿施于人。

“君子之道四，丘未能一焉：所求乎子，以事父，未能也；所求乎臣，以事君，未能也；所求乎弟，以事兄，未能也；所求乎朋友，先施之，未能也。庸德之行，庸言之谨，有所不足，不敢不勉，有余不敢尽[24]。言顾行，行顾言，君子胡不慥慥尔[25]！”

君子素其位而行，不愿乎其外[26]。素富贵，行乎富贵；素贫贱，行乎贫贱；素夷狄，行乎夷狄；素患难，行乎患难。君子无入而不自得焉[27]。

在上位不陵下，在下位不援上，正己而不求于人则无怨。上不怨天，下不尤人。故君子居易以俟命，小人行险以徼幸[28]。子曰：“射有似乎君子，失诸正鹄[29]，反求诸其身。”

君子之道，辟如行远必自迩，辟如登高必自卑。《诗》曰：“妻子好合，如鼓瑟琴。兄弟既翕，和乐且耽。宜尔室家，乐尔妻帑。[30]”子曰：“父母其顺矣乎！”

子曰：“鬼神之为德，其盛矣乎。视之而弗见，听之而弗闻，体物而不可遗。使天下之人齐明盛服[31]，以承祭祀。洋洋乎，如在其上，如在其左右。《诗》曰：‘神之格思，不可度思，矧可射思？[32]’夫微之显，诚之不可揜如此夫[33]！”

子曰：“舜其大孝也与！德为圣人，尊为天子，富有四海之内。宗庙飨之，子孙保之。故大德必得其位，必得其禄，必得其名，必得其寿。故天之生物，必因其材而笃焉。故栽者培之，倾者覆之[34]。

“《诗》云：‘嘉乐君子，宪宪令德。宜民宜人。受禄于天。保佑命之，自天申之。[35]’故大德者必受命。”

子曰：“无忧者，其惟文王乎！以王季为父，以武王为子，父作之，子述之[36]。武王缵大王、王季、文王之绪[37]，壹戎衣而有天下[38]。身不失天下之显名。尊为天子，富有四海之内，宗庙飨之，子孙保之。

“武王末受命，周公成文武之德，追王大王、王季[39]，上祀先公以天子之礼。斯礼也，达乎诸侯大夫，及士庶人。父为大夫，子为士，葬以大夫，祭以士。父为士，子为大夫，葬以士，祭以大夫。期之丧，达乎大夫；三年之丧，达乎天子；父母之丧，无贵贱，一也。”

子曰：“武王、周公，其达孝矣乎！夫孝者，善继人之志，善述人之事者也。春秋修其祖庙[40]，陈其宗器[41]，设其裳衣[42]，荐其时食[43]。

“宗庙之礼，所以序昭穆也[44]。序爵[45]，所以辨贵贱也。序事[46]，所以辨贤也。旅酬[47]，下为上，所以逮贱也；燕毛，所以序齿也[48]。

“践其位，行其礼，奏其乐，敬其所尊，爱其所亲，事死如事生，事亡如事存，孝之至也。

“郊社之礼，所以事上帝也。宗庙之礼，所以祀乎其先也。明乎郊社之礼、禘尝之义[49]，治国其如示诸掌乎！”

哀公问政。子曰：“文武之政，布在方策[50]。其人存，则其政举；其人亡，则其政息。人道敏政，地道敏树。夫政也者，蒲卢也[51]。

“故为政在人，取人以身，修身以道，修道以仁。仁者，人也，亲亲为大。义者，宜也，尊贤为大。亲亲之杀，尊贤之等，礼所生也[52]。

“在下位不获乎上，民不可得而治矣。

“故君子不可以不修身。思修身，不可以不事亲。思事亲，不可以不知人。思知人，不可以不知天。

“天下之达道五，所以行之者三。曰：君臣也、父子也、夫妇也、昆弟也、朋友之交也五者，天下之达道也；知、仁、勇三者，天下之达德也。所以行之者一也[53]。

“或生而知之，或学而知之，或困而知之，及其知之，一也。或安而行之，或利而行之，或勉强而行之，及其成功，一也。”

子曰：“好学近乎知，力行近乎仁，知耻近乎勇。

“知斯三者，则知所以修身。知所以修身，则知所以治人。知所以治人，则知所以治天下国家矣。

“凡为天下国家有九经[54]，曰：修身也、尊贤也、亲亲也、敬大臣也、体群臣也、子庶民也、来百工也、柔远人也、怀诸侯也[55]。

“修身则道立，尊贤则不惑，亲亲则诸父昆弟不怨，敬大臣则不眩[56]，体群臣则士之报礼重，子庶民则百姓劝，来百工则财用足，柔远人则四方归之，怀诸侯则天下畏之。

“齐明盛服，非礼不动，所以修身也；去谗远色[57]，贱货而贵德，所以劝贤也；尊其位，重其禄，同其好恶，所以劝亲亲也[58]；官盛任使[59]，所以劝大臣也；忠信重禄，所以劝士也；时使薄敛[60]，所以劝百姓也；日省月试[61]，既禀称事[62]，所以劝百工也；送往迎来，嘉善而矜不能，所以柔远人也；继绝世，举废国[63]，治乱持危，朝聘以时，厚往而薄来，所以怀诸侯也。凡为天下国家有九经，所以行之者一也。

“凡事，豫则立，不豫则废[64]。言前定，则不跲[65]。事前定，则不困。行前定，则不疚[66]。道前定，则不穷。

“在下位不获乎上，民不可得而治矣。获乎上有道，不信乎朋友，不获乎上矣；信乎朋友有道，不顺乎亲，不信乎朋友矣；顺乎亲有道，反诸身不诚，不顺乎亲矣；诚身有道，不明乎善，不诚乎身矣。

“诚者，天之道也；诚之者，人之道也。诚者，不勉而中，不思而得，从容中道，圣人也。诚之者，择善而固执之者也。

“博学之，审问之，慎思之，明辨之，笃行之。有弗学，学之弗能弗措也[67]；有弗问，问之弗知弗措也；有弗思，思之弗得弗措也；有弗辨，辨之弗明弗措也；有弗行，行之弗笃弗措也。人一能之，己百之；人十能之，己千之。果能此道矣，虽愚必明，虽柔必强。”

自诚明，谓之性；自明诚，谓之教[68]。诚则明矣，明则诚矣。

唯天下至诚，为能尽其性；能尽其性，则能尽人之性；能尽人之性，则能尽物之性；能尽物之性，则可以赞天地之化育；可以赞天地之化育，则可以与天地参矣[69]。

其次致曲[70]。曲能有诚[71]。诚则形，形则著，著则明，明则动，动则变，变则化[72]。唯天下至诚为能化。

至诚之道，可以前知。国家将兴，必有祯祥；国家将亡，必有妖孽。见乎蓍龟[73]，动乎四体。祸福将至，善必先知之；不善，必先知之。故至诚如神。

诚者自成也，而道自道也。诚者物之终始，不诚无物。是故君子诚之为贵。诚者非自成己而已也，所以成物也[74]。成己，仁也；成物，知也。性之德也，合外内之道也，故时措之宜也[75]。

故至诚无息[76]。不息则久，久则征。征则悠远，悠远则博厚，博厚则高明。博厚，所以载物也；高明，所以覆物也；悠久，所以成物也。博厚配地，高明配天，悠久无疆。如此者，不见而章，不动而变，无为而成[77]。

天地之道，可一言而尽也：其为物不贰，则其生物不测。天地之道，博也，厚也，高也，明也，悠也，久也。今夫天，斯昭昭之多，及其无穷也，日月星辰系焉，万物覆焉。今夫地，一撮土之多，及其广厚，载华岳而不重，振河海而不泄，万物载焉[78]。今夫山，一卷石之多，及其广大，草木生之，禽兽居之，宝藏兴焉。今夫水，一勺之多，及其不测，鼋鼍蛟龙鱼鳖生焉，货财殖焉。

《诗》云：“维天之命，于穆不已。[79]”盖曰天之所以为天也。“于乎不显，文王之德之纯。[80]”盖曰文王之所以为文也，纯亦不已。

大哉圣人之道！洋洋乎[81]，发育万物，峻极于天[82]。优优大哉[83]！礼仪三百[84]，威仪三千[85]。待其人而后行。故曰：“苟不至德[86]，至道不凝焉[87]。”故君子尊德性而道问学[88]，致广大而尽精微，极高明而道中庸，温故而知新，敦厚以崇礼。是故居上不骄，为下不倍。国有道，其言足以兴；国无道，其默足以容[89]。《诗》曰："既明且哲，以保其身。[90]"其此之谓与？

子曰："愚而好自用，贱而好自专[91]，生乎今之世，反古之道。如此者，灾及其身者也。"

非天子，不议礼，不制度，不考文[92]。今天下，车同轨，书同文，行同伦。虽有其位，苟无其德，不敢作礼乐焉；虽有其德，苟无其位，亦不敢作礼乐焉。

子曰："吾说夏礼，杞不足徵也[93]；吾学殷礼，有宋存焉；吾学周礼，今用之，吾从周。"

王天下有三重焉[94]，其寡过矣乎！上焉者虽善无徵，无徵不信，不信民弗从；下焉者虽善不尊，不尊不信，不信民弗从。故君子之道，本诸身[95]，徵诸庶民，考诸三王而不缪，建诸天地而不悖，质诸鬼神而无疑，百世以俟圣人而不惑。质鬼神而无疑，知天也；百世以俟圣人而不惑，知人也。

是故君子动而世为天下道[96]，行而世为天下法，言而世为天下则。远之，则有望；近之，则不厌。

《诗》曰："在彼无恶，在此无射。庶几夙夜，以永终誉！[97]"君子未有不如此而蚤有誉于天下者也。

仲尼祖述尧舜[98]，宪章文武[99]。上律天时[100]，下袭水土[101]。辟如天地之无不持载，无不覆帱[102]，辟如四时之错行，如日月之代明[103]。万物并育而不相害，道并行而不相悖，小德川流，大德敦化[104]，此天地之所以为大也。

唯天下至圣，为能聪明睿知，足以有临也[105]；宽裕温柔，足以有容也；发强刚毅，足以有执也[106]；齐庄中正[107]，足以有敬也；文理密察[108]，足以有别也。

溥博渊泉[109]，而时出之[110]。溥博如天，渊泉如渊。见而民莫不敬，言而民莫不信，行而民莫不说。是以声名洋溢乎中国，施及蛮貊[111]。舟车所至，人力所通，天之所覆，地之所载，日月所照，霜露所队[112]，凡有血气者，莫不尊亲，故曰配天。

唯天下至诚，为能经纶天下之大经[113]，立天下之大本，知天地之化育。夫焉有所倚[114]？肫肫其仁[115]！渊渊其渊[116]！浩浩其天[117]！苟不固聪明圣知达天德者，其孰能知之？

《诗》曰："衣锦尚絅。[118]"恶其文之著也。故君子之道，闇然而日章[119]；小人之道，的然而日亡[120]。君子之道，淡而不厌，简而文，温而理，知远之近，知风之自，知微之显，可与入德矣。

《诗》云："潜虽伏矣，亦孔之昭。[121]"故君子内省不疚[122]，无恶于志。君子之所不可及者，其唯人之所不见乎。"

《诗》云："相在尔室，尚不愧于屋漏。[123]"故君子不动而敬，不言而信。

《诗》曰："奏假无言，时靡有争。[124]"是故君子不赏而民劝，不怒而民威于鈇钺[125]。

《诗》曰："不显惟德，百辟其刑之。[126]"是故君子笃恭而天下平。

《诗》云："予怀明德，不大声以色。[127]"子曰："声色之于以化民，末也。"

《诗》曰："德輶如毛。[128]"毛犹有伦。"上天之载，无声无臭。[129]"至矣！

注释

[1] 天命三句：这是《中庸》的总纲。性是人性，道即人道，胜任以礼乐刑政之属为教于天下，正是率循人性，修明人道而已。

[2] 是故二句：君子对于做人的道理，虽然没有目睹，也要警戒着；没有耳闻，也要担心着。戒慎：警戒，谨慎。恐惧：担心的意思。

[3] 莫见二句：暗得看不见的地方，却是最显露的；细得看不见的东西，却是最显著的。暗得看不见的地方叫"隐"，细得看不见的东西叫"微"。

[4] 喜怒四句：当喜怒哀乐的情绪未发动的时候，人心寂然不动，所以没有过和

不及的弊病，这就叫作“中”；如果情感发动出来，也能无过、无不及，正中其节，这就叫作“和”。

[5] 致中和三句：如果能达到中和的境界，那么天地便可运行，万物便可生长发育。

[6] 时中：无时不中。

[7] 小人之中庸也：王肃本作“小人之反中庸也”。

[8] 罟（gǔ）：捕鱼鸟的网。擭：捕兽的机槛。陷阱：捕兽的陷坑。

[9] 拳拳：奉持之貌。服膺：存在心中。

[10] 抑：还是。而：同“尔”。

[11] 衽：带着。金革：刀枪甲胄之类。

[12] 和而不流：是说以和待人却不为流俗所移。

[13] 强哉矫：形容强者武勇的神气。

[14] 中立句：守中庸之道，而无所偏倚。

[15] 国有二句：国有道，虽达而在上，仍不变其未达时之所守。

[16] 素隐行怪：平素隐居，行动怪僻。一说“素”为“索”字之误。

[17] 费：这里指君子之道用途广大。隐：指君子之道内涵微妙。

[18] 夫妇四句：君子之道就其大体而论，一般的愚夫愚妇都可以与闻知道，至于精微神妙之处，即使是圣人也有所不知。

[19] 出自《诗·大雅·旱麓》篇。戾：至。

[20] 察：这里是至的意思。

[21] 出自《诗·豳风·伐柯》篇。柯：斧柄。则：法则，榜样。

[22] 执柯三句：拿着斧柄去砍斧柄，却斜着眼睛去看别的地方，也是离道很远啊。

[23] 忠恕：朱熹注说，“尽己之心为忠，推己及人为恕”。

[24] 庸德五句：我只是实践平常的道德，谨守平常的言论。（行为方面）自己觉得欠缺的，不敢不勉励，（言论方面）虽然自觉有余，却不敢尽言。

[25] 言顾三句：言要照顾到行，行要照顾到言，君子怎么能不自勉呢？慥慥（zào）：忠厚诚实的样子。

[26] 君子二句：君子做人，在怎样的地位，就怎样做法，不希望做地位以外的事

情。素：现在的意思。

[27]君子句：君子无论在什么地位，都能随遇而安，悠然自得，不做非分之想。

[28]故君子二句：所以君子能居于平易的地位，以待天命的到来；小人却要冒险钻营，希望能够侥幸得到。徼幸：即“侥幸”。

[29]正鹄：古代射箭时所张的箭靶，叫作侯。侯的中央，缝上一块皮，叫做鹄。鹄的中央，画着一个中心，叫做正。

[30] 出自《诗·小雅·棠棣》篇。翕：合。妻拏（nú）：妻子。

[31]齐：同“斋”，斋戒。明：洁净。

[32]出自《诗·大雅·抑》篇。这段诗的意思是：鬼神来享受祭祀，无形无声，不可意度，又怎么能够厌怠不敬呢？格：来。思：语助辞。矧（shěn）：何况。射（yì）：厌怠不敬。

[33]夫微二句：所谓道，其微之显，确实不可掩藏，也如此吧！揜：同“掩”。

[34]故栽二句：所以（对人就如同对树木一样）可以栽培的树木，一定加以栽培灌溉；将倾倒之树，一定加以砍伐。

[35]出自《诗·大雅·假乐》篇。嘉：善。宪宪：兴盛的样子。令德：美德。宜民宜人：意思是宜于治理人民。自天申之：意思是天重申其命。

[36]父作二句：父亲创业，儿子继志述事。

[37]缵（zuǎn）：继承。

[38]壹戎衣句：是说武王一着戎衣，便打败纣王，得了天下。

[39]追王句：指大王、王季的王号，是周公追加的。

[40]祖庙：祖宗神位所在的庙。

[41]宗器：先世重要的祭器。

[42]裳衣：祖先穿过的衣服。

[43]荐：进献。时食：四季应时的食物。

[44]昭穆：宗庙里的神位，左边称昭，右边称穆，行礼于宗庙子孙亦以为序。

[45]序爵：以官爵的大小为序。

[46] 序事：以宗庙中行礼时的职事为序。

[47]旅酬：众人同饮酒的意思。饮酒之时，弟子等皆得举觯（zhì）于其长，是下为上所酬，是普及于贱者了。

[48]燕：同“宴”。毛：同“耄”。宴请老人，以年齿为序。

[49]郊：祭天。社：祭地。禘（dì）：古代帝王或诸侯在始祖庙里对祖先的一种盛大祭祀。尝：秋祭。

[50]方策：指书籍。

[51]人道二句：人道莫敏于政治，地道莫敏于树植。政治就好像蒲卢一样。

[52]亲亲三句：亲亲之杀，尊贤之等，都是由礼产生的。杀：等差。先由最亲的人，推之于次亲的人，再由次亲的人，推之于疏远的人，一等一等地推及开，叫做“亲亲之杀”。贤者也有等级，最贤的人最宜尊敬，依次推及开，叫作“尊贤之等”。

[53]所以句：王引之认为“一”为衍文，此句应为“所以行之者也”。

[54]九经：九项大纲。

[55]体：体恤。子庶民：爱民如子。来：劝勉。柔远人：安抚远方之人。

[56]眩：昏眩。

[57]谗：专说人坏话的谗人。色：女色。

[58]劝亲亲：劝勉人们亲近亲族。

[59]官盛任使：是指大臣应当使其属员盛多，听其任使。

[60]时使：使民以时。

[61]省：视察。试：考验。

[62]既：通“饩”（xì）。饩禀：公家发给的粮食。称：相当。

[63]继绝世二句：诸侯之国，有世系已绝的使之得以继续；有国事已废的，使之得以振兴。

[64]豫：准备。

[65]跲：通“翕（xī）”，闭塞，这里是说不出来的意思。

[66]疚：惭愧悔恨。

[67]有弗学二句：除非不学，既然学了，不到学识渊博，绝对不肯作罢。措：丢弃，搁置。

[68] 自诚明二句：自诚而明，这是天性使然；自明而诚，这是从努力于学问思辨而得的。

[69] 与天地参：与天地一起为三，即与天地并立。

[70] 致：这里指用心去做，一点儿也不放松的意思。曲：指细微的某一方面事情。

[71] 曲能句：细微的某一方面事情，都能做到诚的地步。

[72] 诚则六句：诚就会表现出来，表现出来就会很显著，显著就会很明白，明白就能感动众人，感动众人之后，其他人就能自己改除恶习，化成善俗了。

[73] 蓍（shī）龟：蓍草和龟甲，用于占卜。

[74] 诚者二句：所谓诚者，不但可以完成自己的人格，还可以使一般人完成人格，许多物都完成其所受于自然的性格。

[75] 性之三句：仁和知是天生的德性，不假他物，成己成物，施行于任何事情都是适宜的。

[76] 息：停息，止息。

[77] 不见三句：不用表现也会自然彰明，不用有所动作也会自然变化入神，不必有所施为也会有所成就。

[78] 昭昭：小小的光明。振：这里是“洒”的意思。

[79] 出自《诗·周颂·维天之命》篇。于：叹词。穆：深远的意思。不已：不息。

[80] 出自《诗·周颂·维天之命》篇。于乎：即呜呼。不：发声，无义。

[81] 洋洋：高大的样子。

[82] 峻：高大。

[83] 优优：宽裕的样子。

[84] 礼仪：周朝所定的大仪节。

[85] 威仪：周朝所定的小仪节。

[86] 至德：指圣人之德。

[87] 凝：这里是成功的意思。

[88] 尊：恭敬奉持。德性：即天命之性。道问学：讲学问。

[89] 其默句：指君子默而不言，也足以使自己免于祸患。

[90] 出自《诗·大雅·烝民》篇。

[91] 自专：不听别人的意见，仅凭自己的意思去做。

[92]考文：考定文字。

[93]杞：夏之后为杞国。后一句中的宋国为殷之后。徵：同“征”，证明。

[94]三重：郑玄认为指的是“三王之礼”，即议礼、制度、考文，“重”音zhòng。康有为认为“重”音chóng，指拨乱升平、太平三世之中，又各有三世；小三世之中，又各有其三世。

[95]本诸身：指从自身做起。

[96] 动：这里是兼言、行而言。世：世世，每一世，在句中作状语。

[97] 出自《诗·周颂·振鹭》。恶：厌恶。射：这里也是厌恶。庶几：表示希望的语气词。夙夜：早夜。永终誉：恒久保持其令誉。

[98]祖述：宗其道而传述之。

[99]宪章：取法的意思。

[100]律：取法。

[101] 袭：因袭。

[102] 帱（dào）：覆盖的意思。

[103] 错、代：都是更迭的意思。

[104] 敦化：笃厚，华育。

[105] 临：指居上而临下。

[106] 执：守的意思。

[107] 齐：同“斋”。齐庄：敬肃庄重。

[108] 文理：条理。密察：详细而明白。

[109] 溥博：周遍而广大的意思。渊泉：幽深而深浚的意思。

[110] 时：时时。出：表现出来。

[111] 施：同“迪（yí）”，旁及的意思。

[112] 队：同“坠”。

[113] 经纶：本义为织丝，引申为治理的意思。

[114] 焉有所倚：何尝倚仗别的呢？

[115] 肫肫（zhūn）：诚恳之貌。

[116] 渊渊：静穆之貌。

[117] 浩浩：广大之貌。

[118] 出自《诗·卫风·硕人》。衣（yì）：穿。锦：有彩色的绸衣。尚：加。絅（jiǒng）：单层的罩衫。穿了彩色的绸衣，外面还要加上一件单衫，是因为嫌锦衣的纹彩太明显的缘故。

[119] 闇：同"暗"。

[120] 的然：清楚显著的样子。

[121] 出自《诗·小雅·正月》篇。潜：隐藏。伏：不见。孔：甚。昭：明。

[122] 内省不疚：自己心里反省，没有什么悔恨。

[123] 出自《诗·大雅·抑》篇。这两句诗是说：君子独居内室，也能无愧于心。相：看。尔：你，这里指君子。屋漏：屋子的西北角最深的地方。

[124] 出自《诗·商颂·烈祖》篇。这两句诗的意思是：进至无言，没有与之争者。奏：进。假：通"假"，这里是至的意思。靡有：没有。

[125] 鈇：同"斧"。钺：大斧。

[126] 出自《诗·商颂·烈祖》篇。不：发声，无义。辟：君，这里指诸侯。刑：同"型"。刑之，就是奉他为典型的意思。

[127] 出自《诗·大雅·皇矣》篇。这两句诗是说：我怀明德以化民，不在大声与大色。以：与。声、色：分别指言论和仪容。

[128] 出自《诗·小雅·烝民》篇。輶（yóu）：这里是轻的意思。

[129] 出自《诗·大雅·文王》篇。载：事。

参考文献

张岂之主编：《中国儒学思想史》，陕西人民出版社1990年版。

谭宇权著：《中庸哲学研究》，文津出版社1995年版。

陈科华著:《儒家中庸之道研究》,广西师范大学出版社2000年版。

董根洪著:《儒家中和思想通论》,齐鲁书社2001年版。

徐儒宗著:《中庸论》,浙江古籍出版社2004年版。

赵敏俐、尹小林编:《国学备览》,首都师范大学出版社2007年版。

杜维明著、段德智译:《〈中庸〉洞见》,人民出版社2008年版。

杜维明著、段德智译:《中庸:论儒学的宗教性》,生活·读书·新知三联书店2013年版。

论　语

题 解

《论语》是一部由孔子弟子和再传弟子记录孔子思想言行的语录体著作，约成书于战国初期。今本《论语》由东汉郑玄综合多种版本而成，共二十篇。每一篇的篇名取自各篇首章的前两个或三个字，并无实际意义。《论语》一书反映了孔子伦理体系最基本的思想，对后世的思想和学术影响至深，对中华民族的心理状态和民族性格的铸造都起到了巨大的作用。《论语》的注本很多，重要的有三国何晏的《论语集解》、南朝皇侃的《论语义疏》、北宋邢昺的《论语注疏》、南宋朱熹的《论语集注》、清代刘宝楠的《论语正义》等。

版 本

通行本有：

[清]阮元校刻：《十三经注疏》，中华书局1980年第1版。

程树德撰：《论语集释》，中华书局1990年版。

杨伯峻译注：《论语译注》，中华书局2009年版。

选读

乡党

孔子于乡党[1]，恂恂如也[2]，似不能言者[3]。其在宗庙朝廷，便便言[4]，唯谨尔[5]。

朝[6]，与下大夫言[7]，侃侃如也[8]；与上大夫言[9]，訚訚如也[10]。君在，踧踖如也[11]，与与如也[12]。

君召使摈[13]，色勃如也[14]，足躩如也[15]。揖所与立[16]，左右手[17]，衣前后，襜如也[18]。趋进，翼如也[19]。宾退，必复命曰："宾不顾矣。"

入公门[20]，鞠躬如也[21]，如不容。立不中门，行不履阈[22]。过位[23]，色勃如也，足躩如也，其言似不足者[24]。摄齐升堂[25]，鞠躬如也，屏气似不息者。出[26]，降一等[27]，逞颜色[28]，怡怡如也[29]；没阶，趋[30]，翼如也；复其位[31]，踧踖如也。

执圭[32]，鞠躬如也，如不胜[33]。上如揖，下如授[34]。勃如战色，足蹜蹜如有循[35]。享礼[36]，有容色[37]。私觌[38]，愉愉如也[39]。

君子不以绀緅饰[40]，红紫不以为亵服[41]。当暑袗絺绤[42]，必表而出之[43]。缁衣羔裘[44]，素衣麑裘[45]，黄衣狐裘[46]。亵裘长[47]，短右袂[48]。必有寝衣[49]，长一身有半。狐貉之厚以居[50]。去丧，无所不佩[51]。非帷裳，必杀之[52]。羔裘玄冠不以吊[53]。吉月[54]，必朝服而朝。

齐，必有明衣[55]，布。齐必变食[56]，居必迁坐[57]。

食不厌精，脍不厌细[58]。食饐而餲[59]，鱼馁而肉败[60]，不食；色恶，不食；臭恶，不食；失饪[61]，不食；不时[62]，不食；割不正，不食；不得其酱[63]，不食。肉虽多，不使胜食气[64]。唯酒无量，不及乱。沽酒市脯[65]，不食。不撤姜食，不多食。祭于公[66]，不宿肉。祭肉[67]，不出三日；出三日，不食之矣。

食不语，寝不言。

虽疏食菜羹，瓜祭，必齐如也[68]。

席不正，不坐。

乡人饮酒，杖者出[69]，斯出矣。乡人傩[70]，朝服而立于阼阶[71]。

问人于他邦[72]，再拜而送之。康子馈药[73]，拜而受之。曰："丘未达，不敢尝。[74]"

厩焚。子退朝，曰："伤人乎？"不问马。

君赐食，必正席先尝之；君赐腥[75]，必熟而荐之[76]；君赐生，必畜之。侍食于君[77]，君祭[78]，先饭[79]。

疾，君视之，东首，加朝服，拖绅[80]。

君命召，不俟驾行矣[81]。

入太庙，每事问。

朋友死，无所归[82]，曰："于我殡。[83]"朋友之馈，虽车马，非祭肉，不拜。

寝不尸，居不容[84]。

见齐衰者[85]，虽狎[86]，必变。见冕者与瞽者，虽亵[87]，必以貌[88]。凶服者式之[89]，式负版者[90]。

有盛馔[91]，必变色而作[92]。

迅雷风烈，必变。

升车，必正立执绥。车中，不内顾，不疾言，不亲指。

色斯举矣，翔而后集[93]。曰："山梁雌雉，时哉！时哉！[94]"子路共之[95]，三嗅而作[96]。

注释

[1] 乡党：乡里。

[2] 恂恂：恭敬温和的样子。如：词尾，相当于"然"，……的样子。

[3] 似不句：好像不能说话。并不是孔子真的不能说话，而是乡党是父兄宗族之所在，孔子不想以贤能来表现自己，因此言语寡少。

[4] 便便（pián）：能言善辩的样子。

[5] 谨：谨慎。

[6] 朝：在朝廷上，这里是指国君未视朝时。

[7] 下大夫：指官位与孔子相当的，及位在孔子之下的。

[8] 侃侃：通“衎”（kàn），和气，欢乐。

[9] 上大夫：即卿，官位在孔子之上的。

[10] 訚訚（yín）：和悦而正直地争辩。

[11] 踧踖（cù jí）：恭敬而不安的样子。

[12] 与与：行步安舒。

[13] 摈：同“傧”，迎客。

[14] 勃如：变色，这里指变色起敬。

[15] 躩（jué）如：两脚盘旋逡巡之貌，敬君命故也。

[16] 所与立：指与他一同为傧的人。

[17] 左右手：揖左人左其手，揖右人右其手。

[18] 襜（chān）如：整齐的样子。

[19] 趋：快步走。翼如：疾趋而两手不动，好像鸟张开翅膀飞翔，所以说“翼如”。

[20] 入公门：入君主的门。古时诸侯有三门：库门、雉门、路门。

[21] 鞠躬如：低着头进去，好像鞠躬的样子。

[22] 阈：门槛。

[23] 位：指君主的座位。进了库门，到外朝（诸侯三朝之一，另两朝是治朝和内朝），就见到君主不常御的座位。

[24] 其言似不足：是说走过外朝的君位以后，因为渐进君主，所以即使与人说话，也不敢放肆，好像说不畅快的样子。

[25] 摄：撩。齐（zī）：衣服的下摆。升堂：由外朝入雉门，升君主平常听政的治朝之堂。

[26] 出：指退朝时走出治朝之堂。

[27] 等：台阶。

[28] 逞：舒展。

[29] 怡怡如：和悦的样子。

[30] 趋："趋"下当有"进"字，"没阶趋进"是说台阶走完了，在平地上向前走，虽然不像对君主时的恭敬，也很端正。

[31] 复其位：指出雉门，回到外朝，又经过君主的虚位。

[32] 圭：是玉，上锐下方，诸侯各有命圭，为君聘使邻国，须持君之圭往。

[33] 如不胜：好像拿不动的样子。

[34] 上如二句：是说执圭的高低。

[35] 勃如二句：执圭的时候，小心谨慎，惟恐失礼，脸色和平时不一样，有像战栗的样子。行步促狭，不敢走大步，而且像循着轨道而行，也表示谨慎的意思。

[36] 享：献。行完授圭礼后，行享礼。聘礼授圭，享礼授璧。

[37] 有容色：指这时不再有战栗之色，容貌比先前从容。

[38] 觌（dí）：见。行聘享公礼完毕，和邻国君主，以私人的资格相见，叫做"私觌"。

[39] 愉愉：一种和气的神情和相貌。

[40] 绀（gān）：天青色，又名红青色，深青近黑。緅（zōu）：黑中带红的颜色。饰：做领缘。因为绀色是斋服，以绀为饰，则像斋服。緅色是用来装饰三年之丧的练服的，以緅为饰，则类似丧服。

[41] 亵服：在家中私居时所穿的衣服。红紫是间色不是正色，并且近于夫人女子之服，因此孔子不用此二色。

[42] 当暑：当暑热的时候。袗（zhěn）：单衣。絺绤（chī xì）：细葛布和粗葛布。

[43] 表：指在单衣外面再加一件衣服。

[44] 缁衣：黑色的衣服。羔裘：是黑羊皮。古人穿皮袄，毛向外，皮袄的外面加一单衣，这单衣叫做"裼"（xī）。这段话中说的"衣"，指的就是裼。孔子要里面和外面衣服的颜色相称，所以裼和裘一定用一样的颜色。

[45]素衣：白色的衣服。麑裘：是白色的麑皮。

[46]狐裘：狐裘是黄色的。

[47]亵裘：家居时穿的皮袄，做得长，为了取暖。

[48]短右袂：右手的衣袖短些，这是为了便于做事。

[49]寝衣：就是今天的被子。长一身有半是为了使手脚不外露。

[50]狐貉：狐皮袄，毛长而暖。居：家居。家居的时候，衣服贵暖，所以穿狐貉。一说居是坐的意思，这里是指用狐貉做坐褥。

[51]去丧二句：平常的时候，身边一定带挂玉器，只有在服丧期间，把佩玉去掉。

[52]非帷裳二句：不是朝祭之服，一定要剪裁。朝祭之服，因为用正幅布做，前三幅，后四幅，所以不用剪裁。别的衣服，一定要剪裁。帷裳：朝祭之服。杀：剪裁。

[53]羔裘玄冠：是吉服，因此孔子不用以吊丧。

[54]吉月：每月初一。

[55]明衣：沐浴时穿的衣服。

[56]变食：改变平时的饮食习惯，不饮酒，不吃荤。

[57]迁坐：改变居处。

[58]食不二句：孔子对于吃饭饮食，乐在其中，并不要求极尽精细。厌：极。脍：切细的牛、养、猪、鱼之类。

[59]饐（yì）：食物腐败发臭。餲（ài）：食物经久而变味。

[60]馁：鱼坏。败：肉坏。

[61]失饪：指食物没有煮熟。

[62]不时：不是吃饭的时候。一说为指果实未熟的时候。

[63]酱：种类不一，有烹饪时用的，有吃饭时用的，孔子对于食物，如果没有适宜的酱，也不吃。

[64]不使句：不让吃的肉量超过饭量。

[65]沽酒市脯：市场上买来的酒和干肉。

[66]祭于公：祭于公家。公祭的肉，等分到，已经过了三天了，所以孔子一定当天就吃，不再过夜。

[67]祭肉：指自己家里祭祀的肉。

[68]虽疏食三句：孔子贫贱时祭祀祖先，虽然用粗饭、菜羹或瓜类，祭品很单薄，但他的容貌是很严敬的。疏：粗。

[69]杖者：指年老的人。

[70]傩（nuó）：古时的一种风俗，四个人戴着面具，穿着特定的服饰，执戈扬盾，用于驱邪逐疫。

[71]阼阶：东面的台阶。

[72]问人于他邦：指孔子派使者到外国访问朋友，同时以物送给朋友。

[73]康子：即鲁国卿士季康子。

[74]丘未达二句：我还不知道这药治什么病，所以不敢尝。

[75]腥：指生的鱼或肉。

[76]荐：指进献给祖先。

[77]侍食于君：孔子侍坐于君主旁边，即陪君吃饭。

[78]祭：古礼之一。吃饭时把食物先取出少许，放在俎豆边，以祭祀先代初造饮食的人。

[79]先饭：是说孔子先尝食。

[80]疾五句：是说国君来看病，把朝服盖在身上，又把绅拖在朝服上面，以尽礼。东首：是睡时头在东面。这样君临榻前，便正好是南面了。绅：大带。

[81]不俟驾行矣：等不及马和车子驾好，便步行而去。

[82]无所归：指没有家族来料理丧事。

[83]于我殡：由我来殡殓他。

[84]寝不尸二句：不像尸首一样直挺挺地躺在床上，平日住在家里也不像上朝或祭祀时那么庄肃。

[85]齐衰（zī cuī）：丧服，这里用作动词。

[86]狎：指跟自己素来相熟亲近。

[87]亵：与狎同义。

[88]貌：礼貌。

[89]凶服者：即上文所说齐衰者。式：同“轼”，车上横木。这里用作动词，指把身体依靠在轼上以表敬意。

[90]版：竹版、木版。古时候没有纸，书都是用竹版、木版写的，这里是用版来代指书籍。负版者：指捧着国家图籍的人。

[91]盛馔：丰盛的酒席。

[92]作：起。

[93]色斯二句：鸟惊飞起，飞翔了一阵落了下来。

[94]山梁三句：这是孔子见到惊飞的鸟，脱口而出的话。山石在两岩间好像桥梁，叫作“山梁”。

[95]共：同“拱”，执也。

[96]三嗅而作：子路抓住鸟以后又将其放飞，鸟张开翅膀迅速飞走。嗅：为“狊(jù)”字之误，意思是鸟张开双翅。

颜渊

颜渊问仁，子曰：“克己复礼为仁[1]。一日克己复礼，天下归仁焉。为仁由己，而由人乎哉？”颜渊曰：“请问其目[2]。”子曰：“非礼勿视，非礼勿听，非礼勿言，非礼勿动。”颜渊曰：“回虽不敏，请事斯语矣。”

仲弓[3]问仁，子曰：“出门如见大宾，使民如承大祭。己所不欲，勿施于人。在邦无怨，在家无怨。”仲弓曰：“雍虽不敏，请事斯语矣。”

司马牛[4]问仁，子曰：“仁者，其言也讱[5]。”曰：“其言也讱，斯谓之仁已乎？”子曰：“为之难，言之得无讱乎？[6]”

司马牛问君子，子曰：“君子不忧不惧。”曰：“不忧不惧，斯谓之君子已乎？”子曰：“内省不疚，夫何忧何惧？”

司马牛忧曰：“人皆有兄弟，我独亡。”子夏曰：“商闻之矣：死生有命，富贵在天。君子敬而无失，与人恭而有礼，四海之内皆兄弟也。君子何患乎无兄弟也？”

子张问明，子曰："浸润之谮、肤受之愬[7]，不行焉，可谓明也已矣；浸润之谮、肤受之愬，不行焉，可谓远也已矣[8]。"

子贡问政，子曰："足食，足兵，民信之矣。"子贡曰："必不得已而去，于斯三者何先？"曰："去兵。"子贡曰："必不得已而去，于斯二者何先？"曰："去食。自古皆有死，民无信不立。"

棘子成[9]曰："君子质而已矣，何以文为？[10]"子贡曰："惜乎！夫子之说君子也，驷不及舌[11]。文犹质也，质犹文也。虎豹之鞟犹犬羊之鞟[12]。"

哀公问于有若曰："年饥，用不足，如之何？"有若对曰："盍彻乎[13]？"曰："二[14]，吾犹不足，如之何其彻也？"对曰："百姓足，君孰与不足？百姓不足，君孰与足？"

子张问崇德、辨惑[15]，子曰："主忠信，徙义[16]，崇德也。爱之欲其生，恶之欲其死；既欲其生又欲其死，是惑也。'诚不以富，亦祗以异。[17]'"

齐景公问政于孔子，孔子对曰："君君，臣臣，父父，子子。"公曰："善哉！信如君不君、臣不臣、父不父、子不子，虽有粟，吾得而食诸？"

子曰："片言可以折狱者，其由也与？"子路无宿诺[18]。

子曰："听讼，吾犹人也。必也，使无讼乎。"

子张问政，子曰："居之无倦，行之以忠。[19]"

子曰："博学于文，约之以礼，亦可以弗畔矣夫。"

子曰："君子成人之美，不成人之恶。小人反是。"

季康子问政于孔子，孔子对曰："政者，正也。子帅以正，孰敢不正？"

季康子患盗，问于孔子。孔子对曰："苟子之不欲[20]，虽赏之不窃[21]。"

季康子问政于孔子曰："如杀无道以就有道，何如？"孔子对曰："子为政，焉用杀？子欲善而民善矣。君子之德风，小人之德草，草上之风[22]，必偃[23]。"

子张问："士何如，斯可谓之达矣？"子曰："何哉，尔所谓达者？"子张对曰："在邦必闻，在家必闻。"子曰："是闻也，非达也。夫达也者，质直而好义，察言而观色，虑以下人[24]。在邦必达，在家必达。夫闻也者，色取仁而行违，居之不疑[25]。在邦必闻，在家必闻。”

樊迟从游于舞雩之下[26]，曰：“敢问崇德、修慝、辨惑[27]。”子曰：“善哉问！先事后得，非崇德与？攻其恶[28]，无攻人之恶，非修慝与？一朝之忿，忘其身，以及其亲，非惑与[29]？”

樊迟问仁，子曰：“爱人。”问知，子曰：“知人。”樊迟未达，子曰：“举直错诸枉，能使枉者直。”樊迟退，见子夏，曰：“乡也吾见于夫子而问知，子曰：‘举直错诸枉，能使枉者直’，何谓也？”子夏曰：“富哉言乎！舜有天下，选于众，举皋陶，不仁者远矣。汤有天下，选于众，举伊尹，不仁者远矣。”

子贡问友，子曰：“忠告而善道之，不可则止，毋自辱焉。”

曾子曰：“君子以文会友，以友辅仁。”

注释

[1] 克己复礼：约束自己，使每件事情都归于礼。复：反，归。

[2] 目：条目，细目。

[3] 仲弓：孔子弟子，鲁国人，姓冉名雍，也称子弓。

[4] 司马牛：孔子弟子，名耕，字子牛。一说名犁。

[5] 讱（rèn）：忍也，难也。当时牛之兄为恶，这段话实际上是孔子告诉司马牛行仁之道，目的是让他劝兄向善。

[6] 为之二句：要救助为恶之人，是很难的，既然这样，那么想要趁早劝阻，说话可以怕伤感情而有不忍吗？

[7] 浸润之谮（zèn）：意思是说谗言毁人像水浸物，慢慢浸透。肤受之愬（sù）：意思是说诉冤之辞，仿佛有切身之痛。

[8] 远：这里是指明之至也。

[9] 棘子成：卫国大夫。

[10] 君子二句：棘子成的意思是说君子只要本质好，何必要文采呢？质：本质。文：文采。

[11] 惜乎三句：可惜夫子这句说君子的话说错了。一个人说错了话，即使立刻想改变，也是不成功的。夫子：指棘子成。驷不及舌：是譬喻的话，就是俗话说的“一言既出，驷马难追”的意思。

[12] 鞟（kuò）：去掉了毛的皮。

[13] 盍：“何不”二字的急读。彻：古时田税的名称，取十分之一叫做“彻”。

[14] 二：是说我现在取十分之二的税。

[15] 崇德：尊重道德。辨惑：辨别迷惑。

[16] 徙义：指闻义能向义靠拢。

[17] 引自《诗·小雅·我行其野》篇。意思是说：说想要崇德辨惑，岂在富于见闻？也只求异于庸俗而已。一说认为这两句诗在这里为错简。

[18] 无宿诺：是说如果向别人做了承诺，就一定立刻去做，不会隔天才去做。

[19] 居之二句：居官行政，要始终如一，不可倦怠。施政于民，要切切实实，确实有益于人民。

[20] 欲：贪欲。

[21] 虽赏句：即使赏赐他们让他们去为盗，他们也不会去的。

[22] 上：通“尚”，加也。草上之风，就是草加之以风。

[23] 偃：倒。

[24] 虑以下人：思虑周详，态度谦逊，甘为人下。

[25] 色取二句：表面上像仁人一样，但是行为却和仁相违背，还自以为是一个仁人，而对自己毫不怀疑。

[26] 樊迟：孔子弟子，名须，字子迟，又称樊须。舞雩（yú）：求雨的祭坛。

[27] 修慝（tè）：去除藏在心中的恶。慝：奸邪，邪恶。

[28] 其：这里指代自己。

[29] 一朝四句：因为一天里偶然碰到的小事情发起怒来，不顾自己的性命，更不顾父母的，不是很迷惑吗？

参考文献

朱维铮著：《中国经学史十讲》，复旦大学出版社2002年版。

李泽厚著：《论语今读》，生活·读书·新知三联书店2004年版。

陈来、甘阳主编：《孔子与当代中国》，生活·读书·新知三联书店2008年版。

赖贤宗著：《儒家诠释学》，北京大学出版社2010年版。

戴维著：《论语研究史》，岳麓书社2011年版。

钱穆著：《论语新解》，九州出版社2011年版。

陈桐生著：《〈论语〉十论》，暨南大学出版社2012年版。

周予同原著，朱维铮编校：《孔子、孔圣和朱熹》，上海人民出版社2012年版。

孟　子

题解

孟子，名轲，战国中期邹国（今山东邹县）人，受业于孔子之孙子思的门人。《孟子》是孟子与其弟子共同编著的一部语录体著作，《史记》中称有七篇，东汉赵岐作《孟子章句》，将每一篇分为上、下，成为七篇十四卷。每篇篇名均采自各篇篇首的两个或三个字，并无实际意义。孟子主张实行“仁政”以成“王道”，认为人性本善，强调个人人格完善的作用，其学说与孔子学说一起被称为“孔孟之道”。《孟子》一书历代注本较多，重要的有东汉赵岐的《孟子章句》，南宋朱熹的《孟子集注》，清代焦循的《孟子正义》、戴震的《孟子字义疏证》，今人有杨伯峻的《孟子译注》等。

版本

通行本有：

[清]阮元校刻：《十三经注疏》，中华书局1980年第1版。

焦循撰:《孟子正义·新编诸子集成》,中华书局2013年版。

选读

公孙丑上

公孙丑[1]问曰:“夫子当路于齐[2],管仲、晏子之功,可复许乎?”孟子曰:“子诚齐人也,知管仲、晏子而已矣。或问乎曾西[3]曰:‘吾子与子路孰贤[4]?’曾西蹵然曰[5]:‘吾先子之所畏也。’曰:‘然则吾子与管仲孰贤?’曾西艴然不悦[6],曰:‘尔何曾比予于管仲?管仲得君,如彼其专也;行乎国政,如彼其久也;功烈,如彼其卑也。尔何曾比予于是?’”曰:“管仲,曾西之所不为也,而子为我愿之乎?”

曰:“管仲以其君霸,晏子以其君显。管仲、晏子犹不足为与?”曰:“以齐王,由反手也[7]。”

曰:“若是,则弟子之惑滋甚。且以文王之德,百年而后崩,犹未洽于天下[8];武王、周公继之,然后大行。今言王若易然,则文王不足法与?”

曰:“文王何可当也?由汤至于武丁,贤圣之君六七作。天下归殷久矣,久则难变也。武丁朝诸侯,有天下,犹运之掌也。纣之去武丁未久也,其故家遗俗,流风善政,犹有存者;又有微子、微仲、王子比干、箕子、胶鬲[9],皆贤人也,相与辅相之,故久而后失之也。尺地莫非其有也,一民莫非其臣也,然而文王犹方百里起,是以难也。齐人有言曰:‘虽有智慧,不如乘势;虽有镃基[10],不如待时[11]。’今时则易然也。夏后、殷、周之盛,地未有过千里者也,而齐有其地矣;鸡鸣狗吠相闻,而达乎四境,而齐有其民矣。地不改辟矣[12],民不改聚矣,行仁政而王,莫之能御也。且王者之不作,未有疏于此时者也;民之憔悴于虐政,未有甚于此时者也。饥者易为食,渴者易为饮。孔子曰:‘德之流行,速于置邮而传命[13]。’当今之时,万乘之国行仁政,民之悦之,犹解倒悬也。故事半古之人,功必倍之,惟此时为然。”

公孙丑问曰：“夫子加齐之卿相，得行道焉，虽由此霸王，不异矣[14]。如此，则动心否乎？”孟子曰：“否。我四十不动心。”

曰：“若是，则夫子过孟贲远矣[15]。”曰：“是不难，告子先我不动心[16]。”

曰：“不动心有道乎？”曰：“有。北宫黝之养勇也[17]，不肤挠[18]，不目逃[19]，思以一豪挫于人，若挞之于市朝[20]，不受于褐宽博[21]，亦不受于万乘之君。视刺万乘之君，若刺褐夫。无严诸侯[22]。恶声至，必反之。孟施舍之所养勇也[23]，曰：‘视不胜犹胜也。量敌而后进，虑胜而后会，是畏三军者也。舍岂能为必胜哉？能无惧而已矣。’孟施舍似曾子，北宫黝似子夏[24]。夫二子之勇，未知其孰贤，然而孟施舍守约也。昔者曾子谓子襄曰[25]：‘子好勇乎？吾尝闻大勇于夫子矣：自反而不缩[26]，虽褐宽博，吾不惴焉[27]；自反而缩，虽千万人，吾往矣。’孟施舍之守气，又不如曾子之守约也。”

曰：“敢问夫子之不动心，与告子之不动心，可得闻与？”“告子曰：‘不得于言，勿求于心；不得于心，勿求于气。’不得于心，勿求于气，可；不得于言，勿求于心，不可。夫志，气之帅也；气，体之充也。夫志，至焉；气，次焉[28]。故曰：‘持其志，无暴其气。[29]’”

“既曰‘志至焉，气次焉’，又曰‘持其志无暴其气’者，何也？”曰：“志壹则动气，气壹则动志也[30]。今夫蹶者趋者，是气也，而反动其心[31]。”

“敢问夫子恶乎长[32]？”曰：“我知言，我善养吾浩然之气。”

“敢问何谓浩然之气？”曰：“难言也。其为气也，至大至刚，以直养而无害，则塞于天地之间。其为气也，配义与道；无是[33]，馁也。是集义所生者，非义袭而取之也[34]。行有不慊于心，则馁矣[35]。我故曰告子未尝知义，以其外之也。必有事焉而勿正，心勿忘，勿助长也。无若宋人然。宋人有闵其苗之不长而揠之者，芒芒然归。谓其人曰：‘今日病矣，予助苗长矣。’其子趋而往视之，苗则槁矣。天下之不助苗长者寡矣。以为无益而舍之者，不耘苗者也。助之长者，揠苗者也，非徒无益，而又害之。”

“何谓知言？”曰：“诐辞知其所蔽[36]，淫辞知其所陷[37]，邪辞知其所离[38]，遁辞知其所穷[39]。生于其心，害于其政；发于其政，害于其事。圣人复起，必从吾言矣。”

“宰我、子贡善为说辞[40]，冉牛、闵子、颜渊善言德行[41]。孔子兼之，曰：‘我于辞命则不能也。’然则夫子既圣矣乎？”

曰：“恶！是何言也？昔者子贡问于孔子曰：‘夫子圣矣乎？’孔子曰：‘圣则吾不能，我学不厌而教不倦也。’子贡曰：‘学不厌，智也；教不倦，仁也。仁且智，夫子既圣矣乎！’夫圣，孔子不居，是何言也？”

“昔者窃闻之：子夏、子游、子张皆有圣人之一体[42]，冉牛、闵子、颜渊则具体而微[43]。敢问所安。”曰：“姑舍是[44]。”

曰：“伯夷、伊尹何如[45]？”曰：“不同道。非其君不事，非其民不使，治则进，乱则退，伯夷也。何事非君，何使非民，治亦进，乱亦进，伊尹也。可以仕则仕，可以止则止，可以久则久，可以速则速，孔子也。皆古圣人也。吾未能有行焉。乃所愿，则学孔子也。”

“伯夷、伊尹于孔子，若是班乎[46]？”曰：“否。自有生民以来，未有孔子也。”

曰：“然则有同与？”曰：“有。得百里之地而君之，皆能以朝诸侯，有天下。行一不义、杀一不辜而得天下，皆不为也。是则同。”

曰：“敢问其所以异？”曰：“宰我、子贡、有若[47]，智足以知圣人，汙不至阿其所好[48]。宰我曰：‘以予观于夫子，贤于尧舜远矣。’子贡曰：‘见其礼而知其政，闻其乐而知其德。由百世之后，等百世之王[49]，莫之能违也。自生民以来，未有夫子也。’有若曰：‘岂惟民哉？麒麟之于走兽，凤凰之于飞鸟，太山之于丘垤[50]，河海之于行潦[51]，类也。圣人之于民，亦类也。出于其类，拔乎其萃，自生民以来，未有盛于孔子也。’”

孟子曰：“以力假仁者霸，霸必有大国，以德行仁者王，王不待大。汤以七十里，文王以百里。以力服人者，非心服也，力不赡也[52]；以德服人者，中心悦而诚服也，如七十子之服孔子也。诗云：‘自西自东，自南自北，无思不服。’[53]此之谓也。”

孟子曰："仁则荣，不仁则辱。今恶辱而居不仁，是犹恶湿而居下也。如恶之，莫如贵德而尊士，贤者在位，能者在职。国家闲暇，及是时，明其政刑。虽大国，必畏之矣。诗云：'迨天之未阴雨，彻彼桑土，绸缪牖户。今此下民，或敢侮予？'[54]孔子曰：'为此诗者，其知道乎！能治其国家，谁敢侮之？'今国家闲暇，及是时，般乐怠敖[55]，是自求祸也。祸福无不自己求之者。诗云：'永言配命，自求多福。'[56]太甲曰[57]：'天作孽，犹可违；自作孽，不可活。'此之谓也。"

孟子曰："尊贤使能，俊杰在位，则天下之士皆悦而愿立于其朝矣。市廛而不征[58]，法而不廛，则天下之商皆悦而愿藏于其市矣。关讥而不征[59]，则天下之旅皆悦而愿出于其路矣。耕者助而不税[60]，则天下之农皆悦而愿耕于其野矣。廛无夫里之布[61]，则天下之民皆悦而愿为之氓矣。信能行此五者，则邻国之民仰之若父母矣。率其子弟，攻其父母，自生民以来，未有能济者也。如此，则无敌于天下。无敌于天下者，天吏也。然而不王者，未之有也。"

孟子曰："人皆有不忍人之心。先王有不忍人之心，斯有不忍人之政矣。以不忍人之心，行不忍人之政，治天下可运之掌上。所以谓人皆有不忍人之心者，今人乍见孺子将入于井，皆有怵惕恻隐之心。非所以内交于孺子之父母也，非所以要誉于乡党朋友也，非恶其声而然也。由是观之，无恻隐之心，非人也；无羞恶之心，非人也；无辞让之心，非人也；无是非之心，非人也。恻隐之心，仁之端也；羞恶之心，义之端也；辞让之心，礼之端也；是非之心，智之端也。人之有是四端也，犹其有四体也。有是四端而自谓不能者，自贼者也[62]；谓其君不能者，贼其君者也。凡有四端于我者，知皆扩而充之矣，若火之始然，泉之始达。苟能充之，足以保四海；苟不充之，不足以事父母。"

孟子曰："矢人岂不仁于函人哉[63]？矢人唯恐不伤人，函人唯恐伤人。巫匠亦然[64]。故术不可不慎也[65]。孔子曰：'里仁为美[66]。择不处仁，焉得智？'夫仁，天之尊爵也[67]，人之安宅也[68]。莫之御而不仁[69]，是不智也。不仁、不智，无礼、无义，人役也[70]。人役而耻为役，由弓人而耻为弓，矢人而耻为矢也。如耻之，莫如为仁。仁者如射，射者正己而后发。发而不中，不怨胜己者，反求诸己而已矣。”

孟子曰：“子路，人告之以有过则喜。禹闻善言则拜。大舜有大焉，善与人同，舍己从人，乐取于人以为善。自耕稼陶渔，以至为帝，无非取于人者。取诸人以为善，是与人为善者也。故君子莫大乎与人为善。”

孟子曰：“伯夷，非其君不事，非其友不友。不立于恶人之朝，不与恶人言。立于恶人之朝，与恶人言，如以朝衣朝冠坐于涂炭。推恶恶之心，思与乡人立，其冠不正，望望然去之，若将浼焉[71]。是故诸侯虽有善其辞命而至者，不受也。不受也者，是亦不屑就已[72]。柳下惠，不羞污君，不卑小官[73]。进不隐贤[74]，必以其道。遗佚而不怨[75]，阨穷而不悯[76]。故曰：‘尔为尔，我为我，虽袒裼裸裎于我侧[77]，尔焉能浼我哉？’故由由然与之偕而不自失焉[78]，援而止之而止[79]。援而止之而止者，是亦不屑去已。”

孟子曰：“伯夷隘，柳下惠不恭。隘与不恭，君子不由也。”

注释

[1] 公孙丑：孟子弟子，齐人。

[2] 当路：居重要地位。

[3] 曾西：孔子弟子曾参之子。

[4] 子路：孔子弟子仲由，字子路。

[5] 蹵然：不安的样子。

[6] 艴（fú）然：勃然大怒的样子。

[7] 由：通“犹”。

[8] 洽：遍。

[9] 微子、微仲、王子比干、箕子、胶鬲：他们都是殷商纣王时的贤臣。

[10] 镃（zī）基：古代的锄头，是种田的器具。

[11] 待时：待农时。

[12]辟：开辟。

[13]邮：驿。古代置驿以传命令，极为迅捷。

[14]不异矣：一说不异于古之霸王，一说不奇怪。

[15]孟贲（bēn）：古时候的勇士，卫人。他水行不避蛟龙，陆行不避兕虎。

[16]告子：与篇名中的“告子”非一人，其生平已不可考。

[17]北宫黝：姓北宫名黝，齐人。养：修养。

[18]不肤挠：有人刺他的肌肤，他也不缩作一团。

[19]不目逃：有人刺他的眼睛，他也不逃避。

[20]思以二句：所受挫辱，即使细至一毫，也好像被挞于市朝。

[21]褐宽博：指穷人，因为穿粗布衣服的穷人只有一件衣服，所以宽大。

[22]严：敬畏。

[23]孟施舍：生平已不可考。下文称为“舍”。

[24]子夏：孔子弟子卜商，字子夏。

[25]子襄：曾子弟子。

[26]自反：自己反省。缩：直。

[27]惴：通“遄”，往的意思。

[28]夫志二句：志之所至，气则随之。

[29]持其志二句：守持志向，使其趋正而不可移，使气听命于志。

[30]志壹二句：一个人志向专一，去做一件事，气一定会随之而动；在气专一的时候，志也会随之而动。

[31]今夫三句：一个人因趋走而跌倒，是气的作用，然而因此就动心了。

[32]恶（wū）：何也。

[33]是：指代浩然之气。

[34]是集二句：平时所为，事事皆合于义，那么集合此义自然能生浩然之气。并不是因为所做的事偶然合于义，就能袭取于外而得到这浩然之气。

[35]行有二句：一个人行事，自己觉得有所不足，就会心中惧怯，气也就馁了。慊（qiàn）：满足，满意。

[36]诐（bì）：偏颇。蔽：遮蔽。

[37]淫：放荡。陷：沉溺。

[38]邪：邪僻。离：叛去。

[39]遁：逃遁。穷：困屈。

[40]宰我：姓宰名予，字子我，也称宰我。子贡：姓端木，名赐。

[41]冉牛：名耕，字伯牛。闵子：名损，字子骞。颜渊：名回。他们都是孔子的弟子。

[42]子夏：卜商字。子游：言偃字。子张：颛孙师字。他们都是孔子的弟子。有圣人之一体：有圣人一部分的长处。

[43]具体而微：有圣人全部的长处，不过比圣人规模小一点。

[44]姑舍是：姑且丢开这个不谈。

[45]伯夷：殷商末年孤竹君的长子，与弟弟叔齐让国而逃，避纣居北海之滨。周武王伐纣，得了天下，伯夷和叔齐宁愿饿死在首阳山，也不食周粟。伊尹：夏朝末年人，助汤伐纣，后来做了商朝的宰相。

[46] 班：同等。

[47]有若：孔子弟子。

[48]汙：通“夸”。

[49]等：差等。

[50]太山：即泰山。丘垤（dié）：小山。

[51]行潦（lǎo）：道旁沟中之水。

[52]赡：足。

[53]出自《诗·大雅·文王有声》篇。无思不服：无不心服。

[54]出自《诗·豳风·鸱鸮》篇。迨：及。彻：取。桑土：桑树的皮和泥土。绸缪：缠结。牖：户。

[55]般（pán）：大。怠：懒惰。敖：骄傲。

[56]出自《诗·大雅·文王》篇。永：长。言：念。配：合。命：天命。

[57]太甲：《尚书》中有《太甲》篇。

[58]廛：房屋。

[59]关：边境上的城门。讥：稽察。

[60]助：古代井田制规定，民力助耕公田。

[61]布：泉，古代的一种钱。夫布：指闲民受雇于人，不能承担公家的旬三日之役，要交一夫力役的工钱。里布：指不种桑麻，或者建台榭来游观的，要交地税。

[62]贼：害。

[63]矢人：造箭的人。函人：造甲的人。

[64]巫：是代人祈祷禳疾的人。匠：即梓匠，是代人制造棺木的人。

[65]术：这里指职业。

[66]里仁：即处仁。

[67]尊爵：尊贵的爵位。

[68]安宅：安居之处。

[69]御：止。

[70] 人役：受人役使之人。

[71]推恶五句：把这种厌烦恶人的心思推而广之，可以想象他与乡人站在一起，看到别人的冠戴得不正时，就向他看看便走开了，像要沾染了污秽似的。

[72] 不屑：不肯，不愿。

[73]柳下惠三句：柳下惠不以事污君为羞，不以小官为卑。柳下惠：鲁公族大夫，姓展名禽，字季，居于柳下，惠是他的谥号。

[74]进不隐贤：进身做官，不隐己之贤能。

[75]遗佚：即遗弃，指被君主所弃。

[76] 阨：困。悯：忧。

[77]袒（tǎn）：脱去上衣。裼（xī）：脱去上衣。袒裼：这里指露臂。裎（chéng）：脱衣露体。

[78]由由然：自得之貌。

[79]援：拉，这里指挽留。

参考文献

杨国荣著:《孟子评传——走向内圣之境》,广西教育出版社1994年版。

刘鄂培著:《孟子大传》,清华大学出版社1998年版。

朱维铮著:《中国经学史十讲》,复旦大学出版社2002年版。

戴兆国著:《心性与德性——孟子伦理思想的现代阐释》,安徽人民出版社2005年版。

蒙培元著:《蒙培元讲孟子》,北京大学出版社2006年版。

杨国荣著:《孟子的哲学思想》,华东师范大学出版社2009年版。

礼　记

题解

《礼记》是一部有关于秦汉以前各种礼仪论著的选集，其中的篇目大部分为孔子的再传或三传弟子所记，由西汉戴圣编纂，因此又被称为《小戴礼记》或《小戴记》。戴圣，字次君，礼学博士，生平不详。《礼记》共四十九篇，内容庞杂，是研究我国古代社会文化的重要参考资料。《礼记》的注本有东汉郑玄的《礼记注》，唐代孔颖达的《礼记正义》，清代胡培翚的《礼记正义》、孙希旦的《礼记集解》等。

版本

通行本有：

[清]阮元校刻：《十三经注疏》，中华书局1980年第1版。

王文锦著：《礼记译解》，中华书局2001年版。

选读

曲礼上

《曲礼》曰："毋不敬，俨若思，安定辞。安民哉！[1]"

敖不可长[2]，欲不可从[3]，志不可满，乐不可极。

贤者狎而敬之，畏而爱之。爱而知其恶，憎而知其善。积而能散，安安而能迁[4]。临财毋苟得[5]，临难毋苟免[6]。很毋求胜，分毋求多[7]。疑事毋质，直而勿有[8]。

若夫坐如尸，立如齐[9]。礼从宜，使从俗[10]。

夫礼者，所以定亲疏，决嫌疑，别同异，明是非也。礼，不妄说人，不辞费[11]。礼，不逾节，不侵侮，不好狎。修身践言，谓之善行。行修言道，礼之质也。礼闻取于人，不闻取人[12]。礼闻来学，不闻往教[13]。

道德仁义，非礼不成；教训正俗，非礼不备；分争辨讼，非礼不决；君臣上下父子兄弟，非礼不定；宦学事师[14]，非礼不亲。班朝治军，莅官行法，非礼，威严不行[15]；祷祠祭祀，供给鬼神，非礼，不诚不庄[16]。是以君子恭敬撙节[17]，退让以明礼。鹦鹉能言，不离飞鸟；猩猩能言，不离禽兽。今人而无礼，虽能言，不亦禽兽之心乎？夫唯禽兽无礼，故父子聚麀[18]。是故圣人作，为礼以教人，使人以有礼，知自别于禽兽。

太上贵德，其次务施报[19]。礼尚往来。往而不来，非礼也；来而不往，亦非礼也。人有礼则安，无礼则危。故曰：礼者不可不学也。夫礼者，自卑而尊人。虽负贩者[20]，必有尊也，而况富贵乎？富贵而知好礼，则不骄不淫；贫贱而知好礼，则志不慑[21]。

人生十年曰幼，学。二十曰弱，冠。三十曰壮，有室。四十曰强，而仕。五十曰艾，服官政[22]。六十曰耆，指使[23]。七十曰老，而传[24]。八十、九十曰耄，七年曰悼，悼与耄虽有罪，不加刑焉。百年曰期颐。大夫七十而致仕[25]，若不得谢[26]，则必赐之几杖，行役以妇人[27]，适四方乘安车[28]，自称曰老夫，于其国则称名[29]，越国而问焉，必告之以其制[30]。

谋于长者[31]，必操几杖以从之。长者问，不辞让而对，非礼也。

凡为人子之礼：冬温而夏凊，昏定而晨省，在丑夷不争[32]。

夫为人子者，三赐不及车马[33]，故州闾乡党称其孝也[34]，兄弟亲戚称其慈也，僚友称其弟也[35]，执友称其仁也[36]，交游称其信也[37]。见父之执[38]，不谓之进不敢进，不谓之退不敢退，不问不敢对。此孝子之行也。

夫为人子者，出必告，反必面，所游必有常，所习必有业，恒言不称老[39]。年长以倍，则父事之；十年以长，则兄事之；五年以长，则肩随之[40]。群居五人，则长者必异席[41]。

为人子者，居不主奥[42]，坐不中席，行不中道，立不中门。食飨不为概[43]，祭祀不为尸。听于无声，视于无形[44]。不登高，不临深。不苟訾[45]，不苟笑。孝子不服暗[46]，不登危，惧辱亲也。父母存，不许友以死。不有私财。

为人子者，父母存，冠衣不纯素[47]。孤子当室[48]，冠衣不纯采。

幼子常视毋诳[49]。童子不衣裘裳。立必正方[50]，不倾听。长者与之提携[51]，则两手奉长者之手[52]。负剑，辟咡诏之，则掩口而对[53]。

从于先生，不越路而与人言[54]。遭先生于道[55]，趋而进，正立拱手。先生与之言则对，不与之言则趋而退。从长者而上丘陵，则必向长者所视。

登城不指，城上不呼。将适舍，求毋固[56]。将上堂，声必扬。户外有二屦[57]，言闻则入，言不闻则不入。将入户，视必下[58]。入户奉扃，视瞻毋回[59]；户开亦开，户阖亦阖；有后入者，阖而勿遂[60]。毋践屦，毋踖席，抠衣趋隅，必慎唯诺[61]。

大夫士出入君门，由闑右[62]，不践阈[63]。

凡与客入者，每门让于客[64]。客至于寝门，则主人请入为席，然后出迎客。客固辞，主人肃客而入[65]。主人入门而右，客入门而左[66]。主人就东阶，客就西阶。客若降等，则就主人之阶[67]。主人固辞，然后客复就西阶。主人与客让登，主人先登，客从之，拾级聚足，连步以上[68]。上于东阶，则先右足；上于西阶，则先左足。

帷薄之外不趋[69]，堂上不趋，执玉不趋。堂上接武[70]，堂下布武。室中不翔[71]，并坐不横肱。授立不跪，授坐不立[72]。

凡为长者粪之礼[73]，必加帚于箕上，以袂拘而退[74]，其尘不及长者，以箕自乡而扱之[75]。奉席如桥衡，请席何乡，请衽何趾[76]。席，南乡北乡，以西方为上[77]；东乡西乡，以南方为上。

若非饮食之客，则布席，席间函丈[78]。主人跪正席[79]，客跪抚席而辞[80]。客彻重席[81]，主人固辞。客践席，乃坐[82]。主人不问，客不先举[83]。将即席，容毋怍[84]。两手抠衣，去齐尺[85]。衣毋拨，足毋蹶[86]。

先生书策琴瑟在前，坐而迁之，戒勿越[87]。虚坐尽后，食坐尽前[88]。坐必安，执尔颜[89]。长者不及，毋儳言[90]。正尔容，听必恭。毋剿说，毋雷同[91]。必则古昔，称先王[92]。侍坐于先生，先生问焉，终则对。请业则起，请益则起[93]。父召无诺，先生召无诺，唯而起[94]。侍坐于所尊，敬毋余席[95]。见同等不起。烛至，起；食至，起；上客[96]，起。烛不见跋[97]。尊客之前不叱狗。让食不唾。

侍坐于君子，君子欠伸，撰杖，屦，视日蚤莫，侍坐者请出矣[98]。侍坐于君子，君子问更端[99]，则起而对。侍坐于君子，若有告者曰："少间，愿有复也[100]。"则左右屏而待[101]。毋侧听，毋噭应，毋淫视，毋怠荒[102]。游毋倨，立毋跛，坐毋箕，寝毋伏[103]。敛发毋髢，冠毋免，劳毋袒，暑毋褰裳[104]。

侍坐于长者，屦不上于堂，解屦不敢当阶[105]。就屦，跪而举之，屏于侧[106]。乡长者而屦；跪而迁屦，俯而纳屦[107]。

离坐离立，毋往参焉[108]。离立者不出中间[109]。男女不杂坐，不同椸枷[110]，不同巾栉[111]，不亲授[112]。嫂叔不通问[113]，诸母不漱裳[114]。外言不入于梱[115]，内言不出于梱。女子许嫁，缨，非有大故，不入其门[116]。姑、姊妹、女子子已嫁而反，兄弟弗与同席而坐，弗与同器而食。父子不同席。男女非有行媒，不相知名[117]；非受币[118]，不交不亲。故日月以告君，齐戒以告鬼神，为酒食以召乡党僚友，以厚其别也[119]。取妻不取同姓，故买妾不知其姓则卜之。寡妇之子，非有见焉，弗与为友[120]。

贺取妻者，曰："某子使某[121]，闻子有客[122]，使某羞[123]。"贫者不以货财为礼，老者不以筋力为礼[124]。

名子者不以国，不以日月，不以隐疾，不以山川。

男女异长[125]。男子二十，冠而字[126]。父前，子名；君前，臣名[127]。女子许嫁，笄而字[128]。

凡进食之礼，左殽右胾[129]，食居人之左，羹居人之右。脍炙处外[130]，醯酱处内[131]，葱渫处末[132]，酒浆处右。以脯脩置者，左朐右末[133]。客若降等，执食兴，辞[134]。主人兴，辞于客，然后客坐。主人延客祭，祭食，祭所先进，殽之序，遍祭之[135]。三饭，主人延客食胾，然后辩殽[136]。主人未辩，客不虚口[137]。

侍食于长者，主人亲馈，则拜而食；主人不亲馈，则不拜而食。

共食不饱，共饭不泽手[138]。

毋抟饭，毋放饭，毋流歠，毋咤食，毋啮骨，毋反鱼肉，毋投与狗骨，毋固获，毋扬饭，饭黍毋以箸，毋嚃羹，毋絮羹，毋刺齿，毋歠醢[139]。客絮羹，主人辞“不能亨”[140]。客歠醢，主人辞以“窭”[141]。濡肉齿决[142]，干肉不齿决[143]。毋嘬炙[144]。卒食，客自前跪。彻饭齐[145]，以授相者[146]。主人兴，辞于客，然后客坐。

侍饮于长者，酒进则起[147]，拜受于尊所[148]。长者辞[149]，少者反席而饮。长者举未釂[150]，少者不敢饮。

长者赐，少者贱者不敢辞。赐果于君前，其有核者怀其核。御食于君，君赐余，器之溉者不写，其余皆写[151]。

馂余不祭：父不祭子，夫不祭妻[152]。

御同于长者，虽贰不辞，偶坐不辞[153]。

羹之有菜者用梜[154]，其无菜者不用梜。

为天子削瓜者副之[155]，巾以絺[156]。为国君者华之[157]，巾以绤[158]。为大夫累之[159]。士疐之[160]。庶人龁之[161]。

父母有疾，冠者不栉[162]，行不翔，言不惰[163]，琴瑟不御，食肉不至变味，饮酒不至变貌[164]，笑不至矧[165]，怒不至詈。疾止复故。

有忧者，侧席而坐[166]；有丧者，专席而坐[167]。

水潦降，不献鱼鳖，献鸟者佛其首[168]，畜鸟者则勿佛也[169]。献车马者执策绥，献甲者执胄，献杖者执末。献民虏者操右袂。献粟者执右契[170]，献米者操量鼓。献孰食者操酱齐。献田宅者操书致[171]。

凡遗人弓者，张弓尚筋，弛弓尚角[172]。右手执箫，左手承弣[173]。尊卑垂帨[174]。若主人拜，则客还辟，辟拜。主人自受，由客之左接下承弣。乡与客并[175]，然后受。进剑者左首。进戈者前其鐏[176]，后其刃。进矛戟者前其镦[177]。

进几杖者拂之。效马效羊者右牵之[178]，效犬者左牵之。执禽者左首[179]。饰羔雁者以缋[180]。受珠玉者以掬。受弓剑者以袂。饮玉爵者弗挥。凡以弓剑、苞苴、箪笥问人者[181]，操以受命，如使之容。

凡为君使者，已受命，君言不宿于家。君言至，则主人出拜君言之辱[182]。使者归，则必拜送于门外。若使人于君所，则必朝服而命之。使者反，则必下堂而受命。

博闻强识而让，敦善行而不怠，谓之君子。君子不尽人之欢，不竭人之忠，以全交也。

《礼》曰："君子抱孙不抱子。"此言孙可以为王父尸，子不可以为父尸[183]。为君尸者，大夫士见之，则下之。君知所以为尸者，则自下之，尸必式[184]。乘必以几。齐者不乐不吊[185]。

居丧之礼，毁瘠不形[186]，视听不衰。升降不由阼阶，出入不当门隧。居丧之礼，头有创则沐，身有疡则浴，有疾则饮酒食肉，疾止复初。不胜丧，乃比于不慈不孝。五十不致毁[187]，六十不毁，七十唯衰麻在身[188]，饮酒食肉处于内[189]。生与来日，死与往日。知生者吊，知死者伤[190]。知生而不知死，吊而不伤；知死而不知生，伤而不吊。吊丧弗能赙[191]，不问其所费。问疾弗能遗，不问其所欲。见人弗能馆，不问其所舍。赐人者不曰来取。与人者不问其所欲。适墓不登垄[192]，助葬必执绋[193]。临丧不笑。揖人必违其位。望柩不歌。入临不翔。当食不叹。邻有丧，舂不相[194]。里有殡，不巷歌。适墓不歌，哭日不歌。送丧不由径，送葬不辟涂潦。临丧则必有哀色，执绋不笑，临乐不叹。介胄，则有不可犯之色。故君子戒慎，不失色于人[195]。

国君抚式，大夫下之。大夫抚式，士下之。礼不下庶人，刑不上大夫。刑人不在君侧。

兵车不式。武车绥旌[196]，德车结旌[197]。

史载笔，士载言[198]。前有水，则载青旌[199]。前有尘埃，则载鸣鸢。前有车骑，则载飞鸿。前有士师，则载虎皮。前有挚兽，则载貔貅。行，前朱鸟而后玄武，左青龙而右白虎[200]。招摇在上，急缮其怒[201]。进退有度，左右有局，各司其局[202]。

父之雠，弗与共戴天。兄弟之雠，不反兵[203]。交游之雠，不同国。四郊多垒[204]，此卿大夫之辱也。地广大，荒而不治，此亦士之辱也。

临祭不惰。祭服敝则焚之，祭器敝则埋之，龟策敝则埋之，牲死则埋之。凡祭于公者，必自彻其俎[205]。

卒哭乃讳[206]。礼不讳嫌名[207]。二名不偏讳[208]。逮事父母，则讳王父母[209]；不逮事父母，则不讳王父母。君所无私讳，大夫之所有公讳[210]。《诗》《书》不讳，临文不讳，庙中不讳。夫人之讳，虽质君之前，臣不讳也[211]。妇讳不出门。大功小功不讳。入竟而问禁，入国而问俗，入门而问讳。

外事以刚日，内事以柔日[212]。

凡卜筮日，旬之外曰远某日，旬之内曰近某日。丧事先远日，吉事先近日。曰："为日，假尔泰龟有常，假尔泰筮有常[213]。"

卜筮不过三，卜筮不相袭[214]。龟为卜，筴为筮[215]，卜筮者，先圣王之所以使民信时日、敬鬼神、畏法令也，所以使民决嫌疑、定犹与也。故曰："疑而筮之，则弗非也；日而行事，则必践之[216]。"

君车将驾，则仆执策立于马前。已驾，仆展軨、效驾[217]，奋衣由右上取贰绥[218]，跪乘，执策分辔[219]，驱之五步而立。君出就车，则仆并辔授绥。左右攘辟[220]，车驱而驺[221]。至于大门，君抚仆之手而顾，命车右就车；门闾沟渠，必步[222]。

凡仆人之礼，必授人绥。若仆者降等，则受[223]；不然，则否。若仆者降等，则抚仆之手；不然，则自下拘之[224]。客车不入大门。妇人不立乘。犬马不上于堂。故君子式黄发[225]，下卿位，入国不驰，入里必式。

君命召，虽贱人，大夫士必自御之。介者不拜[226]，为其拜而蓌拜[227]。祥车旷左[228]，乘君之乘车不敢旷左，左必式。仆御妇人，则进左手，后右手；御国君，则进右手、后左手而俯。国君不乘奇车[229]。车上不广咳[230]，不妄指。立视五巂，式视马尾，顾不过毂[231]。国中以策彗恤勿驱[232]。尘不出轨。国君下齐牛[233]，式宗庙。大夫士下公门，式路马[234]。乘路马，必朝服，载鞭策，不敢授绥，左必式。步路马，必中道。以足蹙路马刍[235]，有诛。齿路马[236]，有诛。

注 释

[1] 毋不敬四句：（凡事）不要不严肃认真，（神情）庄重若有所思，说话态度安详、言辞确定，这样就可以使民众安定了。俨：通“严”。

[2] 敖：同“傲”。

[3] 从：同“纵”。

[4] 积而二句：善积财而又能布施，安于习惯了的生活而又能适时变化。

[5] 苟：随便。

[6] 免：逃避。

[7] 很毋二句：与人发生争执不要求胜，分配财物不要求多。很：争讼。

[8] 疑事二句：有疑问的事情不要臆断，正确的时候不要自以为是。质：这里是指说自以为正确的话。

[9] 若夫二句：如果坐，就要像尸那样矜庄；如果站，就要像斋戒那样恭敬。尸：古时用活人扮作父祖的形象来代替父祖之神受祭，这个人就称作尸。齐：同“斋”。

[10] 礼从宜二句：礼仪要顺从时宜，出使要依从别国的风俗。

[11] 礼三句：依礼而言，不随便讨好人，不说多余的话。

[12] 礼闻取二句：关于礼的学问，只听说被人取法学习，没听说要求别人来学习。

[13] 礼闻来二句：关于礼的学问，只听说前来投师学习，没听说主动上门去教授的。

[14] 宦学：游学。

[15] 班朝四句：排列朝廷的官位和整治军旅，莅临官职执行法令，没有礼就会失去威严。

[16] 祷祠四句：临时的祭祀和定期的祭祀，供奉鬼神，没有礼就不能虔诚庄重。

[17] 撙 (zǔn)：节制。

[18] 夫唯二句：只有禽兽无礼，所以“父子”共一雌兽。麀 (yōu)：牝鹿，这里泛指雌兽。

[19] 太上二句：上古时代以德为贵，后世讲究施惠和报答。太上：传说中的三皇五帝之世。

[20] 负贩者：挑担子的小贩。

[21] 志不慑：指志怯心疑。

[22] 服官政：指独当一面处理政事。

[23] 指使：指使别人做事。

[24] 传：把主持宗庙祭祀的事传给嫡长子。

[25] 致仕：辞官。

[26] 不得谢：不得辞官。

[27] 行役以妇人：出差要派妇人照顾。

[28] 适四方乘安车：出使四方乘坐安车。安车：古代的一种由一马拉的小车。

[29] 自称二句：到别国自称为老夫，在自己国家则称名。

[30] 越国二句：别国来询问国政，一定要把本国的制度告诉人家。

[31] 谋于长者：同长者商量事情。

[32] 冬温三句：要使父母冬天感到温暖而夏天感到清凉，傍晚要为父母铺好枕席而早晨要向父母请安，在众多同辈中不与人争斗。凊 (qìng)：凉。丑：众。夷：侪，辈。

[33] 三赐不及车马：三赐，即三命之赐。周代官吏的品秩有一至九命之差，九命品

秩最高。每一命，都有相应的礼服和其他象征品秩的赏赐物。三命之官，周王就会赏赐车马了，但是因为有父母在，孝子不敢贪图乘坐车马的享受，因此虽赐而不敢受。

[34]州闾乡党：地方上的人。

[35]僚友：同事们。

[36]执友：志同道合的朋友们。

[37]交游：有交往的人。

[38]父之执：父亲的志同道合的友人。

[39]夫为六句：为人子者，出门一定先禀告父母，回来也一定面告父母，出游的地方必须有常规，学习的内容必须有正业，平常说话不说“老”字。

[40]肩随：并行而稍后退。

[41]群居二句：古人席地而坐，每席可坐四人，四人中年长者坐席端。如果有五人，则当为年长者另设一席，以表尊敬。

[42]奥：室中的西南角，这是室中最尊的位置。

[43]食（sì）：这里指食礼。飨（xiǎng）：指飨礼。概：这里相当于“主”。

[44]听于二句：虽然没有听见父母的声音也能揣知父母要呼唤自己了，最然没有看见父母的身影也能揣知父母要使唤自己了。

[45]苟：随便。訾（zǐ）：毁谤，诋毁。

[46]服：通“伏”。伏暗，指潜伏在暗处。

[47]纯（zhǔn）：指衣帽的镶边。不纯素，是说不镶白边。

[48]孤子：二十九以下丧父者。当室：主持家事。

[49]幼子句：对幼儿应该经常拿正确的东西来给他做示范而不应欺骗他。视：通“示”。

[50]立必正方：站立必须正对四方方位，不歪着脑袋听。

[51]提携：这里是搀扶的意思。

[52]奉：同“捧”。

[53]负剑三句：长者把儿童背在背上，或者夹在肋下，要侧头凑近儿童的耳边跟

儿童说话，儿童要用手掩着口回答长者的话。剑：指夹小儿于肋下就如同带着剑。辟：倾，歪。咡（èr）：口旁。

[54]从于二句：随从先生而行，不可以跑到路边去跟人说话。

[55]遭：遇。

[56]将适舍二句：外出要投宿旅舍时，要求不要像平常在家一样。固：犹常也。

[57]户外句：古时客人入室，要把鞋子脱在室门外，但是客人中年龄最长的却可以把鞋脱在室内，所以如果看到门外有两双鞋，就可以断定室内有三人。屦（jù）：古代的一种单底鞋，可以用麻、葛、草、丝、皮等制成。三人所言不闻于外，必是不欲人知，故不入。

[58]视必下：这是为了避免看到别人有什么隐私的事。

[59]入户二句：进室门的时候双手要做出如同捧着横杠的样子，眼睛不要四处张望。扃（jiǒng）：抬鼎用的横杠，上门的横杠也叫扃。

[60]户开四句：进门之前门是开着的进门之后就仍然让它开着，进门前门是关着的进门后也要把门关上。如果后边还有人要跟着进来，关门时就要慢慢地把门关上，不可随即关上。

[61]毋践屦四句：不要踩着别人的鞋，不要践踏别人的坐席，要提起衣裳走到席角去登席，谈话应答一定要谨慎。

[62]闑（niè）：古代大门正中所竖的短木，车出入时车轴也越其上而过。按照古礼，主人出入，应当从闑右（东），宾客出入应当从闑左（西）。但是大夫、士是君之臣，而非君之宾客，所以应当从闑右。

[63]阈（yù）：门槛。

[64]凡与二句：按照古礼，客人如果同主人地位相等，主人就应到大门外迎接客人；如果客人的地位低于主人，主人就在大门内迎接。此处说“与客入”，我们可以知道主人是迎客于大门外的。凡入门，主人与客人当互相揖让，而后主人先入，表示为宾客做前导，但是主人入门前应当先让客人，客人则一再推辞，然后主人先入以为导，客人则相随而入。

[65]肃：进。

[66]主人二句：按照古代的宫寝建制，门内为庭，庭北为堂，堂有东、西阶。东阶又叫阼阶，供主人上下堂之用；西阶又叫宾阶，供宾客上下堂之用。庭的东西两侧各有一条小径，叫东、西堂途，向北直至东西阶前。

[67]客若二句：客人如果地位低于主人，（因不敢以宾客自居而就西阶，）当自谦而随主人就东阶。

[68]拾级二句：按照古礼，凡是升阶，两脚须并于一级台阶，然后再升一级并之，这叫做拾级而升，这是升阶的常法。如果一脚登一级而升，叫做历阶而升。连步：并脚的意思。

[69] 帷薄句：按照古礼，天子门外有屏，其内臣至屏内当趋；诸侯门内设屏，其臣至屏内而趋；大夫、士无屏，大夫设帘，士设帷，大夫、士之属吏于帷、帘之外不见尊者，可以不趋。帷：布幔。薄：帘子。趋：小步快走。

[70] 武：足迹。接武，是说脚印相连接，即碎步而行。布武，是说脚印不连接。

[71]翔：指甩开手臂而行。

[72] 授立二句：把东西授给站着的人不跪下相授，把东西授给坐着的人不站着相授。

[73]粪：扫除。

[74]袂：衣袖。拘：这里指遮挡灰尘。

[75]扱：把垃圾扫入簸箕。

[76] 奉席三句：捧席要使卷席像桔槔上的横木杆那样（一头高一头低），铺席前先请问长者坐席面朝哪个方向，卧席脚的一头朝哪个方向。桥衡：桥指井上打水的桔槔，衡指桔槔上起杠杆作用的横木杆。桔槔上的横木杆总是一头高一头低，以此来表示席的拿法。席是卷成一卷用双手捧着的，要使左高而右低。因为古人以左为尊，所以令左高。

[77] 席三句：席如果面朝南，或者面朝北，就以西方为上。

[78]若非三句：如果不是来饮酒吃饭的客人，就要为他布设坐席，席与席之间间隔一丈。非饮食之客：指前来讨论学问或是谈论其他问题的客人。

[79]正席：把席扶正。

[80] 抚席：用手按席。辞：辞主人为自己正席。

[81] 彻：通“撤”。重席：按照古礼，如果客人是公或诸侯，当为之铺三重席，如果客人是大夫则铺两重席，而客人为了表示谦逊，则要求撤去重席以示不敢当。

[82]客践席二句：客人登席，主人才就坐。

[83]举：这里指说话。

[84]将即二句：客人将就席时，脸色（保持庄重）不改变。怍（zuò）：变脸色。

[85]两手二句：要用两手提起衣裳，使衣裳的下边离地一尺。齐（zī）：衣裳的下边。

[86] 衣毋二句：不要让衣裳摆动，脚步不要太匆遽。

[87] 先生三句：先生的书策琴瑟在前面，弟子要跪着绕过去，切不可从上面跨越过去。坐：古人双膝着地，以臀部置于足跟上叫坐。提臀直腰叫跪。古人坐而有所动作时，当由坐姿变为跪姿。但是文献中往往“坐”“跪”不分，常以“坐”包括“跪”，但是“跪”却不包括“坐”。这里的坐，实际上也指跪。

[88]虚坐二句：古人席地而坐，有非饮食之坐和食坐两种。非饮食之坐又称虚坐或徒坐。如果非饮食之坐，就要尽量靠后坐，以示谦虚。如果是饮食之坐，因为有食物放在席前，就要尽量靠前坐，以免食物弄脏了前面的席。

[89]执尔颜：意思是说要坚守而不显出怠慢的颜色。

[90] 长者二句：长者没有同你说话，就不要插言。

[91] 毋剿说二句：不要抄袭别人的学说，也不要与别人雷同。

[92]必则二句：一定要效法古代的正道，称引先王的教诲。则：这里作动词。

[93]请业二句：向老师请教问题要起立，（听了一遍不懂）请老师再讲一遍也要起立。

[94]父召三句：父亲召唤不要答应而不行动，老师召唤不要答应而不行动，而要答应且立即起身行动。

[95]侍坐二句：在所尊敬的人跟前陪坐，要恭敬地（坐在席端离尊者最近的地方）不使自己的面前留有余席。

[96] 上客：有尊贵的客人来。

[97] 烛不见跋：火把不要等烧到根部才换。跋：这里指火把快烧完的部分。

[98]侍坐六句：在君子身旁陪坐，如果君子打呵欠，拿手杖，穿鞋，看天色早晚，陪坐的人应该请求退出了。蚤：通“早”。莫：同“暮”。

[99]问更端：转换话题问别的事情。

[100] 愿有复也：有事愿向您报告。

[101] 屏：屏退，退隐。

[102] 毋侧听四句：不要侧耳偷听别人说话，答话不要高声喊叫，目光不要左瞟右看游移不定，不要怠惰放纵不知检束。噭：同“叫”。

[103] 游毋倨四句：走路不要大摇大摆，站立时身体不要偏斜，坐时不要伸开两条腿，睡觉不要伏着身子。跛：指使身体偏依于一只脚。箕：指张开双腿。

[104] 敛发四句：头发要束好不要像假发一样下垂，帽子不要随便脱下，劳动时不要袒胸露臂，炎热时也不要撩起衣裳。髢（tì）：假发。褰（qiān）：揭起。

[105] 屦不二句：鞋子不能穿上堂，脱鞋也不敢在正当堂阶的地方。

[106] 就屦三句：穿鞋时，要跪着拿取鞋，退到一边去穿。

[107] 乡长者三句：（为长者穿鞋）要面向长者，先跪着把鞋拿过来，再俯身为长者穿上。

[108] 离坐二句：看见两个人坐在一起或是两个人站在一起，不要去插到他们中间。离：两。

[109] 离立句：见到两人站在一起，不要从他们中间穿过。

[110] 椸枷（yí jiā）：即衣架。

[111] 巾栉：面巾和梳子篦子等物品。

[112] 亲授：亲手递东西。

[113] 通问：互通问候。

[114] 诸母：父之诸妾而有子者。漱裳：古人认为裳为卑污之物，故因尊兄弟之母而不可让他们为自己洗下身的衣服。

[115] 梱（kǔn）：门槛。

[116] 女子四句：女子许嫁，就要系缨，没有大的变故，就不进她的屋门。缨：古代

女子许嫁，要著缨作为标志，但是缨的形制今已不详。

[117] 不相知名："名"字衍。

[118] 受币：指女家接受男家的聘礼，这是两家婚姻关系成立的标志。

[119] 故日月四句：因此把娶妻的日期报告国君，并在斋戒之后报告家庙中的鬼神，还要置办酒食宴请地方上的同事和朋友，这些都是为了慎重男女之别。

[120] 寡妇三句：这是为了避嫌。有见：是说有出众的才能。

[121] 某子使某：第一个"某"是贺者名，第二个"某"是所使者名。

[122] 客：指乡党僚友。古人的观念，娶妻只是为了传宗接代，是不得已的事情，而非为了享乐，因此不庆贺，也不用乐，宴请乡党僚友，也只是为了重男女之别，所以来贺者也并不提贺婚的字眼。

[123] 羞：进，送。送的一般是一壶酒，十条干肉，没有干肉就送一条狗。

[124] 老者句：古代升降跪拜的繁琐礼仪非常耗费体力，因此对老者不做苛求。

[125] 男女异长：古代以伯、仲、叔、季作为兄弟或姊妹排行之称，但男女不在一起混排，这就是"男女异长"。

[126] 冠而字：男子初生，由父母取名，到行冠礼时，再由宾为他取字。

[127] 父前四句：卿大夫子在父亲面前叫他兄弟的名字，在国君面前叫他僚友的名字。

[128] 笄（jī）：加笄礼。这是女子的成人礼。

[129] 殽：切成大块的带骨的熟肉。胾（zì）：切成大块的不带骨的熟肉。

[130] 脍：切成薄片的肉。炙：烤熟的肉。

[131] 醯（xī）：即醋。

[132] 渫（xiè）：蒸葱。

[133] 以脯脩二句：如果在加放脯、脩两种干肉，那就使它们弯屈的部分朝左而放在最右边。脯、脩：都是干肉。朐（qú）：弯曲的干肉。

[134] 客若三句：客人的地位如果低于主人，就要拿着饭站起来，（对主人亲自陪食）表示推辞。

[135] 主人延五句：主人引导客人行食前祭礼。行食前祭礼的时候，所祭的食物

要从先进上的开始，也就是从带骨的肉块开始，依次遍祭各种食物。延：引导。

[136] 三饭三句：客人吃过三口饭之后，主人要引导客人吃纯肉块，然后客人依次遍吃各种食物，最后吃到带骨的肉块。

[137] 主人二句：主人还没有吃遍各种食物的时候，客人不饮酒洁口。

[138] 共食、共饭：都是指与人共用食器吃饭。泽手：揉搓手。

[139] 毋抟饭十四句：不要用手抟饭团吃，已经抓取的饭不要再放回食器里，不要大口喝汤，吃饭时不要发出“紥咤”的声音，不要咬嚼骨头，已经拿起的鱼肉不要再放回食器中，不要把骨头扔给狗，不要专挑一样吃，不要为了让饭快点凉而簸扬饭，吃黍不要用筷子，不要不嚼羹汤中的菜就囫囵咽下，不要自己给羹汤调味，不要在正吃饭时剔牙，不要像喝汤一样喝酱。歠（chuò）：饮。嚃（tà）：不咀嚼菜。絮：相当于调。絮羹，就是客人自己向羹汤中放盐、梅等佐料来调味。醢（hǎi）：肉酱。

[140] 客絮羹二句：客人自己给羹汤调味，主人就要谦虚地说：“家人不善于烹煮羹汤。”

[141] 窭（jù）：贫无以为礼。

[142] 濡肉：湿软的肉。齿决：用牙咬着吃。

[143] 干肉不齿决：干肉坚实，适宜用手撕开吃而不适宜用牙咬着吃。

[144] 嘬：一举而尽。

[145] 彻：通“撤”。齐：通“剂”，调味品。

[146] 相者：是主人所使为客人进送食物之人。

[147] 酒进则起：长辈递酒给晚辈，晚辈要站起来。

[148] 尊所：放酒尊的地方。尊为饮酒器。

[149] 长者辞：长辈对晚辈向自己行拜礼表示谦虚和推辞。

[150] 釂（jiào）：饮尽尊中酒。

[151] 御食四句：劝侑国君吃饭，国君把吃剩下的食物赐给劝侑者，如果食物是盛在可以洗涤的器具中的，就不倒在别的器具中再吃，其余盛在不可洗涤的

器具中的食物，就要倒在可以洗涤的器具中再吃。御：劝侑。器之溉者：指可以洗涤的器具。写：把食物从一个器具中倒入另一个器具中。

[152] 馂余三句：吃剩余的饭食不行食前祭礼（有以下两种情况）：父亲吃儿子剩余的饭食不祭，丈夫吃妻子剩余的饭食不祭。馂（jùn）：剩下的饭食。祭：指食前祭礼。

[153] 御同三句：陪侍长者吃饭而与长者同饮食器具，即使主人进上双份食物也不敢推辞，如果作为宴席上的陪客也不便推辞。御：侍。同：指同馔具。贰：即进上双份食物，这是盛馔，于礼当辞，但因为自己是侍食者，馔非为己而设，故不敢辞。

[154] 梜（jiā）：筷子。

[155] 副之：将瓜四析而又横断之。

[156] 巾以絺：用细葛布覆盖着送上。絺（chī）：细葛布。

[157] 华之：将瓜中剖而横断之。

[158] 绤（xì）：粗葛布。

[159] 为大夫累之：为大夫削瓜也要把瓜从中间剖分为二，再横断开，但不用巾覆盖。累：通“裸”。

[160] 士疐之：士削瓜后，要把瓜去蒂并横断开。疐：通“蒂”。

[161] 庶人：指庶人在官者，即尚未取得士的地位而在官府任职事的庶民。龁（hé）：咬，指去蒂便咬食。因为士和庶人都是自己削瓜，所以“士”和“庶人”前边没有“为”字。

[162] 栉（zhì）：梳头。

[163] 言不惰：是指不说邪僻不正的言语。

[164] 食肉二句：能够吃肉，餐食不能吃得口味都变了；能够喝酒，但不要喝到变了脸色。

[165] 矧（shěn）：齿龈。

[166] 侧席而坐：坐在单独的席位。

[167] 专席：单层席。

[168] 佛：同“拂”，扭转。拂其首，让鸟首朝着自己。

[169] 畜鸟：畜养之鸟，即家禽。

[170] 右契：古人契券一般分为左右两部分。这里指拿着契券的一半。

[171] 书致：书面的契约，这里指平面图形。

[172] 张弓二句：装好弓弦的，进献时弓弦向上；没装弓弦的，进献时弓背朝上。

[173] 右手二句：赠与时右手拿着弓的一头，左手托着弓把的中部。箫：弓的末端。弣（fǔ）：弓把的中部。

[174] 尊卑：意思是只要二人身份地位相同。帨（shuì）：戴在胸前的佩巾，鞠躬或是行礼时就会垂下来。垂帨，即鞠躬。

[175] 乡与客并：与客人同乡并立。

[176] 鐏（zūn）：戈柄下端的圆锥形金属套。

[177] 镦（duì）：矛戟柄末的平底套。

[178] 效：呈献。

[179] 左首：鸟头朝向左边。

[180] 缋（huì）：布帛。

[181] 苞苴（bāo jū）：用茅草包着的鱼肉。箪笥（dān sì）：二者皆为盛饭食的工具，这里指用竹器盛着饭食。问：赠送。

[182] 辱：敬词，有惠临、劳驾的意思。

[183] 此言二句：因为祖与孙昭穆相同，所以代表祖父受祭之尸必用其孙。而父子昭穆不同，所以子不可为父尸。

[184] 式：通“轼”，车前横木。凭轼俯身行礼也叫作轼。

[185] 齐：同“斋”。不乐不吊：不听音乐，不去吊丧。

[186] 毁瘠：羸瘦。

[187] 致：极，过分。

[188] 衰：同“縗”。縗麻，古代用粗麻布制成的毛边丧服。

[189] 处于内：孝子居丧应住在倚庐内，不能住在平常的居室内。倚庐是搭在中门之外的简陋棚屋。七十岁的人可以住在居室内，这是一种照顾。

[190] 知生二句：郑玄认为，吊有吊辞，伤有伤辞。吊辞施于生者，伤辞施于死者。这两句话是说：如果与死者家属有交情，应去慰问死者家属；如果是与死者本人有交情，应去哀悼葬者。

[191] 赙（fù）：拿钱财帮别人办理丧事。

[192] 垄：冢，坟包。

[193] 绋（fú）：出殡时拉柩车用的大绳。

[194] 相：舂谷子时的号子声。

[195] 失色：表情与场合不一致。

[196] 武车：即兵车。绥旌：即旌旗招展。

[197] 德车：指古代帝王所乘五路（辂）中的玉、金、象、木四路（辂），这四路（辂）不用于军事，故曰德车。

[198] 史载二句：意思是说，如果国君去参加会盟，随行的史官负责携带文具，士负责准备有关盟辞的文件。

[199] 前有二句：在队伍行进的途中，前面发现水，前导的警卫就竖起画有青雀的旌旗以警众。青：青雀，一种水鸟。后文的鸣鸢是张开嘴的老鹰，飞鸿即飞雁，挚兽即猛兽。

[200] 行三句：凡行军之阵，前锋以画有朱雀的旗子为标志，后卫以画有玄武的旗子为标志，左翼以画有青龙的旗子为标志，右翼以画有白虎的旗子为标志。

[201] 招摇二句：中军则以北斗七星旗为令旗。所以士卒坚劲奋勇，如天帝之威怒。招摇：北斗第七星名，这里借指北斗。

[202] 进退三句：前进后退，都有一定的法度。左右两翼，也各有主官负责。

[203] 不反兵：不返回家里取兵器。意思是要随身携带武器，遇见就杀。

[204] 垒：军壁，即防御工事。四郊多垒说明常常被别国侵伐。

[205] 凡祭二句：孔颖达认为，这是指士说的。凡是在国君的庙里助祭的士，祭过神后，都要把应得的一份祭肉自己带回家中。

[206] 卒哭句：行过卒哭之祭，就要避免称呼死者名字。

[207] 礼不句：但根据礼的规定，与死者之名读音相同的字能够不避。嫌名：与人

名读音相近的字。

[208] 二名句：双字之名只要避其中的一个字就可以。

[209] 逮事二句：如果赶上侍奉父母，就要避讳祖父之名。

[210] 君所二句：在国君面前不避家讳，在大夫面前则应避开国君之讳。

[211] 夫人三句：国君夫人的家讳，即使是在和国君对话，臣子也不必避讳。

[212] 外事二句：从事外事，要挑选奇数的日子；从事内事，要挑选偶数的日子。刚日：单数日。柔日：双数日。

[213] 为日三句：为了择日，借重你的灵龟，卜个可靠的日子；借重你的灵蓍，择个可靠的日子。泰：尊敬之辞。

[214] 卜筮句：卜过了不要再筮，筮过了不要再卜。

[215] 筴：同“策”，蓍草。

[216] 疑而四句：有了疑惑的事才去占卜，对占卜的结果不要否定，卜筮已确定的日子，就一定要按时实施。

[217] 軨（líng）：车轮。效：郑玄认为是禀告的意思，王引之认为是试验的意思。今从王说。

[218] 贰绥：副绥。绥是登车时手拉的引绳。绥有两种：一是副绥，为驾车之仆和充任警卫的车右登车所用；二是正绥，为国君登车所用。

[219] 分辔：假设一车套有四马，每一马有二辔，四马则八辔。四马中两匹骖马的内辔系于轼前，如此尚余六辔，两手各执三辔，是谓分辔。下文的“并辔”就是把一只手中的三辔并到另一只手上。

[220] 攘辟：躬身避让。

[221] 驺：通“趋”，快走。

[222] 门闾二句：当车经过门、闾巷门及沟渠时，车右都要下车步行。

[223] 若仆二句：如果御者的身份比车主低，则车主能够接绥登车。

[224] 自下拘之：从御者手的下方接住绥。

[225] 君子：指国君。黄髮：指老人。

[226] 介者：穿铠甲的人。

[227] 蓌（cuò）拜：一说蓌即挫，将士著甲而屈拜，即挫损军威。一说蓌犹诈也，著甲在身，无法跪拜，只能做个拜的样子。

[228] 祥车旷左：祥车又叫吉车。吉车，活着时所乘之车，葬时用作魂车。车上贵左，驾祥车者居右，空出左方，以为死者灵魂的神位。

[229] 奇（jī）车：不合制度的车。

[230] 不广咳：不大声咳嗽。

[231] 立视三句：立乘在车上只能向前看等于车轮五周的距离，行轼礼时看着马尾，回头看时目光不能超越车轴头。巂（guī）：通“规”，车轮转一周为巂。

[232] 策彗：以带叶的竹帚为马鞭。恤勿：即搔摩。

[233] 齐牛：祭祀用的牛。

[234] 路马：为国君驾车的马。因国君所乘之车名路，故名。路，同“辂”。

[235] 蹙：通“蹴”，践踏。刍：饲草。

[236] 齿：年。这里是估量年龄之意。

参考文献

柳肃著：《礼的精神——礼乐文化与中国政治》，吉林教育出版社1990年版。

杨向奎著：《宗周社会与礼乐文明》，人民出版社1992年版。

陈来著：《古代宗教与伦理——儒家思想的根源》，生活·读书·新知三联书店1996年版。

杨华著：《先秦礼乐文化》，湖南教育出版社1997年版。

邹昌林著：《中国礼文化》，社会科学文献出版社2000年版。

刘丰著：《先秦礼学思想与社会的整合》，中国人民大学出版社2003年版。

彭林著：《中国古代礼仪文明》，中华书局2004年版。

崔大华著：《儒学的现代命运——儒家传统的现代阐释》，人民出版社2012年版。

尚　书

题解

《尚书》原称《书》，在汉代改称《尚书》。尚，上也。尚书即上古之书，是我国现存最早的一部记言体史书。书中各篇均为上古各朝史官记录，后由孔子编订。书中所记按朝代分为虞书、夏书、商书、周书，按文体分为诰、训、谟、誓、命、典六种。主要记载了上古帝王有关政事和治国的言论，也保存了古代经济、地理及社会性质等方面的珍贵史料，具有极高的文献价值。《尚书》的注本主要有东汉郑玄的《尚书注》，唐代孔颖达的《尚书正义》，宋代蔡沈的《书经集传》，清代孙星衍的《尚书今古文注疏》等。

版本

《尚书》的版本较为复杂，汉代有今古文尚书之争，永嘉战乱，今古文大都亡佚。到东晋时期，梅赜上古文《尚书》五十八篇，奠定了今本《尚书》的基本模样。清代阎若璩《古文尚书疏证》将梅赜所上古文《尚书》中的二十五篇定为伪书。通行本为清代阮元的《十三经注疏》本，中华书局1980年第1版。现代有以下版本推荐：

王世舜译注：《尚书译注》，四川人民出版社1982年版。

周秉钧著：《白话尚书》，岳麓书社1990年版。

杨任之译注：《尚书今译今注》，北京广播学院出版社1993年版。

选读

尧典

曰若稽古[1]，帝尧曰放勋，钦、明、文、思、安安[2]，允恭克让[3]，光被四表，格于上下[4]。克明俊德，以亲九族[5]。九族既睦，平章百姓[6]。百姓昭明，协和万邦，黎民于变时雍[7]。

乃命羲和，钦若昊天，历象日月星辰，敬授民时[8]。分命羲仲，宅嵎夷，曰暘谷[9]。寅宾出日，平秩东作[10]。日中，星鸟，以殷仲春[11]。厥民析，鸟兽孳尾[12]。申命羲叔，宅南交，曰明都[13]。平秩南讹，敬致[14]。日永，星火，以正仲夏[15]。厥民因，鸟兽希革[16]。分命和仲，宅西，曰昧谷[17]。寅饯纳日，平秩西成[18]。宵中，星虚，以殷仲秋[19]。厥民夷，鸟兽毛毨[20]。申命和叔，宅朔方，曰幽都[21]。平在朔易[22]。日短，星昴，以正仲冬[23]。厥民隩，鸟兽鹬毛[24]。帝曰："咨！汝羲暨和，期三百有六旬有六日，以闰月定四时，成岁[25]。允厘百工，庶绩咸熙[26]。"

帝曰："畴，咨，若时登庸[27]？"放齐曰："胤子朱，启明[28]。"帝曰："吁！嚚讼[29]，可乎？"

帝曰："畴，咨，若予采[30]？"欢兜曰："都！共工方鸠僝功[31]。"帝曰："吁！静言庸违，象恭滔天[32]。"

帝曰："咨！四岳，汤汤洪水方割，荡荡怀山襄陵，浩浩滔天。下民其咨，有能俾乂[33]？"佥曰："於！鲧哉。"帝曰："吁！咈哉，方命圮族[34]。"岳曰：

“异哉！试可乃已[35]。”帝曰，“往，钦哉！[36]”九载，绩用弗成[37]。帝曰：“咨！四岳。朕在位七十载，汝能庸命巽朕位[38]？”岳曰：“否德忝帝位[39]。”曰：“明明扬侧陋[40]。”师锡帝曰[41]：“有鳏在下[42]，曰虞舜。”帝曰：“俞[43]！予闻，如何？”岳曰：“瞽子，父顽，母嚚，象傲，克谐，以孝烝烝，乂不格奸[44]。”帝曰：“我其试哉！”女于时，观厥刑于二女[45]。厘降二女于妫汭，嫔于虞[46]。帝曰：“钦哉！”

注释

[1] 曰若稽古：古时成语，用来称述前代著名人物言行的开端。曰若：语词，无义。稽：考。古：指古代传说。

[2] 钦：处理政事恭谨节用。明：明察。安安：温和。

[3] 允：诚实。恭：恭谨。克：能够。让：让贤。

[4] 光被二句：他的光辉照耀四海，以至于上天下地。

[5] 克明二句：能够举用同族中德才兼备的人，使族人亲密地团结起来。

[6] 平章百姓：是说考察百官中有善行者，加以表彰，以资鼓励。

[7] 黎民句：《史记》中并无此句，或为衍文。

[8] 乃命羲和四句：于是便命令羲与和，恭谨地遵循上天的意旨行事，根据日月星辰的运行情况来制定立法，以教导人民按照时令节气从事生产活动。羲、和：同族两氏，分别为重氏和黎氏的后代，相传重黎氏为世代掌管天地之官，所以尧使其后代中的贤能者继续担任这种职务。钦：敬。若：顺。敬授民时：指制定历法。

[9] 分命羲仲三句：又命令羲仲，住在东方海滨，名叫暘谷的地方。

[10] 寅宾二句：恭敬地等待着日出，并通过观察来辨别不同时期日出之特点。寅：敬。宾：迎接。平：为“釆”字之误，“釆”为“辨”的古字。后文的“平秩南讹”“平秩西成”“平在朔易”中“平”均为“釆”字之误。秩：次第。作：兴起。

[11] 日中三句：以昼夜平分的那天作为春分，并以鸟星见于南方正中之时作为考定

仲春的依据。星鸟：即二十八宿中的星星。古人分二十八宿为四象，每象包括七宿，星宿是南方七宿中的一宿，朱雀为鸟名，故说星宿为星鸟。

[12] 厥民析二句：这时人民分散在田野里劳作，鸟兽也顺时生育繁殖起来。析：分散开来。孳尾：生育繁殖的意思。

[13] 申命羲叔三句：又命令羲叔，住在太阳由北向南转移的地方，这地方叫做明都。

[14] 平秩二句：在这里观察太阳向南移动之次第，以规定夏天所应从事的工作，并恭敬地等待着太阳的到来。

[15] 日永三句：以白昼时间最长的那天作为夏至，并以这天火星见于南方正中之时，作为考定仲夏的依据。

[16] 厥民因二句：这时人民住在高处，鸟兽的毛也稀疏起来。因：就高地而居。

[17] 分命和仲三句：又命令和仲，住在西方名叫昧谷的地方。

[18] 寅饯二句：测定日落之处，恭敬地给太阳送行，并观察太阳入山时的次第，以规定秋季收获庄稼的工作。

[19] 宵中三句：以秋分这天昼夜交替的时候和虚星见于南方正中的时候，作为考定仲秋的依据。

[20] 厥民夷二句：这时人民离开高地住到平原（从事收获庄稼的劳动），这时鸟兽毛盛，可以选用。毨（xiǎn）：鸟兽毛盛。

[21] 申命和叔三句：又命令和叔，住在北方叫做幽都的地方。

[22] 平在朔易：以观察太阳从极南向北运行的情况。在：观察。易：变易，这里指太阳运转。

[23] 日短三句：以白昼最短的那天作为冬至，并以昴星见于南方正中的时候，作为考定仲冬的依据。

[24] 厥民隩二句：这时人民都住在室内取暖，鸟兽为了御冬，毛长得特别细密丰厚。隩（yù）：内，冬天入室内居住，避寒取暖。氄（róng）：指细密之毛。

[25] 咨五句：羲与和啊，希望你们以三百六十六日作为一个周期，用闰月来推定春夏秋冬四时而成岁。

[26] 允厘二句：规定百官的职务，这样许多事情便得以顺利进行了。允：信。厘：

治。庶：众。熙：兴。

[27] 畴，咨，若时登庸：唉，谁能顺应四时的变化获得功绩呢？畴：疑问代词，谁。咨：语气词，表示叹息，相当于“唉”。若：顺。时：四时。登：得。庸：功。

[28]胤子二句：你的儿子丹朱，聪明能干，可以让他担任这项职务。放齐：尧的臣子。胤：后嗣。

[29]嚚（yín）：口不道忠信之言。讼：当愚鲁讲。

[30] 畴，咨，若予采：唉，谁能根据我的意见来处理政务呢？若予：顺从我。采：事，办理政务的意思。

[31] 都二句：哦，还是共工吧，他现在在安集人民方面已经取得一定功效了。欢兜：尧时的大臣。相传他和共工互相吹捧，狼狈为奸，为四凶之一。都：表示赞美的语气词。方（páng）：大。鸠：聚集。僝：（zhàn，zhuàn，chán）：显现。僝（chán）功：功事已显现。

[32]静言二句：这个人很会说漂亮话，但却阳奉阴违，貌似恭敬，实际上对国君十分轻慢。静：通“靖”，善。庸：用。滔：通“慆”，轻慢。天：指国君。

[33]四岳六句：四方诸侯之长啊，奔腾呼啸的洪水正为害，吞没一切的洪水包围了大山冲上高岗，水势简直要遮蔽天空。下民都愁苦叹息，有谁能治理洪水，使人民得以安居乐业？割：害。怀：包。襄：上。俾（bì）：使。乂：治理。

[34]咈哉二句：这个人常常违背法纪，不遵守命令，为害同族的人。咈（fú）：违背乖戾。方：同“放”。圮（pǐ）：毁。

[35]异哉二句：四方诸侯之长说：“我们听到的情况和你说的不一样，还是让他试一试，实在不行再免除他的职务。”

[36]往二句：去吧，鲧，要恭敬地对待你的职务！

[37]绩用弗成：没什么功绩。

[38]汝能句：你们有谁能够顺应上帝的命令，代替我登上天子之位的吗？庸：用。巽：践。

[39] 否德句：我们的德行鄙陋，不配登上帝位。否（pǐ）：鄙陋。忝（tiǎn）：辱。

[40]明明句：应该考察贵戚中的贤人，或是地位虽然低贱但是却很贤能的人，还是

使贤德之人登上帝位吧。明明：第一个“明”是动词，明察；第二个“明”是形容词，贤明。扬：选拔举用。侧：同“仄”。陋：隐也。侧陋：有隐伏卑微的意思。

[41] 师：众人。锡：赐，赐言，即提出意见。

[42] 鳏：无妻曰鳏，这里指处境困苦的人。

[43] 俞：副词，对话时表示肯定意义。

[44] 瞽子七句：他是乐官瞽叟的儿子，其父心术不正，其母善于说谎，他的弟弟象十分傲慢，对舜态度很不友好，而舜能够和他们和谐相处，用自己的孝行美德感化他们，家人也都能改恶从善，使自己的行为不至流于奸邪。烝烝：孝德美厚之义。乂：治，指处理家务。格：至。

[45] 女于二句：尧决定把两个女儿嫁给舜，从两个女儿那里考查舜的德行。时：是，代指舜。刑：同“型”。

[46] 厘降二句：尧命令在妫河的弯曲处举行婚礼，让两个女儿做了舜的妻子。厘：饬，命令。妫汭（guī ruì）：妫河的弯曲处。

禹贡

禹敷土，随山刊木，奠高山大川[1]。

冀州：既载壶口，治梁及岐[2]。既修太原，至于岳阳[3]；覃怀厎绩，至于衡漳[4]。厥土惟白壤，厥赋惟上上错，厥田惟中中[5]。恒卫既从，大陆既作[6]。岛夷皮服，夹右碣石入于河[7]。

济河惟兖州[8]。九河既道，雷夏既泽，灉沮会同[9]。桑土既蚕，是降丘宅土[10]。厥土黑坟，厥草惟繇，厥木惟条[11]。厥田惟中下，厥赋贞，作十有三载，乃同[12]。厥贡漆丝，厥篚织文[13]。浮于济漯，达于河[14]。

海岱惟青州[15]。嵎夷既略，潍淄其道[16]。厥土白坟，海滨广斥[17]。厥田惟上下，厥赋中上[18]。厥贡盐絺，海物惟错。岱畎丝、枲、铅、松、怪石。莱夷作牧。厥篚檿丝[19]。浮于汶，达于济[20]。

海岱及淮惟徐州[21]。淮沂其乂，蒙羽其艺，大野其猪，东原厎平[22]。

厥土赤埴坟，草木渐包[23]。厥田惟上中，厥赋中中[24]。厥贡惟土五色，羽畎夏翟，峄阳孤桐，泗滨浮磬，淮夷蠙珠暨鱼[25]。厥篚玄纤缟[26]。浮于淮泗，达于河[27]。

淮海惟扬州[28]。彭蠡既猪，阳鸟攸居[29]。三江既入，震泽厎定[30]。筱簜既敷，厥草惟夭，厥木惟乔[31]。厥土惟涂泥，厥田惟下下，厥赋下上上错[32]。厥贡惟金三品，瑶琨筱簜，齿革羽毛惟木，岛夷卉服[33]。厥篚织贝，厥包桔柚锡贡[34]。沿于江海，达于淮泗[35]。

荆及衡阳惟荆州[36]。江汉朝宗于海，九江孔殷，沱潜既道，云土梦作乂[37]。厥土惟涂泥，厥田惟下中，厥赋上下[38]。厥贡羽毛齿革，惟金三品，杶干栝柏，砺砥砮丹，惟箘簵楛[39]。三邦厎贡厥名，包匦菁茅，厥篚玄纁玑组，九江纳锡大龟[40]。浮于江沱潜汉，逾于洛，至于南河[41]。

荆河惟豫州[42]。伊洛瀍涧，既入于河，荥波既猪[43]。导菏泽，被孟猪[44]。厥土惟壤，下土坟垆[45]。厥田惟中上，厥赋错上中[46]。厥贡漆枲絺纻，厥篚纤纩，锡贡磬错[47]。浮于洛，达于河[48]。

华阳、黑水惟梁州[49]。岷嶓既艺，沱潜既道，蔡蒙旅平，和夷厎绩[50]。厥土青黎，厥田惟下上，厥赋下中三错[51]。厥贡璆铁银镂砮磬、熊罴狐狸织皮[52]。西倾因桓是来，浮于潜，逾于沔，入于渭，乱于河[53]。

黑水、西河惟雍州[54]。弱水既西，泾属渭汭，漆沮既从，沣水攸同[55]。荆岐既旅，终南惇物，至于鸟鼠[56]。原隰厎绩，至于猪野[57]。三危既宅，三苗丕叙[58]。厥土惟黄壤，厥田惟上上，厥赋中下[59]。厥贡惟球琳琅玕[60]。浮于积石，至于龙门、西河，会于渭汭[61]。织皮昆仑、析支、渠搜，西戎即叙[62]。

导岍及岐，至于荆山，逾于河；壶口、雷首，至于太岳；厎柱、析城，至于王屋；太行、恒山，至于碣石，入于海[63]。

西倾、朱圉、鸟鼠，至于太华；熊耳、外方、桐柏，至于陪尾[64]。

导嶓冢，至于荆山；内方，至于大别[65]。

岷山之阳，至于衡山，过九江，至于敷浅原[66]。

导弱水，至于合黎，馀波入于流沙[67]。

导黑水，至于三危，入于南海[68]。

导河、积石，至于龙门；南至于华阴，东至于底柱；又东至于孟津，东过洛汭，至于大伾；北过降水，至于大陆；又北播为九河，同为逆河，入于海[69]。

嶓冢导漾，东流为汉，又东，为沧浪之水，过三澨，至于大别，南入于江。东，汇泽为彭蠡，东，为北江，入于海[70]。

岷山导江，东别为沱，又东至于澧；过九江，至于东陵，东迤北会于汇；东为中江，入于海[71]。

导沇水，东流为济，入于河，溢为荥。东，出于陶丘北；又东，至于菏；又东北，会于汶；又北，东入于海[72]。

导淮自桐柏，东，会于泗沂，东入于海[73]。

导渭自鸟鼠同穴，东，会于沣；又东，会于泾；又东，过漆沮，入于河[74]。

导洛自熊耳，东北，会于涧瀍；又东，会于伊；又东北，入于河[75]。

九州攸同，四隩既宅，九山刊旅，九川涤源，九泽既陂。四海会同，六府孔修。庶土交正，厎慎财赋，咸则三壤成赋。中邦锡土姓。祗台德先，不距朕行[76]。

五百里甸服：百里赋纳总，二百里纳铚，三百里纳秸服，四百里粟，五百里米[77]。

五百里侯服：百里采，二百里男邦，三百里诸侯[78]。

五百里绥服：三百里揆文教，二百里奋武卫[79]。

五百里要服：三百里夷，二百里蔡[80]。

五百里荒服：三百里蛮，二百里流[81]。

东渐于海，西被于流沙，朔南暨声教，讫于四海。禹锡玄圭，告厥成功[82]。

注释

[1] 禹敷土三句：禹区分九州的疆界，在经过的山上插上木桩作为标记，并为高山大河命名。敷：分。奠：定。

[2] 既载二句：壶口的工程已经结束了，便开始开凿梁山和岐山。载：事，这里指壶口的水利工程。壶口：山名，在今山西省吉县西南七十里。

[3] 既修二句：太原附近的河道也修理好了。一直修到大岳山的南面。太原：即现在山西省太原市一带。岳：即太岳山，在今山西省霍县东。

[4] 覃怀二句：覃怀一带的水利工程，也取得很大成绩，从这里向北一直到横流的漳水，一些河道也都得到了治理。覃怀：地名，在今河南省武陟县西。厎（zhǐ）绩：获得功绩。衡：同“横”。漳：漳水，在覃怀北面相距约五百里。

[5] 厥土惟白壤三句：这里是一片白色而土质松软的田地，这里的臣民应出一等赋税，也可间出二等赋税，这里的土地属于第五等。厥：这。惟：是。上上：第一等。古人根据九州作物生长状况和土壤的肥瘠，把赋税分成九等。错：杂，指杂出第二等赋税。中中：为第五等。

[6] 恒卫二句：恒水、卫水也都已疏通，大陆泽的工程也已经开始动工。大陆：大陆泽，在今河北省巨鹿县西北。

[7] 岛夷二句：沿海一带诸侯进贡皮服时，可以从碣石入黄河来贡。岛：海中之山，这里指沿海地区。皮服：指前面那个地区所贡的物品。夹：挟也。右碣石：即碣石山。因为自海入河，逆流而西，碣石山在右侧，故曰。

[8] 济河句：济河与黄河一带是兖州地区。

[9] 九河三句：黄河下游的九条河道疏通了，雷夏泽的工程完成了，灉河、沮河汇合流入雷夏泽。雷夏：大泽名，在今山东菏泽东北黄河南岸。

[10] 桑土二句：水退之后土地能够种植桑树，因而可以养蚕了，因此人民都从小土山上搬下来，住到平地上。

[11] 厥土黑坟三句：这里是一片黑色的沃土，这里的草已经冒出新芽，树木也已经长出小小的枝条。坟：土地肥沃。繇（yáo）：发芽，一说茂盛。

[12] 厥田惟中下四句：这里的土地属于第六等，这里的人民缴纳的赋税是第九等的，开垦十三年之后，再和其他州的赋税相同。贞：为“下下”二字的讹误，下下即第九等。

[13] 厥贡漆丝二句：这里的人民应当入贡漆和丝一类的物品，并且要将丝织品染

成各种花纹，放在竹篮里进贡。篚（fěi）：圆形的盛物竹器。

[14]浮于济漯二句：入贡的道路，可由济河、漯河乘船顺流入黄河。

[15]海岱句：横跨渤海向东至泰山，这是青州地区。

[16]嵎夷二句：嵎夷的水利工程只花了较少的力气便完成了，潍河和淄河的故道都已经疏通了。

[17]厥土白坟二句：这里是一片地势较高的灰白色的土壤，沿海的广大地区都是这种盐卤之地。斥：即盐卤地。

[18]厥田惟上下二句：这片土地的质量在九州中属于第三等，其赋税是第四等。

[19]厥贡盐絺五句：这里的人民应该进贡盐、细葛布和各种各样的海产。泰山一带要进贡丝、大麻、锡、松树和奇特美好的怪石。莱夷一带可以从事放牧了，还要把山桑和丝放在竹篮中运来作为贡品。畎（quǎn）：山谷。檿（yǎn）：山桑，可制弓。

[20]浮于汶二句：进贡的路线由汶水直入济水。

[21]海岱及淮句：东起大海，南至淮河，北到泰山，这是徐州地区。

[22]淮沂四句：淮河和沂水都已经治理好了，蒙山和羽山一带的土地，也将要种植庄稼了，大野泽已容贮四周的流水，东原一带的土地也可以耕种了。乂：治。其：副词，表示将要的意思。艺：种植庄稼。猪："水所停止，深者曰猪"，今作潴。

[23]厥土赤二句：这里是一片高起的土性较粘的红土地，草木也逐渐茂盛地生长起来。埴：粘土。包：通"苞"，草木丛生。

[24]厥田惟上中二句：这里土地的质量属于第二等，应该缴纳第五等的赋税。

[25]厥贡惟土五色五句：这里的人民应该进贡五色土，羽山的山谷要进贡夏翟的羽毛，峄山的南面要进贡其特产桐树，泗水边的人民要进贡泗水中可以制磬的石料，淮河一带的人民进贡蠙珠和鱼。畎：山谷。夏翟：有五种颜色的羽毛。孤桐：桐树中之特别好者。

[26]厥篚句：要把纤细的黑缯和白缯放在竹筐里作为贡物献来。玄：黑缯。缟：白缯。

[27] 浮于淮泗二句：进贡的路线由淮水入泗水而后入菏泽，由济水入黄河。

[28] 淮海句：北至淮河，南至大海，这是扬州地区。

[29] 彭蠡二句：彭蠡泽已经贮蓄了又多又深的水，南方岛屿上的人们也可以安居了。阳鸟：即阳岛。

[30] 三江二句：长江已经流入大海，震泽的水利工程也已获得成功。三江：指长江。震泽：即现在江浙之间的太湖。

[31] 筱簜三句：小竹和大竹普遍生长起来，原野的草生长得很茂盛，树木也都长得很高。筱（xiāo）：小竹。簜：大竹。夭：长，这里指草长得茂盛。乔：高。

[32] 厥土惟涂泥三句：这里的土地低洼潮湿，土地质量属于第九等，人民缴纳第七等赋税，也可以间杂缴纳第六等赋税。

[33] 厥贡惟金四句：其贡品是金、银、铜三种金属，美玉、小竹和大竹，象牙、犀牛皮、鸟羽和牦牛尾，海岛一带进贡草制的衣服。三品：金、银、铜三种。黄金为上等，白银为中等，铜为下等。

[34] 厥篚织贝二句：要把丝织品放在竹筐内，把桔子和柚子打成包裹作为贡品进献。

[35] 沿于江海二句：进贡的物品沿长江两岸，由长江入淮河，由淮河入泗水；沿海各地则顺着海岸进入长江，由长江入淮河，再由淮河入泗水。

[36] 荆及句：从荆山到衡山南面是荆州。

[37] 江汉四句：长江和汉水一同流入大海，许多长江支流集中在洞庭湖一带，水势非常大，长江的支流和汉水的支流也都已经疏通了，云梦泽一带的土地也大都可以耕种了。朝宗：诸侯见天子，春见叫朝，夏见称宗。这里是把海比作天子，把江汉比作诸侯，说江汉二水合流以后归于大海。沱潜：前者是长江的支流，后者是汉水的支流。云土梦：即云梦泽。

[38] 厥土惟涂泥三句：这里的土地低洼潮湿，土地的质量属于第八等，应该缴纳第三等赋税。

[39] 厥贡羽毛五句：应该进贡鸟羽、牛尾、象牙、犀牛皮，金、银、铜三种金属，杶、干、栝、柏四种木材，磨刀的石头、制箭头的石头、丹砂，竹箳、美竹和楛

树等。砺砥：磨刀石。砮（nǔ）：可以作箭头的石头。丹：朱砂。箘（jūn）：竹笋。簵（lù）：美竹。

[40]三邦四句：州内各国，都贡上当地的名产，将带有毛刺的茅草放在匣内包装起来，把黑色的、浅红色的丝织品和珍珠、丝带子一类东西放在竹筐内一并进贡来，沿江一带及长江的许多支流地区还要把大龟进贡来。三邦：指州内诸国。匦（guǐ）：匣子。菁茅：一种有毛刺的茅草，用来缩酒。缩酒，就是滤去酒中的渣滓，使酒更加清洁。纁（xūn）：浅红色。玑：珍珠类。组：绶类，一种丝带子。

[41]浮于江沱三句：进贡的路线由长江顺流进入其支流，再由长江的支流进入汉水的支流，由汉水的支流进入汉水，然后登岸由陆路到洛水，再由洛水进入黄河。

[42]荆河句：从荆山到黄河，是豫州地区。

[43]伊洛三句：伊水、瀍水、涧水都会集于洛水而流入黄河，荥波泽已经治好，可以贮存大量的河水。

[44]导菏泽二句：菏泽和孟猪泽之间也疏通了，只有水势很大的时候才可以覆被孟猪泽。

[45]厥土惟壤二句：这里是一片石灰性的冲积土，土的底层是沙姜。

[46]厥田惟中上二句：这里的土地属于第四等，应该缴纳第二等赋税，间或缴纳第一等赋税。

[47]厥贡漆枲三句：应该进贡漆、大麻、细葛布、紵麻，还要把细绵用竹筐包装起来和制好的磬一起进贡来。纩（kuàng）：新绵。纤纩就是细绵。错：治玉石。

[48]浮于洛二句：进贡的路线由洛水直入黄河。

[49]华阳句：从华山的南面西至黑水，是梁州地区。

[50]岷嶓四句：岷山和嶓冢山都已经能够种庄稼了，沱江和潜水也都疏通了，蔡山和蒙山的工程也已完工，和水一带的民众也前来报告治理的成绩。旅：治。

[51]厥土青黎三句：这里是一片黑色的土地，土地的质量属于第七等，应缴纳第八

等赋税，也可间或缴纳第七等和第九等赋税。青黎：黑色。

[52] 厥贡璆句：要进贡美玉、铁、银、刚铁、硬石、磬以及熊、罴、狐、狸四种兽皮。

[53] 西倾五句：这里的贡道可以由西倾山顺着桓水前来，经过潜水和沔水，然后陆行至渭水，由渭水横渡入黄河。乱：横渡。

[54] 黑水句：从黑水到西河是雍州地区。

[55] 弱水四句：弱水在疏通之后便向西流去，泾水已经疏通向北流入渭水，漆水和沮水也在疏通之后流入渭水，沣水也一样。汭：水向北流。

[56] 荆岐三句：条荆山和岐山的工程已经完工，终南山、惇物山，一直到鸟鼠山的水利工程都已经全部竣工。

[57] 原隰二句：平原一带一直到猪野的水利工程都取得了很大成绩。旅：古时的一种祭山的礼节，这里表示治理好的意思。原隰：这里指豳地。原：平原。隰：低湿之地。

[58] 三危二句：三危这个地方已经可以住人了，因而三苗人民得到了很好的安置。丕：大，作程度副词用。叙：指安置就序。

[59] 厥土惟黄壤三句：这里是黄色的土壤，土地的质量属于第一等，这里的人民缴纳第六等赋税。

[60] 厥贡句：应该进贡美玉、美石和宝珠一类物品。

[61] 浮于积石三句：进贡的路线由积石山附近进入黄河，顺流到龙门，所有运送贡物的船只汇集在渭水的弯曲处。浮：指由此处入黄河行水路的意思。

[62] 织皮二句：昆仑、析支、渠搜等西戎国家都要按照规定进贡皮质衣料。昆仑、析支、渠搜：都是西戎国名。古时称西方的少数民族为西戎。

[63] 导岍一段：疏通了岍山和岐山，一直疏凿到荆山，穿过黄河；其间从壶口山、雷首山一直到太岳山都得到了疏凿；从底柱山、析城山到王屋山，再从太行山、衡山一直到碣石的水利工程都得到了相当好的治理，黄河得以畅流入海了。逾：这里指山断绝了河水。

[64] 西倾一段：由西倾山、朱圉山、鸟鼠山到太华山，再由熊耳山、外方山、桐柏山

一直到陪尾山的水利工程都得到了治理。

[65]导嶓冢一段：从嶓冢山到荆山，从内方山到大别山也都得到了疏通和开凿。

[66]岷山一段：从岷山的南面到衡山，越过九江，一直到鄱阳湖一带的水利也都得到了治理。

[67]导弱水一段：把弱水疏通到合黎，下游流入沙漠地带。馀波：即河的下游。

[68]导黑水一段：把黑水疏通到三危，下游流入南海。

[69]导河一段：又疏导黄河，先在积石山施工，一直疏凿到龙门山；又向南到华山的北面，然后向东经过底柱山、孟津、洛水的弯曲处到大伾山；然后又折转向北，经过降水，到大陆泽；再向北分为九条支流，这九条支流共同承受着黄河的大水，把它顺利地导入大海。播：分散。逆：迎而承受之意。

[70]嶓冢一段：从嶓冢山开始疏导漾水，向东流则为汉水，再向东流便是沧浪水，经过三澨水，到大别山；向南流入长江，向东便汇成大泽，即彭蠡泽，向东称北江，然后由长江流入大海。

[71]岷山一段：从岷山开始疏导长江，向东则别出一条支流称沱水，再向东到澧水；经过九江到了东陵，然后蜿蜒斜行向东和淮水相汇；向东则为长江，然后流入大海。迤：斜行。中江：即长江。

[72]导沇水一段：疏导沇水，东流则名为济水，然后流入黄河，河水流溢而成荥泽。然后从陶丘的北面向东流去，一直流入菏泽；再向东北和汶水相会，又向北流，然后折转向东流入大海。

[73]导淮一段：从桐柏山开始疏导淮河，向东和泗水、沂水相会，再向东流入大海。

[74]导渭一段：从鸟鼠山开始疏导渭水，向东和沣水相会，再向东和泾水相会，然后经过漆水、沮水流入黄河。

[75]导洛一段：从熊耳山开始疏导洛水，向东北则与涧水、瀍水相汇，又向东和伊水相汇，然后从东北流入黄河。

[76]九州一段：九州的水利工程都已完工，四方的土地都可以安居，九州的大山都已经开凿治理，九州的河流也都疏浚通达了，九州的大泽也都筑起堤防，

不至于决溢泛滥了。海内的贡道都畅通无阻了，六府的政务都处理得非常好。九州的土地都得到了正确地考查，并根据各地区土地质量，谨慎地规定了不同的赋税，各地人民都要根据土质优劣的三种规定缴纳赋税。九州之内的土地都分封给诸侯并赐之以姓氏。诸侯们应该把尊重我的德行放在首要地位，不准违背我所推行的德教。九州攸同：这是一句总叙。攸：所。隩（yù）：通"墺"，可居住的地方。刊：除，指去除妨碍洪水流转的障碍。旅：治也。陂（bēi）：堤防。孔：甚，程度副词。则：法。这里可理解为根据。中邦：中指九州，邦即城邦，为天子所建。祗台德先：祗，敬。台（yí），第一人称。这句话是个倒装句，应为"先祗台德"。

[77] 五百里甸服一段：王城以外的五百里属于甸服。相距王城一百里的，将割下的庄稼贡来；二百里的，将庄稼的穗头贡来；三百里的，将庄稼脱去芒尖贡来；四百里的贡粟；五百里的贡米。甸：王田，即天子的领地。甸服，指在天子的领地上服各种劳役。总：指全禾。铚（zhì）：农具短镰，割下的庄稼要用短镰割下穗头，所以此处用铚来代指庄稼的穗。秸：去除芒尖。从这一段可以看出，越远进贡的东西越轻，这样是为了方便人民运输。

[78] 五百里侯服一段：甸服以外五百里为侯服。其间百里者，人民为国王服各种劳役；二百里者，人民为国王服规定的劳役；三百里以外者，人民主要担任戍守之责。采：事，指为天子服各种差役。男邦：《史记·夏本纪》作"任国"，古音"男""任"声相近，古书多通用，"任"有负担的意思。

[79] 五百里绥服一段：侯服以外的五百里为绥服。其间三百里以内者要设立掌管文教的官来推行文教；三百里以外的人民要勤奋地熟悉武事，以便保卫国王。绥：安。意思是安服天子的政教。揆（kuí）：掌管，管理。这里指设立管理文教事务的官员。

[80] 五百里要服一段：绥服以外的五百里为要服。其间三百里以内的人民要遵守与其他地方大体相同的政令；三百里以外的人民，可以依次减轻其赋税。蔡：古时与"杀"声相近，有时通用。

[81] 五百里荒服一段：要服以外的五百里为荒服。对其间三百里以内的人民的要求

可以从简，三百里以外的人民可以流动迁徙。

[82] 东渐一段：东面到大海，西面到沙漠地带，从北方到南方，四海之内都领受了国王的德教。因此帝舜赐给禹玄圭，用以表彰禹所完成的巨大功业。渐：入。被：及。朔：北。暨：太阳初升略现，这里指凡是太阳所能照临的地方皆为王者的声威所教化。

汤誓

王曰："格尔众庶[1]，悉听朕言。非台小子[2]，敢行称乱[3]！有夏多罪，天命殛之[4]。

"今尔有众，汝曰：'我后不恤我众[5]，舍我穑事而割正夏[6]？'予惟闻汝众言，夏氏有罪，予畏上帝，不敢不正。

"今汝其曰：'夏罪其如台[7]？'夏王率遏众力[8]，率割夏邑[9]，有众率怠弗协[10]，曰：'时日曷丧[11]？予及汝皆亡[12]！'夏德若兹，今朕必往。

"尔尚辅予一人，致天之罚，予其大赉汝[13]！尔无不信，朕不食言。尔不从誓言，予则孥戮汝[14]，罔有攸赦[15]。"

注释

[1] 格：来。众庶：犹今语"大家"或者"诸位"。

[2] 台（yí）：我。小子：对自己的谦称。

[3] 称：举。称乱即发难。

[4] 殛（jí）：诛杀。

[5] 后：国君。恤：体贴，体恤。

[6] 穑事：指农事。割：当为疑问代词"曷"。正：纠正偏差。夏：当为衍文。这句是说放弃农事便是最大的错误，既然自己犯了错误，又怎能去纠正别人呢？

[7] 台（yí）：疑问代词。如台，即如何。

[8] 率：相率。遏：绝。众力：指民力。

[9] 割：残酷地剥削。

[10] 有众：指臣民。率：大都。怠：怠工。协：和。

[11] 时：指示代词，这。日：这里用来比喻夏桀。曷：何时。丧：亡失。

[12] 皆：一起。

[13] 赉（lài）：赏赐。

[14] 孥（nú）：子女，也指妻子和儿女。孥戮：诛及妻子、儿女。

[15] 攸（yōu）：所。

康诰

惟三月哉生魄[1]，周公初基[2]，作新大邑于东国洛[3]，四方民大和会[4]。侯甸男邦，采卫百工[5]，播民和见[6]，士于周[7]。周公咸勤[8]，乃洪大诰治[9]。

王若曰[10]："孟侯[11]，朕其弟，小子封[12]。惟乃丕显考文王[13]，克明德慎罚，不敢侮鳏寡，庸庸[14]，祗祗[15]，威威[16]，显民[17]。用肇造我区夏[18]，越我一二邦[19]，以修我西土[20]。惟时怙冒闻于上帝[21]，帝休[22]，天乃大命文王殪戎殷[23]，诞受厥命越厥邦厥民[24]。惟时叙[25]，乃寡兄勖[26]，肆汝小子封在兹东土[27]。"

王曰："呜呼！封，汝念哉[28]！今民将在祗遹乃文考[29]，绍闻衣德言[30]。往敷求于殷先哲王[31]，用保乂民[32]，汝丕远惟商耇成人[33]，宅心知训[34]。别求闻由古先哲王[35]，用康保民[36]。宏于天[37]，若德裕乃身[38]，不废在王命。"

王曰："呜呼！小子封，恫瘝乃身[39]，敬哉！天畏棐忱[40]，民情大可见。小人难保，往尽乃心，无康好逸豫[41]，乃其乂民。我闻曰：'怨不在大，亦不在小。'惠不惠[42]，懋不懋[43]。

"已[44]！汝惟小子，乃服惟弘[45]。王应保殷民[46]，亦惟助王宅天命[47]，作新民[48]。"

王曰："呜呼！封，敬明乃罚[49]。人有小罪，非眚[50]，乃惟终[51]，自作不典[52]，式尔[53]，有厥罪小，乃不可不杀。乃有大罪，非终，乃惟眚灾[54]，适尔[55]，既道极厥辜[56]，时乃不可杀。"

王曰："呜呼！封，有叙时[57]，乃大明服[58]，惟民其勅懋和[59]。若有疾，惟民其毕弃咎[60]。若保赤子[61]，惟民其康乂[62]。非汝封刑人杀人，无或刑人杀人[63]。非汝封又曰劓刵人[64]，无或劓刵人。"

王曰："外事[65]，汝陈时臬[66]，司师[67]，兹殷罚有伦[68]。"又曰："要囚[69]，服念五六日[70]，至于旬时，丕蔽要囚[71]。"

王曰："汝陈时臬，事罚。蔽殷彝[72]，用其义刑义杀[73]，勿庸以次汝封[74]。乃汝尽逊[75]，曰时叙[76]，惟曰未有逊事[77]。

"已！汝惟小子[78]，未其有若汝封之心。朕心朕德惟乃知[79]。"

凡民自得罪[80]，寇攘奸宄[81]，杀越人于货[82]，暋不畏死[83]，罔弗憝[84]。

王曰："封，元恶大憝[85]，矧惟不孝不友[86]。子弗祗服厥父事[87]，大伤厥考心；于父不能字厥子[88]，乃疾厥子[89]。于弟弗念天显[90]，乃弗克恭厥兄；兄亦不念鞠子哀[91]，大不友于弟。惟吊兹[92]，不于我政人得罪[93]，天惟与我民彝大泯乱[94]。曰：乃其速由文王作罚[95]，刑兹无赦[96]。

"不率大戛[97]。矧惟外庶子、训人[98]，惟厥正人越小臣诸节[99]，乃别播敷[100]，造民大誉[101]，弗念弗庸[102]，瘝厥君[103]。时乃引恶[104]，惟朕憝。已！汝乃其速由兹义率杀[105]。

"亦惟君惟长[106]，不能厥家人[107]，越厥小臣外正[108]。惟威惟虐，大放王命[109]，乃非德用乂。汝亦罔不克敬典[110]，乃由裕民[111]，惟文王之敬忌[112]，乃裕民[113]。曰：'我惟有及[114]。'则予一人以怿[115]。"

王曰："封，爽惟民迪吉康[116]。我时其惟殷先哲王德[117]，用康乂民作求[118]。矧今民罔迪不适[119]，不迪则罔政在厥邦[120]。"

王曰："封，予惟不可不监[121]，告汝德之说于罚之行[122]。今惟民不静[123]，未戾厥心[124]，迪屡未同[125]，爽惟天其罚殛我[126]，我其不怨。惟厥罪无在大，亦无在多，矧曰其尚显闻于天。”

王曰：“呜呼！封，敬哉！无作怨，勿用非谋非彝，蔽时忱[127]。丕则敏德[128]，用康乃心[129]，顾乃德[130]。远乃猷裕[131]，乃以民宁[132]，不汝瑕殄[133]。”

王曰：呜呼！肆汝小子封[134]，惟命不于常[135]，汝念哉！无我殄享[136]。明乃服命[137]，高乃听[138]，用康乂民。”

王若曰：“往哉！封，勿替敬[139]，典听朕告[140]，汝乃以殷民世享[141]。”

注释

[1] 惟：语首助词。哉生魄：古人记日的方法，指每月的二日或三日，也可以是每月的五日或六日。一说指望日，即每月的十五日。哉：始也。

[2] 基：始。

[3] 新大邑：指洛阳。

[4] 和：都。

[5] 侯甸二句：实际上是说侯邦、甸邦、男邦、采邦、卫邦、百工。侯、甸、男、采、卫都是诸侯的异称，百工即百官。

[6] 播民：边远地带诸侯国的臣民。

[7] 士：事，服务。

[8] 咸：都。勤：慰劳。

[9] 洪：大。大诰治：大告于新都。诰：告也。

[10] 若：如此，这样。

[11] 孟：长。孟侯，侯之长，也就是诸侯的领袖的意思。

[12] 小子：古时对年轻人的称呼。封：康叔的名字。

[13] 惟：只。乃：你。丕：大。显：明。丕显：英明的意思。考：对已故的父亲的尊称。

[14] 庸庸：用其所当用。前一个“庸”为动词，任用。后一个“庸”指应受任用的人。

[15] 祗祗 (zhī)：敬其所当敬。

[16] 威威：罚其所当罚。

[17] 显民：显示于民，即让庶民了解的意思。

[18] 用：因此。肇：开始。区：小。夏：指中国。

[19] 越我一二邦：是说文王能够跨越地域的界限。

[20] 修：治。西土：指周邦。

[21] 惟：所以。时：是。怙 (hù) 冒：勤勉，大功。

[22] 休：美善也。

[23] 殪 (yì)：杀，这里有灭亡的意思。

[24] 诞：大。厥：其，指殷商。越：度也。

[25] 时：承。叙：顺。时叙，犹承叙，承顺的意思。

[26] 寡兄：周公自称其兄武王。勖 (xù)：勉励。

[27] 肆：因此。兹：这。东土：指殷商故地。

[28] 念：思考，考虑。

[29] 在：查看。祗：敬。遹 (yù)：遵循。乃：你。文考：显考，谓有显德之亡父。

[30] 绍：继也。闻：指旧闻。衣：同"依"，依照。德言：德教。

[31] 敷：普遍。哲：圣明。

[32] 用：以。乂：治。

[33] 丕：语词。远惟：远谋。商：指殷商。耇 (gǒu)：老。耇成人指殷商遗民。

[34] 宅：度，这里是研究的意思。知训：是说知道如何才能使殷民顺服。训，顺。

[35] 别：另外。古先哲王：这里指除殷以外的虞夏时代的古先哲王。

[36] 用康保民：此句为倒装，应为保民用康，即保民因而安康。

[37] 弘：大。

[38] 若：顺。德裕：德政。

[39] 恫：痛。瘝 (guān)：病。

[40] 棐 (fěi)：辅。忱：诚。

[41] 无：勿。康：俺。逸豫：安逸享乐。

[42]惠：顺服。

[43]懋（mào）：勉力。

[44]已：感叹词。

[45]汝惟二句：第一个“惟”是虽然的意思，第二个“惟”相当于代词“是”。服：责任。弘：大。

[46]应保殷民：指受上帝的任命去治理殷民。

[47]宅：度。

[48]作新民：指重新改造殷民。

[49]敬：恭谨。明：严明。

[50]眚（shěng）：过失。非眚，即明知故犯。

[51]乃：你，指犯罪者。终：极也，尽也。

[52]不典：做事不合乎法律。

[53]式：用也。尔：如此。式尔：故意那样做。

[54]灾：哉。古时灾、哉可通用。

[55]适：偶然。

[56]既：尽也。道：指法律。极：穷尽。厥：他，指犯罪者。辜：罪。

[57]叙：顺。时：这。

[58]服：顺服。

[59]勑：当作“敕”，劳也，指勤劳地从事生产。懋：勉。和：和顺。

[60]毕：尽。弃：抛弃。咎：罪。

[61]赤子：小孩。

[62]惟民其康乂：句中有省略，意思是说只有把臣民治理好才能太平无事。

[63]无或：没有人。

[64]劓（yì）：古代割鼻子的酷刑。刵（èr）：古代刑罚之一，割耳朵。

[65]外事：外务，与外国交涉的事务。

[66]陈：公布。时：这。臬（niè）：准则，法度。

[67]司：治。师：众，指众民。

[68]伦：法。

[69]要：察。囚：犯人。要囚，这里指考察犯人的证词。

[70] 服念：思之，念之。

[71]丕：大。蔽：判断。

[72] 彝：法。

[73]义：宜。

[74]勿庸：不用。次：读作恣。

[75]尽：全。逊：顺。

[76] 时：这。叙：顺。

[77] 惟曰句：惟有如此，才称得上你没有做不如前人的事情。

[78]惟：虽。

[79]朕心句：我的愿望，我的治理民众的德政，只有你才能了解。

[80] 得：犯罪。

[81]寇：贼。攘：夺。奸：在内为乱。宄（guǐ）：在外为乱。

[82]杀越句：指盗匪杀害人命、抢劫财物的行为。

[83]暋（mǐn）：强横。

[84]罔弗：否定词连用，无不。憝（duì）：怨恨。

[85]元恶大憝：元恶和大憝词义相近，强调罪恶之大。元：首。

[86] 矧（shěn）：也。惟：是。

[87] 祇：敬。服：治。

[88]字：爱。

[89]疾：恶，讨厌。

[90] 天显：古语，《尚书》中的常用词汇，上帝的明确的命令，上帝的权威。

[91] 鞠子：稚子。哀：这里应当指因为其缺乏教养而哀。

[92]吊：至。兹：这，指示代词，这里指上面说的那些不孝、不恭、不友、不爱的现象。

[93]政人：掌握政权的人。得罪：服罪。

[94]彝：法。泯：灭。泯乱，即遭到破坏。

[95]乃：你。其：将。由：根据。

[96] 兹：这。

[97] 率：遵循。戛（jiá）：常，法。

[98]矧：亦。惟：是。外庶子、训人：都是官名，古时掌管教育的官。

[99]惟：和。厥：其，指上述官员。正人：即“政人”，掌握政权的人。越：与。小臣诸节：指那些接受委任的官吏。

[100] 乃：就。别：另外。播敷：宣告。

[101] 造民大誉：以诈言欺骗人民骗取声誉。

[102] 弗念弗庸：不思先王之德政，不用贤德之君子。

[103] 瘝（guān）：痛恨。

[104] 时：这。引：助长。

[105] 率：循。

[106] 惟：是。长：掌握政权的人。

[107] 能：亲善。

[108] 越：和。小臣外正：小臣、外正皆是官吏名。

[109] 放：逆，违反。

[110] 典：法。

[111] 由、裕：皆指道。

[112] 敬忌：古语，《尚书》中的常用词汇，指尊敬而又畏惧。

[113] 裕民：诱导民众使合于统治者之道。

[114] 惟：是。及：汲，努力。根据上下文理解，意思应指努力地继承文王的传统。

[115] 予一人：国王自称。怿（yì）：高兴。

[116] 爽惟：发语词，无实义。迪：道。吉：善。

[117] 时：是。惟：思考。

[118] 用康乂民：为倒装，应为“乂民用康”，意思是说只有把民众治理好，国家才能得到安康。作：及。求：终。作求，即达到最终目的。

[119] 矧：况。迪：道，引导的意思。适：善。

[120] 罔政：政治搞不好。

[121] 监：通“鉴”，这里指总结经验。

[122] 于：与。

[123] 不静：不安，意指人民要反抗。

[124] 戾：止也。厥：其，指上文之民。

[125] 迪屡：倒装，应为“屡迪”。屡：屡次。迪：教。未同：指不服从统治。

[126] 其：将。殛：诛。

[127] 蔽：断。时：是，这。忱：诚。

[128] 丕则：于是。敏德：勤勉于德政。

[129] 用：以。康：安。

[130] 顾：念。

[131] 远：深远。猷裕：道，指治民之道。

[132] 以：与。宁：安。

[133] 不汝瑕殄：是说于汝无过误，不至于绝境。瑕：疵，常用来比喻错误。殄（tiǎn）：灭绝。

[134] 肆：今，犹现在。

[135] 惟：念。命：大命，即统治地位。常：恒。

[136] 享：指祭祀。殄享，即灭绝祭祀，指统治地位被推翻。

[137] 明：勉。服命：尽职责。

[138] 高：敬。

[139] 替：废弃。

[140] 典：常。

[141] 汝乃句：因为康叔封在殷墟，所以告诉他只有把殷民治理好，才能世世代代享有其国。

顾命

惟四月哉生魄，王不怿[1]。甲子，王乃洮頮水[2]，相被冕服[3]，凭玉几。乃同召太保奭、芮伯、彤伯、毕公、卫侯、毛公、师氏、虎臣、百尹、御事[4]。

王曰："呜呼！疾大渐[5]，惟几[6]，病日臻[7]。既弥留，恐不获誓言嗣[8]，兹予审训命汝[9]。昔君文王、武王，宣重光[10]，奠丽陈教[11]，则肄肄不违[12]，用克达殷集大命[13]。在后之侗[14]，敬迓天威，嗣守文武大训，无敢昏逾。今天降疾，殆弗兴弗悟[15]。尔尚明时朕言[16]，用敬保元子钊[17]，弘济于艰难[18]，柔远能迩，安劝小大庶邦。思夫人自乱于威仪[19]，尔无以钊冒贡于非几兹[20]。"

既受命还，出缀衣于庭[21]。越翼日乙丑[22]，王崩。

太保命仲桓、南宫毛俾爰齐侯吕伋[23]，以二干戈、虎贲百人逆子钊于南门之外[24]。延入翼室，恤宅宗[25]。丁卯，命作册度[26]。越七日癸酉，伯相命士须材[27]。

狄设黼扆缀衣[28]。牖间南向[29]，敷重篾席[30]，黼纯[31]，华玉仍几[32]。西序东向[33]，敷重底席[34]，缀纯[35]，文贝仍几[36]。东序西向，敷重丰席[37]，画纯[38]，雕玉仍几[39]。西夹南向[40]，敷重笋席[41]，玄纷纯[42]，漆仍几。

越玉五重，陈宝[43]，赤刀、大训、弘璧、琬琰在西序[44]。大玉、夷玉、天球、河图在东序[45]。胤之舞衣，大贝、鼖鼓在西房[46]。兑之戈、和之弓、垂之竹矢在东房。

大辂在宾阶面[47]，缀辂在阼阶面[48]，先辂在左塾之前[49]，次辂在右塾之前[50]。

二人雀弁[51]，执惠[52]，立于毕门之内[53]。四人綦弁[54]，执戈上刃，夹两阶戺[55]。一人冕[56]，执刘[57]，立于东堂。一人冕，执钺[58]，立于西堂。一人冕，执戣[59]，立于东垂[60]。一人冕，执瞿，立于西垂。一人冕，执锐[61]，立于侧阶[62]。

王麻冕黼裳[63]，由宾阶隮[64]。卿士邦君[65]，麻冕蚁裳[66]，入即位[67]。

太保、太史、太宗，皆麻冕彤裳[68]。太保承介圭[69]，上宗奉同瑁[70]，由阼阶隮[71]。太史秉书[72]，由宾阶隮，御王册命[73]，曰："皇后凭玉几，道扬末命[74]。命汝嗣训[75]，临君周邦，率循大卞[76]，燮和天下[77]，用答扬文武之光训。"王再拜，兴，答曰："眇眇予末小子[78]，其能而乱四方[79]，以敬忌天威。"

乃受同瑁[80]，王三宿[81]，三祭[82]，三咤[83]。上宗曰："飨！"太保受同，降[84]，盥[85]，以异同秉璋以酢[86]，授宗人同，拜，王答拜。太保受同，祭哜宅[87]，授宗人同，拜，王答拜。太保降，收[88]。诸侯出庙门俟。王出，在应门之内，太保率西方诸侯入应门左，毕公率东方诸侯入应门右，皆布乘黄朱[89]。宾称奉圭兼币[90]，曰："一二臣卫[91]，敢执壤奠[92]。"皆再拜稽首。王义嗣德答拜[93]。

太保暨芮伯咸进相揖[94]，皆再拜稽首曰："敢敬告天子，皇天改大邦殷之命，惟周文武诞受羑若[95]，克恤西土[96]。惟新陟王毕协赏罚[97]，戡定厥功[98]，用敷遗后人休[99]。今王敬之哉。张皇六师[100]，无坏我高祖寡命。"

王若曰："庶邦侯甸男卫，惟予一人钊报诰。昔君文武丕平富，不务咎[101]，厎至齐[102]，信用昭明于天下。则亦有熊罴之士，不二心之臣，保乂王家，用端命于上帝。皇天用训厥道，付畀四方[103]，乃命建侯树屏[104]，在我后之人[105]。今予一二伯父尚胥暨顾[106]，绥尔先公之臣服于先王[107]。虽尔身在外，乃心罔不在王室。用奉恤厥若[108]，无遗鞠子羞[109]。"

群公既皆听命，相揖，趋出。王释冕，反[110]，丧服。

注释

[1] 不怿：这里是说身体不舒服。

[2] 洮（tiáo）：洗头发。颒（huì）：洗脸。

[3] 相：郑玄认为是负责天子衣服和座位的臣子太仆。被：披，指披在国王肩上。冕：皇冠。服：衮服，天子的礼服。

[4] 同：同时。太保奭、芮伯、彤伯、毕公、卫侯、毛公：均为当时有名的大臣，为六卿。师氏：官名。虎臣：天子的守卫之臣，即虎贲。百尹：百官之长。御事：指掌握具体事务的臣属。

[5] 渐：剧。

[6] 惟：语首助词。几：危险。

[7] 臻：至。

[8] 誓：以言约束。嗣：嗣王。

[9] 审：慎。汝：指上文被召的大臣。

[10] 宣：显。

[11] 奠：奠定。丽：法律。陈：列。教：教令。

[12] 肄肄（yì）：犹惕惕，畏惧的意思。

[13] 用：因而。达：讨伐。集：成就。

[14] 侗（tóng）：年幼无知的意思，这里为成王自称。

[15] 殆弗兴句：几乎不能起床。殆：几乎。兴：起。悟：同“寤”，睡醒。

[16] 明：努力。时：承受。

[17] 元子钊：成王的长子姬钊。

[18] 济：渡过。

[19] 乱：治。

[20] 冒贡于非几兹：即陷于非理。冒贡：近义词连用，陷落的意思。几：通“机”，理。兹：读为“哉”。

[21] 出缀衣于庭：成王已经不能上朝理政，便把国王的礼服拿出来放在朝廷之上以供大臣们瞻拜。

[22] 越翼日：第二天。

[23] 太保：官名，当时为周公之弟召公奭担任。仲桓、南宫毛：均为人名。俾：使。爰：与。齐侯吕伋：太公吕尚的儿子。

[24] 二干戈：应当为仲桓、南宫毛二人所执。逆：迎。

[25] 延入二句：把太子钊请入侧室，太子便怀着忧愁住在这里主持丧务。恤：忧。

宅：居。宗：主，意谓居此主持丧务。

[26] 命作册度：命令太史们讨论并拟定处理丧务方面的礼节。作册：官名，即太史。度：讨论。

[27] 伯相：大约是指毕公，因当时毕公和召公是左右二伯，召公任太保，故此处伯相当指毕公。须：当为"颁"字之误。材：指下文陈列的许多器物。命士须材：即命令他们分别负责管理下文中的各器物。

[28] 狄：当为主持祭礼的官。设：陈设。黼：通"斧"，斧纹。扆（yǐ）：门和窗之间。黼扆：门窗之间饰有斧形花纹的屏风。缀衣：指国王的礼服。

[29] 牖间：门窗之间。南向：以南。

[30] 敷：布置。重篾席：篾席铺了好几层。

[31] 纯：即今天所谓花边，古时以黑色和白色的丝织品间杂制成。黼纯，斧纹的边缘都用黑色白色的丝织品缝制起来。

[32] 华玉：指五色石。仍：因。几：几案。

[33] 序：堂上的东西墙叫序。东向：西墙以东。

[34] 底席：以细竹的竹篾制成的席。

[35] 缀纯：席上织有图画。

[36] 文贝：有花纹的贝壳。

[37] 丰席：莞席。莞是一种多年生的草类。

[38] 画纯：郑玄认为指席上画有云气。

[39] 雕：刻镂。

[40] 西夹：指西堂两房之间。

[41] 笋席：以青竹皮织成的席。

[42] 玄纷纯：以黑色的丝缀点其边缘。

[43] 越玉五重，陈宝：实际语意是说"陈宝，越玉五重"。陈：陈列。宝：指镇国的重大宝器，平时珍藏国库，遇重大事件时，方才陈列出来。

[44] 赤刀：郑玄认为指武王诛纣时用的刀。大训：记载先王礼教的书册文献。弘璧：大玉璧。琬琰（yǎn）：玉圭。西序：即上文"西序东向"之席。

[45]大玉：华山出产的玉器。夷玉：东北边远臣民所贡的美玉。天球：雍州一带所贡的美玉。河图：地图，旧说出于黄河之中。

[46]胤：与下文的兑、和、垂均为人名，分别制作各器物的工匠。大贝：大贝壳。鼖（fén）鼓：大鼓。

[47]大辂：即玉辂，是国王用的车辆。据《周官》记载，天子有五辂，大辂为其中之一种。宾阶：宾客所站立的台阶，为西阶。

[48]缀辂：亦五辂之一，较大辂为次。阼阶：东阶。

[49]先辂：亦五辂之一。塾：门侧之堂。

[50]次辂：对先辂而言，较之为稍次者。

[51]弁（biàn）：古时的帽子叫弁。雀弁是国王的卫士所戴的一种礼帽，其色赤而略带黑色。

[52]惠：据说是一种矛。

[53]毕门：此处当指庙门。毕：同“跸”，跸门前不准行人随便来往，以示郑重。

[54]綦弁：是比雀弁次一等的礼帽，颜色是青黑色的。

[55]夹：站在道路两旁。戺（shì）：台阶两旁的斜石。

[56]冕：比雀弁稍高一等的礼帽。

[57]刘：斧一类的武器。

[58]钺（yuè）：大斧。

[59]戣（kuí）：与下文的瞿都是三个尖的矛。

[60]垂：堂的旁边叫作垂。

[61]锐：矛一类的武器。

[62]侧阶：北堂北下阶。

[63]麻冕：一种麻制的礼帽。黼裳：缀有斧形花纹的礼服。

[64]宾阶：康王钊此时尚未即位，故由宾阶上，以示谦逊。隮（jī）：升，登。

[65]卿士：指朝内的官员。邦君：指诸侯国君。

[66]蚁裳：一种礼服，色黑如蚁故名。

[67]位：中庭左右叫作位。卿士向西而立，诸侯向北而立。

[68]彤裳：红色的礼服。

[69]太保：指太保奭，即召公，此时是册命的主持者。承：捧着。介圭：大圭，一种玉器，为天子所守，这时捧着它，是用来奠祭成王的神位的。

[70]上宗：即太宗，是太保的助手。同：郑玄以为是酒杯。瑁：一种玉器，长约四寸，天子拿着这种玉器接见诸侯。

[71]阼阶：东阶，与上文宾阶相对，是主阶。

[72]书：策书，上面写着成王的遗命。

[73]御：读作迓（yà），迎接。册命：即成王的遗嘱。

[74]道扬：同义词连用，说的意思。末命：临终时的遗命。

[75]嗣：继承，这里指遵照。训：指先王遗命。

[76]率：完全。循：遵守。卞：法度。

[77]燮和：治理。

[78]眇眇：微小，这里用作谦词。

[79]乱：治。

[80]乃受同瑁：于是王便接受了酒杯和瑁。

[81]宿：读为肃，徐行向前叫肃。

[82]祭：洒酒至地。

[83]咤（zhà）：向后退行叫咤。

[84]降：走下台阶。

[85]盥：洗手。

[86]异同：不同的酒杯。璋：即璋瓒，酒杯名，为祭祀时大臣所用，不同于天子的酒杯，所以说"异同秉璋"。酢：自酌。

[87]哜（jì）：口尝，指既祭之后的赐酒，入口至齿，方饮而实不饮。宅：同"咤"，退的意思。

[88]收：指行礼已毕。

[89]布乘：礼服。周制，天子礼服为纯红色，诸侯礼服为黄红色。

[90]宾：指诸侯。称：说。币：贡物。

[91] 臣卫：诸侯自称之词。

[92]敢执：客套话。壤奠：指土壤所产。奠：贡献。

[93]义：宜。嗣：继承。根据周制，康王为长子，应当接受王位，故称义嗣。

[94]暨：和，与。咸：都。

[95]诞：大。诞受羑若：从上帝那里接受命令。羑（yǒu）：有诱导的意思。若：通"诺"。羑若指上帝的诱导或使命。

[96] 恤：忧。

[97] 新陟王：当指成王。毕：完全。协：合乎法规。

[98]戡：能够。厥：其，指成王。

[99]用敷句：留给后人美好的家邦。

[100] 张惶：整顿。六师：周制，天子有六师，每师一万二千五百人。

[101] 务：致力。咎：罚。

[102] 厎：止，达到的意思。齐：适中。

[103] 付畀（bì）：同义词叠用，给予。

[104] 乃命句：上帝分封诸侯维护王室。建侯：分封诸侯。树：立。屏：屏蔽，引申为维护。

[105] 在：照顾辅助。

[106] 伯父：天子称同姓诸侯中的大国为伯父，小国为叔父，后来似乎通称为叔父。尚：还能。胥：看。暨：和。顾：顾念。

[107] 绥：继承。

[108] 厥若：犹今语那个，指王室。

[109] 鞠子：康王谦称。羞：感到耻辱，这里指犯过错。

[110] 反：同"返"，指康王回到守丧的地方。

参考文献

蒋善国著：《尚书综述》，上海古籍出版社1988年版。

钱宗武著：《尚书入门》，贵州人民出版社1991年版。

陈梦家著：《尚书通论》，河北教育出版社2000年版。

顾颉刚、刘起釪著：《尚书校释译论》，中华书局2005年版。

春秋左传

题 解

《春秋》是我国现存最早的编年体史书，相传为孔子所作。《左传》原名《左氏春秋》，相传为春秋晚期鲁国史官左丘明所作，大约成书于战国中期，西汉后期的古文经学家认为它是解释《春秋》的，因此改称为《春秋左氏传》，简称《左传》。《左传》全书六十卷，以《春秋》为纲，按照鲁国国君的次序，记载了鲁隐公元年（公元前722年）至鲁哀公二十七年（公元前468年），实际到鲁悼公十四年（公元前453年）的历史。它是研究我国古代社会，特别是春秋时期社会历史变革的重要文献，在史学上占有极为重要的地位。同时它也是一部艺术成就很高的文学作品，对后世史书、小说、戏剧的创作都产生了深远的影响。《左传》注本主要有晋代杜预的《春秋经传集解》，唐代孔颖达的《春秋左传正义》，清代顾炎武的《左传杜注补正》、惠栋的《左传补注》、洪亮吉的《春秋左传诂》、刘文淇的《春秋左氏传旧注疏证》等。

版本

通行本有：

[清]阮元校刻：《十三经注疏》，中华书局1980年第1版。

杨伯峻编著：《春秋左传注》，中华书局2009年版。

选读

周郑交质

郑武公、庄公为平王卿士[1]。王贰于虢[2]，郑伯怨王。王曰："无之。"故周、郑交质。王子狐为质于郑，郑公子忽为质于周。

王崩，周人将畀虢公政[3]。四月，郑祭足帅师取温之麦[4]。秋，又取成周之禾[5]。周、郑交恶。

君子曰："信不由中[6]，质无益也。明恕而行[7]，要之以礼[8]，虽无有质，谁能间之？苟有明信，涧溪沼沚之毛[9]，蘋蘩蕰藻之菜[10]，筐筥錡釜之器[11]，潢污行潦之水[12]，可荐于鬼神，可羞于王公[13]，而况君子结二国之信。行之以礼，又焉用质？《风》有《采蘩》《采蘋》[14]，《雅》有《行苇》《泂酌》[15]，昭忠信也。"

注释

[1] 郑武公、庄公为平王卿士：郑在西周末受封，与平王为近亲。东周立国主要靠郑的帮助。

[2] 王贰于虢：指平王又同时对虢公比较信任。

[3] 畀（bì）：给予。

[4] 祭（zhài）足：郑庄公时的大夫，重臣，又称祭仲。温：地名，周的一个邑。

[5] 成周：地名。周公建洛邑，于是镐京称宗周，洛邑称成周，是东周的首都。

[6] 中：同“衷”。

[7] 明恕：明信宽厚，明察宽大。

[8] 要：约。

[9] 涧、溪：都指山沟的水。沼、沚：水中的小块陆地。

[10] 蘋：蕨类植物，生于浅水。蘩：白蒿，草本植物。薀：水草。藻：水中植物。

[11] 筥（jǔ）：圆形的竹筐。錡（qí）：三只脚的釜。釜：烹饪器皿。

[12] 潢（huāng）污：低洼处的积水。行潦（lǎo）：道路上的积水。

[13] 荐、羞：都是进献的意思。

[14] 《采蘩》《采蘋》：两诗均见于《诗·召南》。

[15] 《行苇》《泂酌》：两诗均见于《诗·大雅》。

重耳出亡始末

晋公子重耳之及于难也[1]，晋人伐诸蒲城[2]。蒲城人欲战，重耳不可，曰：“保君父之命而享其生禄[3]，于是乎得人。有人而校[4]，罪莫大焉。吾其奔也。”遂奔狄。从者狐偃、赵衰、颠颉、魏武子、司空季子[5]。

狄人伐廧咎如[6]，获其二女：叔隗、季隗，纳诸公子[7]。公子取季隗，生伯儵、叔刘，以叔隗妻赵衰，生盾。将适齐，谓季隗曰：“待我二十五年，不来而后嫁。”对曰：“我二十五年矣，又如是而嫁，则就木焉[8]。请待子。”处狄十二年而行。

过卫，卫文公不礼焉。出于五鹿[9]，乞食于野人[10]，野人与之块[11]，公子怒，欲鞭之。子犯曰：“天赐也[12]。”稽首，受而载之。

及齐，齐桓公妻之[13]，有马二十乘，公子安之。从者以为不可。将行，谋于桑下。蚕妾在其上[14]，以告姜氏。姜氏杀之，而谓公子曰：“子有四方之志，其闻之者，吾杀之矣。”公子曰：“无之。”姜曰：“行也！怀与安[15]，实败名[16]。”公子不可。姜与子犯谋，醉而遣之[17]。醒，以戈逐子犯[18]。

及曹[19]，曹共公闻其骈胁[20]，欲观其裸。浴，薄而观之[21]。僖负羁之妻曰[22]：“吾观晋公子之从者，皆足以相国。若以相，夫子必反其国[23]。反其国，必得志于诸侯。得志于诸侯，而诛无礼，曹其首也。子盍蚤自贰焉[24]？”乃馈盘飧[25]，置璧焉[26]。公子受飧反璧。

及宋，宋襄公赠之以马二十乘。

及郑，郑文公亦不礼焉。叔詹谏曰[27]：“臣闻天之所启[28]，人弗及也。晋公子有三焉，天其或者将建诸[29]，君其礼焉！男女同姓，其生不蕃[30]。晋公子，姬出也[31]，而至于今，一也；离外之患，而天不靖晋国，殆将启之[32]，二也；有三士足以上人而从之[33]，三也。晋、郑同侪[34]，其过子弟[35]，固将礼焉，况天之所启乎？”弗听。

及楚，楚子飨之[36]，曰：“公子若反晋国，则何以报不穀[37]？”对曰：“子女玉帛则君有之，羽毛齿革则君地生焉。其波及晋国者[38]，君之馀也，其何以报君？”曰：“虽然，何以报我？”对曰：“若以君之灵[39]，得反晋国，晋、楚治兵[40]，遇于中原，其辟君三舍[41]。若不获命[42]，其左执鞭弭[43]，右属櫜鞬[44]，以与君周旋[45]。”子玉请杀之[46]。楚子曰：“晋公子广而俭[47]，文而有礼。其从者肃而宽[48]，忠而能力。晋侯无亲[49]，外内恶之。吾闻姬姓，唐叔之后[50]，其后衰者也，其将由晋公子乎[51]！天将兴之，谁能废之？违天必有大咎[52]。”乃送诸秦。

秦伯纳女五人[53]，怀嬴与焉[54]。奉匜沃盥，既而挥之[55]。怒曰：“秦、晋匹也，何以卑我？”公子惧，降服而囚[56]。

他日，公享之[57]。子犯曰：“吾不如衰之文也[58]，请使衰从。”公子赋《河水》[59]，公赋《六月》[60]。赵衰曰：“重耳拜赐！”公子降[61]，拜，稽首，公降一级而辞焉[62]。衰曰：“君称所以佐天子者命重耳[63]，重耳敢不拜？”

二十四年春，王正月[64]，秦伯纳之[65]，不书，不告入也[66]。

及河[67]，子犯以璧授公子，曰：“臣负羁绁从君巡于天下[68]，臣之罪甚多矣，臣犹知之，而况君乎？请由此亡。”公子曰：“所不与舅氏同心者，有如白水！[69]”投其璧于河。

济河[70]，围令狐[71]，入桑泉[72]，取臼衰[73]。

二月甲午[74]，晋师军于庐柳[75]。秦伯使公子絷如晋师[76]，师退，军于郇[77]。辛丑，狐偃及秦、晋之大夫盟于郇。壬寅，公子入于晋师。丙午，入于曲沃[78]。丁未，朝于武宫[79]。戊申，使杀怀公于高梁[80]。不书，亦不告也。

吕、郤畏逼[81]，将焚公宫而弑晋侯[82]。寺人披请见[83]，公使让之[84]，且辞焉[85]，曰："蒲城之役，君命一宿，女即至[86]。其后余从狄君以田渭滨[87]，女为惠公来求杀余，命女三宿，女中宿至[88]。虽有君命，何其速也？夫祛犹在[89]，女其行乎！"对曰："臣谓君之入也，其知之矣[90]。若犹未也，又将及难。君命无二[91]，古之制也。除君之恶，唯力是视[92]。蒲人、狄人，余何有焉[93]？今君即位，其无蒲、狄乎[94]？齐桓公置射钩而使管仲相[95]，君若易之，何辱命焉[96]？行者甚众，岂唯刑臣[97]？"公见之，以难告[98]。三月，晋侯潜会秦伯于王城[99]。己丑晦[100]，公宫火，瑕甥、郤芮不获公[101]，乃如河上，秦伯诱而杀之。

晋侯逆夫人嬴氏以归[102]。秦伯送卫于晋三千人[103]，实纪纲之仆[104]。

初，晋侯之竖头须[105]，守藏者也[106]。其出也[107]，窃藏以逃，尽用以求纳之[108]。及入，求见，公辞焉以沐[109]，谓仆人曰："沐则心覆，心覆则图反，宜吾不得见也[110]。居者为社稷之守[111]，行者为羁绁之仆[112]，其亦可也，何必罪居者？国君而仇匹夫，惧者甚众矣。"仆人以告，公遽见之[113]。

狄人归季隗于晋，而请其二子[114]。文公妻赵衰[115]，生原同、屏括、楼婴。赵姬请逆盾与其母[116]，子余辞[117]。姬曰："得宠而忘旧，何以使人？必逆之！"固请，许之。来，以盾为才，固请于公，以为嫡子，而使其三子下之；以叔隗为内子[118]，而己下之。

晋侯赏从亡者，介之推不言禄[119]，禄亦弗及。推曰："献公之子九人，唯君在矣。惠、怀无亲，外内弃之。天未绝晋，必将有主。主晋祀者，非君而谁？天实置之，而二三子以为己力，不亦诬乎[120]？窃人之财，犹谓之盗，况贪天之功以为己力乎？下义其罪，上赏其奸[121]，上下相蒙，难与处矣！"其母曰："盍亦求之？以死，谁怼[122]？"对曰："尤而效之[123]，罪又甚焉，且出怨言，不食其食[124]。”其母曰：“亦使知之，若何？”对曰：“言，身之文也[125]。身将隐，焉用文之？是求显也[126]。”其母曰：“能如是乎？与女偕隐。”遂隐而死。晋侯求之，不获，以緜上为之田[127]，曰：以志吾过[128]，且旌善人[129]。”

注释

[1] 及于难：遭受祸难，指重耳被骊姬谗害的事。

[2] 诸：“之于”的合音。蒲城：重耳的封地，在今山西隰县西北。

[3] 保：依仗。生禄：养生的俸禄，指从封地得到的物质供给。

[4] 校：较量，对抗。这里指抵抗晋献公军队的讨伐。

[5] 狐偃（yǎn）：重耳的舅父，又称子犯、舅犯。赵衰（cuī）：即赵成子，晋国大夫，字子余，重耳的主要谋士。颠颉（xié）：晋国大夫。魏武子：名犨（chōu），晋国大夫，以勇力闻世。司空季子：即胥臣，晋国大夫，由于封地在臼（今山西运城），曾任司空，所以又称臼季、司空季子。早年为重耳的老师，后随重耳流亡。

[6] 廧咎如（qiáng gāo rù）：部族名，狄族的别种，隗（wěi）姓。

[7] 纳：送给，这里指许配。

[8] 就木：进棺材。

[9] 五鹿：卫国地名，在今河南濮阳南。

[10] 野人：田野中的人，指农夫。

[11] 块：一块泥土。

[12] 天赐：上天赐给。土块象征土地，得土是得国的预兆，所以子犯说是“天赐”。

[13] 妻之：齐桓公把女儿嫁给重耳为妻。齐为姜姓国，因此下文称其为“姜氏”。

[14] 蚕妾：采桑养蚕的女奴。

[15] 怀：贪恋妻室。安：安于现状。

[16] 败名：败坏功名。

[17] 醉而遣之：把重耳灌醉，送他上路。

[18] 逐：追打。

[19] 曹：诸侯国名，姬姓，在今山东定陶县西南。

[20] 骈胁：腋下肋骨相连长在一起。

[21] 薄：逼近。

[22] 僖负羁：曹国大夫，又名釐负羁。

[23] 夫子：那个人，指重耳。

[24] 盍：何不。蚤：通“早”。贰：不同。

[25] 馈：赠送。盘飧（sūn）：一盘晚饭。飧：晚饭。

[26] 置璧焉：古时大夫不得私自与他国人交往，盘中藏璧是为了不让别人知道。

[27] 叔詹：郑国大夫，有贤名。

[28] 天之所启：上天所开导、赞助的人。启：开。

[29] 其、或者：都表示推测的语气，大概，也许。建：立。诸：“之乎”的合音。

[30] 男女二句：夫妻同姓，血缘相近，子孙一定不蕃盛。古人有同姓不婚的说法。

[31] 姬出：姬姓父母所生，重耳的父母都是姬姓，故曰。

[32] 离外三句：重耳遭到外出流亡的灾难，而上天又使晋国内乱不已，不得安宁，大概是上天要为他开通有国的道路。离：同“罹”，遭受。靖：安定，这里是使动用法。殆：大约。

[33] 三士：指胡偃、赵衰、贾佗。上人：才智在一般人之上。

[34] 同侪（chái）：同辈，这里指地位相等的国家。

[35] 其过子弟：晋国的子弟从郑国路过。

[36] 楚子：指楚成王。飨（xiǎng）：设酒宴款待。

[37] 不穀（gǔ）：诸侯对自己的谦称。穀：善。

[38] 波及：流到。这里指流通、输送。

[39] 以君之灵：托您的福。灵：威灵，神灵。

[40] 治兵：指双方交战。

[41] 辟：同“避”。舍：三十里为一舍。

[42]获命：得到您停止进军的命令。

[43]鞭：马鞭。弭（mǐ）：两头不加装饰的弓。

[44]属（zhǔ）：佩带。櫜（gāo）：箭袋。鞬（jiàn）：弓袋。

[45]周旋：交战的委婉说法。

[46]子玉：楚国令尹成得臣，芈姓，成氏，名得臣，字子玉。

[47]广而俭：志向远大而行为又有所约束。

[48]肃而宽：办事严肃认真而又待人宽厚。

[49]晋侯：指晋惠公夷吾。无亲：指内外关系不好，不得人心。

[50]唐叔：周成王的弟弟，封于唐，其子改国号为晋。

[51]晋公子：指重耳。

[52]咎：灾祸。

[53]秦伯：指秦穆公。纳女五人：送给重耳五个女子为姬妾。

[54]怀嬴：秦穆公之女，曾嫁给晋惠公之子圉（即晋怀公），圉从秦国逃回晋国后，秦穆公又把她配给重耳做妾。秦为嬴姓，故称怀嬴。

[55]奉匜（yí）二句：怀嬴持匜倒水给重耳洗手，重耳洗完手，把手上的水甩干。这在当时是不礼之举。一说重耳洗完手，挥手让怀嬴离开。奉：同“捧”。匜：盛水的器具。沃：浇水。

[56]降服而囚：脱去上衣，做囚犯的样子。

[57]享：宴请。

[58]文：言辞的文采，指擅长辞令。

[59]《河水》：《国语》韦昭注：“河当作‘沔（miǎn）’，字形似误也。”《河水》即《诗·小雅·沔水》。诗中有“沔彼流水，朝宗于海”的句子，重耳用海来比喻秦国，表示尊敬。

[60]《六月》：即《诗·小雅·六月》，这首诗歌颂了尹吉甫辅佐周宣王北伐获胜。秦穆公用这首诗比喻重耳将归国并辅佐周天子。

[61]降：降阶至堂下。

[62]降一级：下一个台阶。辞：辞谢，表示不敢接受重耳的大礼。

[63]君称句：您用尹吉甫辅佐周天子的诗篇来教导重耳。命：命令，这里是教导的意思。

[64]王正月：指周历正月。王，指周天子。

[65]秦伯纳之：秦穆公派人护送重耳回到晋国。纳：使进入。

[66]不书二句：《春秋》没有记载重耳回国的事情，是因为秦、晋都没有向鲁国报告这件事。

[67]河：黄河。

[68]负羁绁（xiè）：担负管理马匹的责任。负：负担，这里指承担责任。羁：马络头。绁：马缰绳。这里用担负管理马匹的责任来代指帮助主人处理流亡过程中的具体事务。巡：巡行，即流亡奔波。

[69]所不二句：如果不和舅舅同心，请以此白水为证。这是重耳指着黄河水向子犯发誓的话。后代便用“白水”表示信守不移。

[70] 济河：渡过黄河。

[71]令狐：晋国地名，在今山西临猗（yī）西。

[72] 桑泉：晋国地名，在今山西临猗临晋镇东北。

[73]臼衰（cuī）：晋国地名，在今山西运城解州镇西北。

[74]二月甲午：即二月四日。下文的辛丑是十一日，壬寅是十二日，丙午是十六日，丁未是十七日，戊申是十八日。

[75]晋师：指晋怀公派来阻止重耳入境的军队。庐柳：晋国地名，在今山西临猗北。

[76] 秦伯句：秦穆公派公子絷到晋怀公的军队中进行活动，表示支持重耳入晋。公子絷（zhí）：秦公子，字子显。

[77] 郇（xún）：晋国地名，在今山西临猗西南。

[78]曲沃：晋国地名，在今山西闻喜东北。

[79]武宫：重耳祖父晋武公的神庙，在绛（今山西翼城东南）。

[80] 高梁：晋国地名，在今山西临汾东北。晋怀公因重耳返国而逃到这个地方。

[81] 吕：吕甥。郤（xì）：郤芮。二人都是晋惠公的旧臣。畏逼：害怕受到重耳的迫害。

[82]公宫：晋侯的宫廷。晋侯：指晋文公重耳。下文的“晋侯”“公”指的都是他。

[83]寺人：阉宦。披：人名。僖公五年（公元前655年）寺人披奉晋献公的命令讨伐蒲城，重耳“逾垣而走，披斩其袪（qū），遂出奔翟”。

[84]让：责难。

[85]辞：拒绝。

[86]君命二句：晋献公命令你一夜之后到达蒲城，你当天就到了。

[87]田：同“畋”，田猎，打猎。渭滨：渭水之滨。

[88]命女二句：惠公命令你三夜之后到达，你第二夜就到了。

[89]夫袪犹在：蒲城之役被你斩断的那只衣袖还在呢。

[90]臣谓二句：我以为您既然归国为君，一定已经懂得了为君之道了。

[91]君命无二：执行君主的命令，不能有二心。

[92]唯力是视：视自己能力之所及，即尽自己的最大能力。

[93]蒲人二句：无论您作为蒲人还是作为狄人，与我有什么相干呢？

[94]其无句：也（如同我心中一样）没有蒲人、狄人吧？

[95]齐桓公句：当初齐桓公小白与公子纠争位，管仲辅佐公子纠。桓公与公子纠战于乾，管仲曾用箭射中桓公上衣的钩带。后来桓公即位，鲍叔牙举荐管仲为相，桓公从之。置：搁置不问。

[96]君若句：您若是改变齐桓公的做法，我自会离开，何需您屈尊下令赶我走呢？易之：指改变齐桓公的做法。

[97]行者二句：假如您不能宽大为怀，那么畏罪出走的人一定很多，岂独我这刑余之人呢。

[98]以难（nàn）告：寺人披将吕甥、郤芮要焚烧宫殿的阴谋告诉了重耳。难：灾祸。

[99]潜会：暗中会见。王城：秦国地名，在今陕西朝邑东。

[100]己丑晦：即三月三十日。晦：每月的最后一天。

[101]瑕甥：即吕甥。吕甥的封邑在瑕，故称。

[102]逆：迎。嬴氏：即上文的怀嬴。

[103] 卫：卫兵，即护送嬴氏和重耳的军队。

[104] 实纪纲之仆：充当主管门户仆隶之事的仆臣。

[105] 竖：未成年的小吏。头须：小臣的名字。

[106] 守藏：管理财物。

[107] 其出：指重耳出亡的时候。

[108] 窃藏二句：头须私自带走库藏逃走，为了使重耳回国，用尽了财物。

[109] 沐：洗头。

[110] 沐则三句：洗头时低头向下，心的位置就颠倒了。心的位置一颠倒，他心里的想法也就反常了，自然我不能见到他。图：图谋，想法。宜：适宜，自然。

[111] 居者：留在国内的人。社稷之守：守护国家。

[112] 行者：跟随出亡的人。羁绁之仆：为重耳奔波服役的仆人。

[113] 遽（jù）：立即，马上。

[114] 请其二子：狄人请求把季隗生的两个儿子留在狄。一说狄人请重耳指示如何安置季隗生的两个儿子。

[115] 文公妻赵衰：晋文公把女儿嫁给赵衰，即下文的赵姬。

[116] 请逆盾与其母：请赵衰接赵盾和赵盾的母亲叔隗回国。

[117] 子余：赵衰字子余。

[118] 内子：嫡妻，卿大夫的正妻。

[119] 介之推：又名介子推。晋国忠臣。民间传说寒食节就是为了纪念介之推。

[120] 诬：荒谬。

[121] 下义二句：在下位的人把自己的罪恶当作正义行为，在上位的人对他们做的坏事加以奖赏。

[122] 怼（duì）：怨恨。

[123] 尤：谴责。效：效法。之：指从亡者。

[124] 不食其食：不应当再食用他的俸禄。

[125] 文：文饰。

[126] 求显：求被人所知。

[127] 緜（mián）上：晋国地名，在今山西介休东南四十里的介山之下。介山也称緜（绵）山。为之田：作为介之推的祭田。

[128] 志：同“誌”，标志。

[129] 旌：表彰。

子产不毁乡校

郑人游于乡校[1]，以论执政。然明谓子产曰[2]：“毁乡校，何如？”子产曰：“何为？夫人朝夕退而游焉[3]，以议执政之善否。其所善者，吾则行之；其所恶者，吾则改之，是吾师也，若之何毁之？我闻忠善以损怨[4]，不闻作威以防怨。岂不遽止[5]？然犹防川[6]，大决所犯[7]，伤人必多，吾不克救也，不如小决使道[8]。不如吾闻而药之也[9]。”然明曰：“蔑也今而后知吾子之信可事也[10]。小人实不才。若果行此，其郑国实赖之，岂唯二三臣？”

仲尼闻是语也，曰：“以是观之，人谓子产不仁，吾不信也。”

注释

[1] 乡校：古时乡间的公共场所，既是学校，又是乡人聚会议事的地方。

[2] 然明：郑国大夫鬷（zōng）蔑的字。

[3] 退：工作完毕后回来。焉：于是。

[4] 忠善：尽力做善事。损：减少。

[5] 遽（jù）：马上。

[6] 防：堵塞。川：河流。

[7] 大决：大规模的决堤。

[8] 道：同“导”，疏通，引导。

[9] 药之：以之为药，用它做治病的药。之，指代民不满的议论。

[10] 信：确实，的确。

晏婴论和与同

齐侯至自田[1]，晏子侍于遄台[2]，子犹驰而造焉[3]。公曰："唯据与我和夫！"晏子对曰："据亦同也，焉得为和？"公曰："和与同异乎？"对曰："异。和如羹焉[4]，水火醯醢盐梅以烹鱼肉[5]，燀之以薪[6]，宰夫和之[7]，齐之以味[8]，济其不及[9]，以泄其过[10]。君子食之，以平其心。君臣亦然。君所谓可，而有否焉，臣献其否[11]，以成其可；君所谓否，而有可焉，臣献其可，以去其否。是以政平而不干[12]，民无争心。故《诗》曰：'亦有和羹，既戒既平。鬷嘏无言，时靡有争。'[13]先王之济五味、和五声也[14]，以平其心，成其政也。声亦如味，一气、二体、三类、四物、五声、六律、七音、八风、九歌[15]，以相成也。清浊、小大、短长、疾徐、哀乐、刚柔、迟速、高下、出入、周疏，以相济也。君子听之，以平其心。心平，德和。故《诗》曰：'德音不瑕。'[16]今据不然。君所谓可，据亦曰可；君所谓否，据亦曰否。若以水济水，谁能食之？若琴瑟之专一，谁能听之？同之不可也如是。"

注释

[1] 齐侯：指齐景公。田：同"畋"，打猎。这里指打猎的地方。

[2] 遄(chuán)台：齐国地名，在今山东临淄附近。

[3] 子犹：齐国大夫梁丘据的字。造：到，往。

[4] 羹：调和五味（醋、酱、盐、梅、菜）做成的带汁的肉。

[5] 醯(xī)：醋。醢(hǎi)：用肉、鱼等做成的酱。梅：梅子。

[6] 燀(chǎn)：烧煮。

[7] 宰夫：厨师。和：调和。

[8] 齐：调配使味道适中。

[9] 济：增加，添加。

[10] 泄：减少。过：过分，过重。

[11] 献：进言指出。

[12] 干：犯，违背。

[13] 出自《诗·商颂·烈祖》。戒：具备，意思是指五味全。平：和，指味道适中。鬷（zōng）：通“奏”，进献。嘏（gǔ）：通“假”，至，指神灵来到。无言：无所指摘。

[14] 济：这里的意思是相辅相成。五味：指酸、甜、苦、辣、咸五种味道。五声：指宫、商、角、徵、羽五个音阶。

[15] 一气：空气，指声音要用气来发动。二体：指舞蹈的文舞和武舞。三类：指《诗经》中的风、雅、颂三部分。四物：四方之物，指乐器用四方之物制成。五声：即五音。六律：指用来确定声音高低清浊的六个阳声，即黄钟、太簇、姑洗（xiǎn）、蕤（ruí）宾、夷则、无射（yì）。七音：指宫、商、角、徵、羽、变宫、变徵。八风：八方之风。九歌：可以歌唱的九功之德，包括六府、三事。水、火、木、金、土、谷，谓之六府；正德、利用、厚生，谓之三事。

[16] 出自《诗·豳风·狼跋》。德音：本指美德，这里借指美好的音乐。瑕：玉上的斑点，这里指缺陷。

参考文献

高士奇著：《春秋左传纪事本末》，中华书局1979年版。

童书业著：《春秋左传研究》，上海人民出版社1980年版。

沈玉成著：《〈左传〉译文》，中华书局1981年版。

何新文著：《左传人物论稿》，中国社会科学出版社2004年版。

张高评著：《春秋书法与左传学史》，上海古籍出版社2005年版。

张树国著：《春秋贵族社会衰亡期的历史叙事——以〈左传〉为例》，中国社会科学出版社2008年版。

道德经

题解

《道德经》又名《老子》，分为上下两篇，上篇《道经》，下篇《德经》，共八十一章，五千多字，故又称《老子五千文》。关于老子的生平和《老子》一书的成书年代，历来说法不一。一般认为老子姓李名耳，字聃，是春秋时期楚国人，与孔子同时，曾做过周朝管理图书的史官。《老子》一书并非老子本人所作，大概是战国时期老子的追随者根据他的学说加以发挥而成，成书大概在《墨子》之后、《庄子》之前。《老子》是先秦道家学派的经典著作，对后世的思想产生了很大的影响。《老子》的注本重要的有三国魏王弼的《老子注》，后人假托“汉河上公撰”的《老子章句》，明代焦竑的《老子翼》，清代毕沅的《老子道德经考异》、魏源的《老子本义》，近人马叙伦的《老子校诂》、张松如的《老子说解》、高亨的《老子正诂》和朱谦之的《老子校释》等。

版本

1974年初长沙马王堆三号墓出土了帛书《老子》，《道经》在前，《德经》在后，字句和今本《老子》也有很多出入。参照注本主要有：

陈鼓应著：《老子注译及评介》，中华书局1984年版。

朱谦之撰：《老子校释·新编诸子集成》，中华书局2013年版。

陈鼓应著：《老子今注今译》，商务印书馆2015年版。

选读

第一章

道可道也，非恒道也[1]。名可名也，非恒名也。无名[2]，万物之始也；有名[3]，万物之母也[4]。故恒无欲也[5]，以观其眇[6]；恒有欲也，以观其所徼[7]。两者同出，异名同谓[8]。玄之又玄[9]，众眇之门[10]。

第二章

天下皆知美之为美，恶已[11]；皆知善，斯不善矣[12]。有无之相生也，难易之相成也，长短之相刑也[13]，高下之相盈也[14]，音声之相和也[15]，先后之相随，恒也。是以圣人居无为之事[16]，行不言之教，万物作而弗始也[17]，为而弗志也[18]，成功而弗居也。夫唯弗居，是以弗去。

第三章

不上贤[19]，使民不争；不贵难得之货，使民不为盗；不见可欲[20]，使民不乱。是以圣人之治也，虚其心[21]，实其腹，弱其志[22]，强其骨，恒使民无知、无欲也。使夫知不敢、弗为而已[23]，则无不治矣。

第四章

道冲[24]，而用之有弗盈也[25]。渊呵[26]！似万物之宗[27]。锉其兑[28]，解其纷[29]，和其光[30]，同其尘[31]。湛呵[32]！似或存[33]。吾不知其谁之子，象帝之先[34]。

第五章

天地不仁，以万物为刍狗[35]；圣人不仁，以百姓为刍狗。天地之间，其犹橐龠乎[36]？虚而不屈[37]，动而俞出[38]。多闻数穷[39]，不若守于中[40]。

第六章

谷神不死[41]，是谓玄牝[42]。玄牝之门[43]，是谓天地之根。绵绵呵！其若存[44]！用之不堇[45]。

第七章

天长，地久。天地之所以能长且久者，以其不自生也[46]，故能长生。是以圣人后其身而身先，外其身而身存，非以其无私邪？故能成其私[47]。

第八章

上善若水。水善利万物而不争，处众人之所恶，故几于道[48]。居，善地；心，善渊；与，善仁；言，善信；政，善治；事，善能；动，善时[49]。夫唯不争，故无尤[50]。

第九章

持而盈之，不如其已[51]；揣而锐之，不可长保[52]。金玉满堂，莫之能守；富贵而骄，自遗其咎。功成身退，天之道也。

第十章

载营魄抱一[53]，能无离乎？专气致柔[54]，能如婴儿乎？涤除玄鉴[55]，能无疵乎？爱民治国，能无为乎？天门开阖[56]，能为雌乎？明白四达，能无知乎？生之畜之，生而不有，为而不恃，长而不宰，是谓玄德[57]。

第十一章

三十辐共一毂[58]，当其无，有车之用[59]。埏埴以为器[60]，当其无，有器之用。凿户牖以为室，当其无，有室之用。故有之以为利，无之以为用。

第十二章

五色令人目盲；五音令人耳聋；五味令人口爽[61]；驰骋畋猎，令人心发狂；难得之货，令人行妨[62]；是以圣人为腹不为目[63]，故去彼取此[64]。

第十三章

宠辱若惊，贵大患若身[65]。何谓宠辱若惊？宠为下[66]，得之若惊，失之若惊，是谓宠辱若惊。何谓贵大患若身？吾所以有大患者，为吾有身，及吾无身，吾有何患？故贵以身为天下，若可寄天下；爱以身为天下，若可托天下。

第十四章

视而不见，名曰夷[67]；听之不闻，名曰希[68]；搏之不得，名曰微[69]。此三者不可致诘[70]，故混而为一[71]。其上不徼[72]，其下不昧[73]，绳绳兮不可名[74]，复归于无物[75]。是谓无状之状，无物之象，是谓惚恍[76]。迎之不见其首，随之不见其后。执古之道，以御今之有。能知古始[77]，是谓道纪[78]。

第十五章

古之善为道者，微妙玄通，深不可识。夫不唯不可识，故强为之容[79]；豫兮若冬涉川[80]；犹兮若畏四邻[81]；俨兮其若客[82]；涣兮其若凌释[83]；敦兮其若朴；旷兮其若谷；混兮其若浊；孰能浊以静之徐清[84]？孰能安以静之徐生[85]？保此道者，不欲盈[86]。夫唯不盈，故能蔽而新成[87]。

第十六章

致虚极，守静笃[88]；万物并作[89]，吾以观复[90]。夫物芸芸，各复归其根[91]。归根曰静，静曰复命[92]。复命曰常[93]，知常曰明[94]。不知常，妄作凶。知常容[95]，容乃公，公乃全[96]，全乃天[97]，天乃道，道乃久，没身不殆。

第十七章

太上，不知有之[98]；其次，亲而誉之；其次，畏之；其次，侮之。信不足焉，有不信焉。悠兮，其贵言[99]。功成事遂，百姓皆谓“我自然”[100]。

第十八章

大道废，有仁义[101]；智慧出，有大伪；六亲不和[102]，有孝慈；国家昏乱，有忠臣。

第十九章

绝圣弃智，民利百倍[103]；绝仁弃义，民复孝慈；绝巧弃利，盗贼无有。此三者以为文不足[104]，故令有所属[105]；见素抱朴[106]，少私寡欲；绝学无忧[107]。

第二十章

唯之与阿[108]，相去几何？美之与恶，相去若何？人之所畏，不可不畏。荒兮[109]，其未央哉[110]！众人熙熙[111]，如享太牢，如春登台。我独泊兮[112]，其未兆[113]；沌沌兮[114]，如婴儿之未孩[115]；儽儽兮[116]，若无所归。众人皆有余[117]，而我独若遗[118]。我愚人之心也哉[119]！俗人昭昭[120]，我独昏昏[121]。俗人察察[122]，我独闷闷[123]。澹兮[124]，其若海；飂兮[125]，若无止。众人皆有以[126]，而我独顽且鄙[127]。我独异于人，而贵食母[128]。

第二十一章

孔德之容[129]，惟道是从。道之为物，惟恍惟惚。惚兮恍兮，其中有象[130]；恍兮惚兮，其中有物；窈兮冥兮[131]，其中有精[132]，其精甚真，其中有信，自今及古，其名不去，以阅众甫[133]。吾何以知众甫之状哉？以此。

第二十二章

曲则全[134]，枉则直，洼则盈，敝则新，少则得，多则惑。是以圣人抱一为天下式[135]。不自见，故明[136]；不自是，故彰，不自伐[137]，故有功；不自矜，故长。夫唯不争，故天下莫能与之争。古之所谓“曲则全”者，岂虚言哉？诚全而归之。

第二十三章

希言自然[138]。故飘风不终朝[139]，骤雨不终日，孰为此者？天地。天地尚不能久，而况于人乎？故从事于道者同于道；德者同于德；失者同于失[140]。同于道者，道亦乐得之；同于德者，德亦乐得之；同于失者，失亦乐得之。信不足焉，有不信焉！

第二十四章

企者不立[141]，跨者不行[142]；自见者不明；自是者不彰；自伐者无功；自矜者不长。其在道也，曰余食赘形[143]。物或恶之，故有道者不处。

第二十五章

有物混成[144]，先天地生。寂兮寥兮[145]，独立而不改，周行而不殆，可以为天地母。吾不知其名，强字之曰道，强为之名曰大。大曰逝[146]，逝曰远，远曰反。故道大，天大，地大，人亦大。域中有四大[147]，而人居其一焉。人法地，地法天，天法道，道法自然。

第二十六章

重为轻根，静为躁君。是以君子终日行不离辎重[148]，虽有荣观[149]，燕处超然[150]。奈何万乘之主，而以身轻天下？轻则失根，躁则失君。

第二十七章

善行，无辙迹[151]；善言，无瑕谪[152]；善数，不用筹策[153]；善闭，无关楗而不可开[154]；善结，无绳约而不可解[155]。是以圣人常善救人，故无弃人；常善救物，故无弃物。是谓袭明[156]。故善人者，不善人之师；不善人者，善人之资[157]。不贵其师，不爱其资，虽智大迷，是谓要妙[158]。

第二十八章

知其雄[159]，守其雌[160]，为天下溪[161]。为天下溪，常德不离，复归于婴儿[162]。知其白，守其黑，为天下式，为天下式，常德不忒[163]，复归于无极[164]。知其荣，守其辱，为天下谷[165]。为天下谷，常德乃足，复归于朴。朴散则为器[166]，圣人用之，则为官长[167]，故大制不割[168]。

第二十九章

将欲取天下而为之，吾见其不得已。天下神器，不可为也，不可执也。为者败之，执者失之。是以圣人无为，故无败，故无失。夫物或行或随；或觑或吹[169]；或强或羸；或载或隳[170]。是以圣人去甚、去奢、去泰[171]。

注释

[1] 恒：一般的，普通的。

[2] 无名：指无形。

[3] 有名：指有形。

[4] 母：母体，根源。

[5] 恒：经常。

[6] 眇：通“妙”，微妙的意思。

[7] 徼(jiào):边际,边界。引申有端倪的意思。

[8] 谓:称谓。这里为“指称”的意思。

[9] 玄:深黑色,玄妙深远的含义。

[10]门:一切奥妙变化的总门径。

[11]天下二句:天下都知道美之所以为美,那是因为有丑陋的存在。已:通“矣”。

[12]斯:这。

[13]刑:通“形”,指在比较、对照中显现出来。

[14]盈:充实,补充,依存。

[15]音声:郑玄以为,合奏出来的乐音叫做音,单一发出的音响叫做声。

[16]居:担当,担任。无为:顺应自然,不加干涉。

[17]作:兴起、发生。弗始:不为其创始。

[18]志:指个人的志向、意志、倾向。

[19]上:同“尚”,崇尚,尊崇。

[20] 见:同“现”,出现,显露。这里是显示、炫耀的意思。

[21]虚:空虚。其:指代百姓。心:古人以为心主思维,这里指思想、头脑。虚其心,即使百姓心里空虚,无思无欲。

[22] 弱其志:使他们减弱志气,削弱他们竞争的意图。

[23]敢:进取。弗为:同“无为”。

[24]冲:通“盅”,器物虚空,比喻空虚。

[25]有:通“又”。盈:满,引申为尽。

[26] 渊:深远。呵:语助词,表示停顿。

[27] 宗:祖宗,祖先。

[28]锉:消磨。其:是指道本身的属性。下同。兑:通“锐”,锐利、锋利。

[29]解其纷:消解掉它的纠纷。

[30] 和其光:调和隐蔽它的光芒。

[31]同其尘:把自己混同于尘俗。

[32]湛:沉没,引申为隐约的意思。

[33]似或存：似乎存在。

[34]象：似。

[35]刍（chú）狗：用草扎成的狗。古代专用于祭祀之中，祭祀完毕，就把它扔掉或烧掉。后用来比喻轻贱无用的东西。

[36]橐（tuó）：古代一种鼓风吹火器。籥（yuè）：管子。二者为古代冶炼时为炉火鼓风用的助燃器具。

[37]屈：竭尽，穷尽。

[38]俞：通“愈”，更加。

[39]闻：见闻，知识。数：通“速”，加快的意思。穷：困穷。老子认为，见多识广，有了智慧，反而政令烦苛，破坏了天道。

[40]中：通“冲”，指内心的虚静。守中：守住虚静。

[41]谷：读为穀。穀，养也。谷神，即生养之神。高亨认为，谷神为道之别名也。

[42]玄：原义为深黑色。《老子》中常出现，用来表示深远、神秘、微妙难测的意思。玄牝（pìn）：玄妙的母性，这里指孕育和生养出天地万物的母体。

[43]门：产门，这里用来比喻造化天地生育万物的根源。

[44]若：如此，这样。若存，苏轼认为是实际存在却无法看到的意思。

[45]堇：通“尽”。

[46] 不自生：不为自己生存。

[47]成其私：成就他自身。

[48]几：接近。

[49]居一句：最善的人，居处最善于选择地方，心胸善于保持沉静而深不可测，待人善于真诚、友爱和无私，说话善于恪守信用，为政能把国家治理好，处事善于发挥所长，行动善于把握时机。

[50]尤：过失，罪过。

[51]持而二句：持执盈满，自满自骄，不如适可而止。

[52]揣而二句：把铁器磨得又尖又利，不能长久保存。揣（zhuī）：锤击。

[53]载：助词，相当于“夫”。营魄：即魂魄。抱一：合一，指魂魄合一，一说指身

体与精神合一。

[54]专气：即集气。

[55]涤：扫除，清除。玄：奥妙深邃。鉴：镜子，玄鉴指人心灵深处明澈如镜、深邃灵妙。

[56]天门：有多种解释，一说指耳目口鼻等人的感官；一说指兴衰治乱之根源；一说指自然之理；一说指人的心神出入即意念和感官的配合等。

[57]玄德：玄妙而深邃的德性。

[58]辐：车轮中连接轴心和轮圈的木条，古代的车轮由三十根辐条构成，此数取法于每月三十日的历法。毂（gǔ）：车轮中心的木制圆圈，中有圆孔，即插轴的地方。

[59]当其二句：有了车毂中空的地方，才有车的作用。

[60]埏（shān）：用水和。埴：土。即和陶土制成供人饮食使用的器皿。

[61]爽：败坏。口爽，指味觉失灵，生了口病。

[62]行妨：伤害操行。

[63]为腹不为目：只求温饱安宁，而不为纵情声色之娱。腹，代表一种简朴宁静的生活方式；目，代表一种巧伪多欲的生活方式。

[64]去彼取此：指摈弃物欲的诱惑，保持安定知足的生活。

[65]贵大患若身：重视大患就像珍贵自己的身体一样。

[66]宠为下：得宠是卑下的。

[67]夷：无色。

[68]希：无声。

[69]微：无形。夷、希、微三个词都用来形容人的感官无法把握住“道”，它们都是幽而不显的意思。

[70]诘（jí）：追问，反问。

[71]一：这里指“道”。

[72]皦（jiǎo）：清白、清晰、光明。

[73]昧：阴暗。

[74]绳绳：不清楚。

[75]无物：无形状的物，即“道”。

[76] 恍惚：若有若无，闪烁不定。

[77] 古始：宇宙的原始，或“道”的初始。

[78]道纪：道的纲纪，即道的规律。

[79]容：形容，描述。

[80] 豫：原来是野兽的名称，性好疑虑。后引申为迟疑慎重的意思。

[81] 犹：原来是野兽的名称，性警觉。这里形容警觉、戒备的样子。

[82]俨：谨慎、庄严、恭敬。客：一本作“容”。

[83]涣：散开。凌：冰。释：化。

[84]孰能浊句：谁能使浑浊安静下来，慢慢澄清？

[85]孰能安句：谁能使安静变动起来，慢慢显出生机？

[86] 欲盈：不求自满。

[87] 蔽而新成：去故更新的意思。一本作“蔽不新成”。

[88]致虚极，守静笃：虚和静都是形容人的心境空明宁静的状态，但由于外界的干扰、诱惑，人的私欲开始活动，因此心灵蔽塞不安，所以必须注意“致虚”和“守静”，以恢复心灵的清明。极、笃：都是极度、顶点的意思。

[89]作：生长、发展。

[90] 复：循环往复。

[91]根：指道。归根，即复归于道。

[92]复命：复归本性，重新孕育新的生命。

[93]常：指万物运动变化的永恒规律，即守常不变的规则。

[94]明：明白，了解。

[95]容：宽容，包容。

[96] 全：周到，周延。

[97] 天：指自然的天，或为自然界的代称。

[98]太上二句：最好的统治者，人民并不知道他的存在。

[99]贵言：指不轻易发号施令。

[100] 自然：自己本来就如此。

[101] 大道二句：大道被废弃了，才有提倡仁义的需要。

[102] 六亲：指父子、兄弟、夫妇。

[103] 绝圣二句：抛弃聪明智巧，人民可以得到百倍的好处。

[104] 此三者：指前文的圣智、仁义、巧利。文：文饰、浮文。

[105] 属：归属，适从。

[106] 见素抱朴：保持原有的自然本色。素，是没有染色的丝；朴，是没有雕琢的木。

[107] 绝学无忧：弃绝仁义圣智之学，才能免于忧患。

[108] 唯：恭敬地答应，这是晚辈应答长辈的声音。阿：怠慢地答应，这是长辈回答晚辈的声音。前者声音低，后者声音高，用来区别尊贵与卑贱。

[109] 荒：广漠，遥远。

[110] 未央：未尽，未完。

[111] 熙熙：和乐，用来形容纵情奔放、兴高采烈的情状。

[112] 泊：淡泊，恬静。

[113] 未兆：没有征兆，没有预感和迹象，形容不炫耀自己。

[114] 沌沌：混沌，不清楚。

[115] 孩：同“咳”，小儿笑。

[116] 儽儽（léi）：颓丧。

[117] 有余：有丰盛的财货。

[118] 遗：缺失。

[119] 愚人：淳朴、直率的状态。

[120] 昭昭：智巧光耀的样子。

[121] 昏昏：愚钝暗昧的样子。

[122] 察察：严厉苛刻的样子。

[123] 闷闷：淳朴诚实的样子。

[124] 澹（dàn）兮：水波摇动的样子。

[125] 飂（liù）兮：风急速的样子。

[126] 有以：有用，有为，有本领。

[127] 顽且鄙：愚昧而笨拙。

[128] 母：这里用来比喻"道"，道是生育天地万物之母。贵食母：以守道为贵。

[129] 孔：大。容：运作，形态。

[130] 象：形象，具象。

[131] 窈：深远，微不可见。冥：暗昧，深不可测。

[132] 精：最微小的原质。

[133] 阅：观察。甫：通"父"，引申为始。

[134] 曲则全：委屈便会保全。

[135] 抱：守。一：即道。式：法式，范式。

[136] 不自二句：不自我表现，反能显明。

[137] 伐：夸。

[138] 希言自然：不言政令不扰民是合乎自然的。希言：少说话，这里指统治者少施加政令、不扰民的意思。

[139] 飘风：大风，强风。终朝（zhāo）：一个早上。

[140] 失：指失道或失德。

[141] 企者不立：踮起脚跟想要站得高，反而站立不住。企：举起脚跟，脚尖着地。一本作"支"。

[142] 跨：越过，这里指阔步而行。

[143] 赘形：多余的形体，因饱食而使身上长出多余的肉。

[144] 物：指道。混成：混然而成，指浑朴的状态。

[145] 寂兮寥兮：没有声音，没有形体。

[146] 逝：指"道"的运行周流不息、永不停止的状态。

[147] 域中：即空间之中，宇宙之间。

[148] 辎（zī）重：军中载运器械、粮食的车辆。

[149] 荣观：贵族游玩的地方，这里指华丽的生活。

[150] 燕处超然：安然处之，并超然物外。

[151] 辙迹：轨迹，行车时车轮留下的痕迹。

[152] 瑕谪（zhé）：过失，缺点。

[153] 筹策：古时人们用作计算的器具。

[154] 关楗：栓梢。古代人家户里的门有关，即栓；有楗，即梢，是木制的。

[155] 绳约：绳索。约：指用绳捆物。

[156] 袭明：内藏智慧聪明。袭：覆盖之意。

[157] 资：借鉴的意思。

[158] 要妙：精要玄妙，深远奥秘。

[159] 雄：这里比喻刚劲、躁进、强大。

[160] 雌：这里比喻柔静、软弱、谦下。

[161] 溪：溪涧。

[162] 婴儿：象征纯真、稚气。

[163] 忒：过失，差错。

[164] 无极：指最终的真理。

[165] 谷：峡谷，深谷。这里用来比喻胸怀广阔。

[166] 器：器物，指万事万物。

[167] 官长：百官的首长，领导者、管理者。

[168] 大制不割：完整的制度不可分割。

[169] 觑：通“嘘”，轻声和缓地吐气。吹：急吐气。

[170] 载：安稳。隳（huī）：毁坏，这里是指不安稳。

[171] 甚：极端的。奢：奢侈的。泰：过度的。

参考文献

熊铁基等著：《二十世纪中国老学》，福建人民出版社2002年版。

刘笑敢著：《老子古今》，中国社会科学出版社2006年版。

詹剑峰著：《老子其人其书及其道论》，华中师范大学出版社2006年版。

李天道著：《老子美学思想的当代意义》，中国社会科学出版社2008年版。

庄　子

题解

《庄子》又称《南华经》，为庄周及其门人、后学所撰。全书分内篇七篇，外篇十五篇，杂篇十一篇。一般认为，内篇是庄子所作，外篇和杂篇是庄子的门人和后学所作。庄子，名周，战国中期宋国蒙邑（今河南商丘市）人，生活年代大约与孟子同时或稍后。庄子曾做过蒙漆园吏。庄子继承老子思想，是老子之后先秦道家学派的主要代表人物。魏晋以后，更把二人并称老庄。《庄子》中的文章大量使用寓言故事，想象丰富，富有浪漫主义色彩，是先秦诸子散文的典范之作，对后世的文学语言影响很大。《庄子》后世注本较多，主要的有晋代郭象的《庄子注》，唐代成玄英为郭象注作疏，清代有王先谦的《庄子集解》和郭庆藩的《庄子集释》，今人有钱穆的《庄子纂笺》、刘武的《庄子集解内篇补正》、陈鼓应的《庄子今注今译》等。

版本

清代郭庆藩的《庄子集释》是非常好的本子，其中包括晋代郭象注，唐代成玄英疏，陆德明音义，清代卢文弨校勘，王念孙、俞樾等人的训诂考证成果。参照注本有：

[清]郭庆藩撰：《庄子集释·新编诸子集成》，王孝鱼点校，中华书局2013年版。

选读

人间世[1]

颜回见仲尼[2]，请行[3]。曰："奚之？"曰："将之卫。"曰："奚为焉？"曰："回闻卫君，其年壮，其行独[4]。轻用其国而不见其过。轻用民死，死者以国量乎泽若蕉[5]，民其无如矣[6]。回尝闻之夫子曰：'治国去之，乱国就之。医门多疾。'愿以所闻思其则[7]，庶几其国有瘳乎[8]！"

仲尼曰："嘻，若殆往而刑耳[9]！夫道不欲杂，杂则多，多则扰[10]，扰则忧，忧而不救。古之至人，先存诸己而后存诸人[11]。所存于己者未定，何暇至于暴人之所行！且若亦知夫德之所荡而知之所为出乎哉[12]？德荡乎名，知出乎争[13]。名也者，相轧也[14]；知也者，争之器也[15]。二者凶器，非所以尽行也[16]。

"且德厚信矼[17]，未达人气[18]；名闻不争，未达人心。而强以仁义绳墨之言术暴人之前者[19]，是以人恶有其美也[20]，命之曰灾人。灾人者，人必反灾之。若殆为人灾夫！且苟为人悦贤而恶不肖，恶用而求有以异[21]？若唯无诏，王公必将乘人而斗其捷[22]。而目将荧之[23]，而色将平之[24]，口将营之[25]，容将形之[26]，心且成之[27]。是以火救火，以水救水，名之曰益多。顺始无穷[28]，若殆以不信厚言[29]，必死于暴人之前矣！

“且昔者桀杀关龙逄[30]，纣杀王子比干[31]，是皆修其身以下伛拊人之民[32]，以下拂其上者也[33]，故其君因其修以挤之[34]。是好名者也。昔者尧攻丛枝、胥、敖[35]，禹攻有扈[36]，国为虚厉[37]，身为刑戮。其用兵不止，其求实无已[38]。是皆求名实者也，而独不闻之乎？名实者，圣人之所不能胜也，而况若乎？虽然，若必有以也[39]，尝以语我来[40]！”

颜回曰：“端而虚，勉而一，则可乎？”曰：“恶！恶可！夫以阳为充孔扬[41]，采色不定[42]，常人之所不违[43]，因案人之所感，以求容与其心[44]。名之曰日渐之德不成[45]，而况大德乎！将执而不化[46]，外合而内不訾[47]，其庸讵可乎！”

“然则我内直而外曲[48]，成而上比[49]。内直者，与天为徒[50]。与天为徒者，知天子之与己皆天之所子[51]，而独以己言蕲乎而人善之，蕲乎而人不善之邪[52]？若然者，人谓之童子，是之谓与天为徒。外曲者，与人之为徒也[53]。擎跽曲拳[54]，人臣之礼也。人皆为之，吾敢不为邪？为人之所为者，人亦无疵焉，是之谓与人为徒。成而上比者，与古为徒。其言虽教，谪之实也[55]，古之有也，非吾有也。若然者，虽直而不病[56]，是之谓与古为徒。若是则可乎？”仲尼曰：“恶！恶可！大多政法而不谍[57]。虽固，亦无罪。虽然，止是耳矣，夫胡可以及化[58]！犹师心者也。”

颜回曰：“吾无以进矣[59]，敢问其方。”仲尼曰：“斋，吾将语若。有心而为之，其易邪[60]？易之者，皞天不宜[61]。”颜回曰：“回之家贫，唯不饮酒不茹荤者数月矣。如此则可以为斋乎？”曰：“是祭祀之斋，非心斋也。”回曰：“敢问心斋。”仲尼曰：“若一志[62]，无听之以耳而听之以心；无听之以心而听之以气。听止于耳，心止于符[63]。气也者，虚而待物者也。唯道集虚。虚者，心斋也”

颜回曰：“回之未始得使[64]，实自回也；得使之也，未始有回也。可谓虚乎？”夫子曰：“尽矣！吾语若：若能入游其樊而无感其名，入则鸣，不入则止。无门无毒[65]，一宅而寓于不得已[66]，则几矣。绝迹易，无行地难[67]。为人使易以伪，为天使难以伪[68]。闻以有翼飞者矣，未闻以无翼飞者也；闻以有知知者矣，未闻以无知知者也。瞻彼阕者，虚室生白[69]，吉祥止止[70]。夫且不止，是之谓坐驰[71]。夫徇耳目内通而外于心知[72]，鬼神将来舍，而况人乎！是万物之化也，禹舜之所纽也[73]，伏戏、几蘧之所行终[74]，而况散焉者乎[75]！”

叶公子高将使于齐[76]，问于仲尼曰：“王使诸梁也甚重，齐之待使者，盖将甚敬而不急[77]。匹夫犹未可动，而况诸侯乎！吾甚慄之。子常语诸梁也曰：‘凡事若小若大，寡不道以欢成[78]。事若不成，则必有人道之患；事若成，则必有阴阳之患[79]。若成若不成而后无患者，唯有德者能之。’吾食也执粗而不臧[80]，爨无欲清之人[81]。今吾朝受命而夕饮冰，我其内热与！吾未至乎事之情而既有阴阳之患矣！事若不成，必有人道之患。是两也[82]，为人臣者不足以任之[83]，子其有以语我来！”

仲尼曰：“天下有大戒二[84]：其一命也，其一义也。子之爱亲，命也，不可解于心；臣之事君，义也，无适而非君也，无所逃于天地之间。是之谓大戒。是以夫事其亲者，不择地而安之，孝之至也；夫事其君者，不择事而安之，忠之盛也；自事其心者，哀乐不易施乎前[85]，知其不可奈何而安之若命，德之至也。为人臣子者，固有所不得已。行事之情而忘其身，何暇至于悦生而恶死！夫子其行可矣！

“丘请复以所闻[86]：凡交近则必相靡以信[87]，远则必忠之以言[88]。言必或传之[89]。夫传两喜两怒之言，天下之难者也。夫两喜必多溢美之言，两怒必多溢恶之言。凡溢之类妄，妄则其信之也莫，莫则传言者殃。故法言曰：‘传其常情，无传其溢言，则几乎全[90]。’

“且以巧斗力者，始乎阳，常卒乎阴[91]，大至则多奇巧[92]；以礼饮酒者，始乎治，常卒乎乱，大至则多奇乐。凡事亦然，始乎谅[93]，常卒乎鄙[94]；其作始也简，其将毕也必巨。

“言者，风波也[95]；行者，实丧也[96]。夫风波易以动，实丧易以危。故忿设无由，巧言偏辞[97]。兽死不择音，气息茀然[98]，于是并生心厉[99]。尅核大至[100]，则必有不肖之心应之，而不知其然也。苟为不知其然也，孰知其所终！故法言曰：‘无迁令，无劝成。过度益也[101]。’迁令劝成殆事，美成在久，恶成不及改，可不慎与！且夫乘物以游心[102]，托不得已以养中，至矣。何作为报也[103]？莫若为致命。此其难者[104]。”

颜阖将傅卫灵公太子[105]，而问于蘧伯玉曰[106]：“有人于此，其德天杀[107]。与之为无方，则危吾国；与之为有方，则危吾身。其知适足以知人之过，而不知其所以过。若然者，吾奈之何？”蘧伯玉曰：“善哉问乎！戒之，慎之，正女身哉！形莫若就，心莫若和[108]。虽然，之二者有患。就不欲入，和不欲出[109]。形就而入，且为颠为灭，为崩为蹶。心和而出，且为声为名，为妖为孽。彼且为婴儿，亦与之为婴儿；彼且为无町畦[110]，亦与之为无町畦；彼且为无崖，亦与之为无崖；达之，入于无疵[111]。

“汝不知夫螳螂乎？怒其臂以当车辙[112]，不知其不胜任也，是其才之美者也[113]。戒之，慎之，积伐而美者以犯之[114]，几矣！汝不知夫养虎者乎？不敢以生物与之，为其杀之之怒也；不敢以全物与之，为其决之之怒也。时其饥饱[115]，达其怒心[116]。虎之与人异类而媚养己者，顺也；故其杀者，逆也[117]。夫爱马者，以筐盛矢[118]，以蜃盛溺[119]。适有蚊虻仆缘[120]，而拊之不时，则缺衔毁首碎胸[121]。意有所至而爱有所亡[122]。可不慎邪？”

匠石之齐，至于曲辕[123]，见栎社树[124]。其大蔽数千牛，絜之百围[125]，其高临山，十仞而后有枝，其可以舟者旁十数[126]。观者如市，匠伯不顾，遂行不辍。弟子厌观之，走及匠石，曰：‘自吾执斧斤以随夫子，未尝见材如此其美也。先生不肯视，行不辍，何邪？”曰：“已矣，勿言之矣！散木也[127]。以为舟则沉，以为棺椁则速腐，以为器则速毁，以为门户则液樠[128]，以为柱则蠹，是不材之木也，无所可用，故能若是之寿。”

匠石归，栎社见梦曰：“女将恶乎比予哉？若将比予于文木邪[129]？夫柤梨橘柚果蓏之属[130]，实熟则剥，剥则辱。大枝折，小枝泄[131]。此以其能苦其生者也。故不终其天年而中道夭，自掊击于世俗者也[132]。物莫不若是。且予求无所可用久矣！几死，乃今得之，为予大用。使予也而有用，且得有此大也邪？且也若与予也皆物也，奈何哉其相物也[133]？而几死之散人，又恶知散木？”匠石觉而诊其梦。弟子曰：“趣取无用[134]，则为社何邪？”曰：“密[135]！若无言！彼亦直寄焉[136]！以为不知己者诟厉也[137]。不为社者，且几有翦乎[138]！且也彼其所保与众异，而以义喻之[139]，不亦远乎！”

南伯子綦游乎商之丘[140]，见大木焉，有异，结驷千乘[141]，隐将芘其所藾[142]。子綦曰："此何木也哉？此必有异材夫！"仰而视其细枝，则拳曲而不可以为栋梁；俯而视其大根，则轴解而不可以为棺椁[143]；咶其叶[144]，则口烂而为伤；嗅之，则使人狂酲三日而不已[145]。子綦曰："此果不材之木也，以至于此其大也。嗟乎，神人以此不材！"宋有荆氏者[146]，宜楸柏桑[147]。其拱把而上者[148]，求狙猴之杙者斩之[149]；三围四围，求高名之丽者斩之[150]；七围八围，贵人富商之家求椫傍者斩之[151]。故未终其天年而中道之夭于斧斤，此材之患也。故解之以牛之白颡者，与豚之亢鼻者，与人有痔病者，不可以适河[152]。此皆巫祝以知之矣，所以为不祥也。此乃神人之所以为大祥也。

支离疏者[153]，颐隐于脐[154]，肩高于顶，会撮指天[155]，五管在上[156]，两髀为胁[157]。挫针治繲[158]，足以餬口[159]；鼓筴播精[160]，足以食十人。上征武士，则支离攘臂而游于其间[161]；上有大役[162]，则支离以有常疾不受功[163]；上与病者粟，则受三锺与十束薪。夫支离者其形者，犹足以养其身，终其天年，又况支离其德者乎！

孔子适楚，楚狂接舆游其门曰[164]："凤兮凤兮，何如德之衰也！来世不可待，往世不可追也。天下有道，圣人成焉；天下无道，圣人生焉[165]。方今之时，仅免刑焉！福轻乎羽，莫之知载；祸重乎地，莫之知避[166]。已乎，已乎！临人以德[167]。殆乎[168]，殆乎！画地而趋[169]。迷阳迷阳，无伤吾行[170]。吾行郤曲[171]，无伤吾足。"

山木，自寇也；膏火，自煎也。桂可食，故伐之；漆可用，故割之。人皆知有用之用，而莫知无用之用也。

注释

[1] 人间世：人间社会。

[2] 颜回：姓颜名回，字子渊，孔子弟子。

[3] 请行：向孔子辞行。

[4] 独：专横独断。

[5] 量：填满。乎：于。蕉：这里相当于草芥。

[6] 如：往。无如：无处可去。

[7] 则：法则，这里指救治卫国的方法。

[8] 庶几：或许。瘳（chóu）：病愈。有瘳：有救。

[9] 若：你。殆：大概，差不多。刑：受刑罚。

[10] 扰：乱。

[11] 先存句：先在自己身上确立起来，然后才能培养别人。意即正人先正己。存：立。

[12] 荡：失。所为出：产生的原因。

[13] 德荡二句：道德败坏是由于追求名誉，智慧产生于争夺。

[14] 名也二句：名誉是引起互相倾轧的原因。轧：倾轧。

[15] 器：手段。

[16] 二者二句：智慧和名誉是不能使自己的品行纯正高尚的。尽：这里的意思是精于，善于。

[17] 德厚：道德纯厚。信矼（gāng）：行为诚实。矼：憨实的样子。

[18] 达：通达，了解。人气：他人的感情。

[19] 绳墨：本指木匠画线用的工具，这里引申为法度规矩。术：通"述"，陈述。

[20] 是以句：这就是用别人的罪过来换取自己的美德。有：取得。

[21] 恶（wū）：何。而：你。求有以异：追求标新立异。

[22] 若唯二句：你除非不诤谏，否则卫君一定会乘着你的漏洞而以他的巧辩与你相争。诏：诤谏。王公：指卫君。人：指颜回。捷：巧辩。

[23] 荧：这里意思是眩惑。

[24] 色：气色。平之：平静下来，意即消除了对他的不满。

[25] 营：乱，指说话错乱。

[26] 形：表现。这里指表现出理屈顺从的样子。

[27] 成：这里有妥协的意思。

[28] 顺始无穷：指按照开始时那样诤谏下去，坚持不休。

[29]殆：将。不信：不被信任。厚言：指反复诤谏。

[30] 关龙逢（páng）：桀时贤臣，因忠谏而被杀。

[31] 王子比干：纣王叔父，因忠谏被纣王挖心。

[32]是：代词，指关龙逢和王子比干。伛拊（yǔ fǔ）：通“呕咐”，怜爱。

[33]拂：违逆，触犯。

[34]因其修以挤之：因为他们太好而加以陷害。修：善。挤：排挤。

[35]丛枝、胥、敖：三古国名。

[36]有扈：夏时国名，在今陕西户县北。有：语助词，相当于名词词头。

[37]国：指以上四国。虚：同“墟”，废墟。厉：厉鬼。

[38]其：指尧和禹，上句中的“其”用法相同。实：实利。

[39]以：因，原因。

[40]以语我来：即“以之语我来”，把原因说给我听。来：句末助词。

[41] 夫以句：意思是说卫君已经是锋芒毕露的了，又加上正是血气方刚之年，所以气势更盛。阳：指刚猛气盛的品格。充：补充。孔：甚。扬：张扬。

[42]采色：神采颜色，即表情。采色不定：指卫君喜怒无常。

[43]不违：不敢触犯。

[44]因案二句：指卫君以压制别人的思想来使自己的心情舒畅。容与：欢畅。

[45]日渐之德：每天有点进步的道德，即小德。不成：不能形成。

[46] 执而不化：指卫君固执己见而不能随物变化。

[47]外合：表面上投合。内不訾（zǐ）：内心不消除己见。訾：毁，消除。

[48]内直：内心直率而无偏见。外曲：外表委曲求全。

[49]成而上比：话说得允当而又引古人的话作依据。成：平，允当。上比：向从前看齐，即从古。

[50]与天为徒：从天为师，即随着自然而变化。

[51]所子：所生养。

[52]而独二句：而偏要要求别人称赞自己的主张或者计较别人不称赞吗？蕲（qí）：求。善：称善。

[53]与人之为徒：以世人为师，意即举动随和于世人。

[54]擎（qíng）：执，指执笏。古时大臣上朝要拿着手板。跽（jì）：长跪，挺着上身，屈膝至地，臀不接踵。曲：指曲身鞠躬。拳：拱手。

[55]谪之实：实际上是责备他。

[56]不病：不会出毛病。

[57]大多句：意思是纠正人家的方式方法太多而又不通达。大：太。政法：法规。谍：通“渫”，通达。

[58]胡：何。及化：感化别人。

[59]无以进：无法提出更好的办法。

[60]其：岂。

[61]皞天：明亮的上天。宜：适，容许。

[62]一志：使心志纯一，排除杂念。

[63]心止于符：心停止与外界事物接触。符：接合。

[64]得使：受教，指接受了心斋的教育。

[65]无：通“毋”。门：医师的门面，这里作动词。无门：不要摆出医师的门面。毒：药治。无毒：不要把自己的主张看作治人的药方。颜回以医师自比，企图把卫国的病症治好，这实在是好取名声，过于自负。所以孔子有这段话。

[66]一：全。宅：安居。寓于不得已：托心于无可奈何的境地。

[67]绝迹二句：不走路容易，走路而不踏地是很难的。

[68]为人二句：被人驱使就容易作假，被天性驱使就难以作假。

[69]瞻彼二句：眼看着那个空虚的境界，就会使淡漠的心呈现纯白的映像。

[70]止止：第一个“止”是来临的意思，第二个“止”是句尾助词。

[71]坐驰：形坐而神驰。

[72]徇：使。耳目内通：把自己的听觉、视觉引向自身体内。外于心知：排除心智的作用。

[73]纽：关键。所纽：作为治天下的关键。

[74]伏戏、几蘧（qú）：都是传说中的上古君王。所行终：作为终身奉行的准则。

[75]散焉者：没有成就的人，指一般人。

[76] 叶（shè）公子高：楚庄王玄孙，被封于叶（今河南叶县），字子高，名诸梁。

[77] 甚敬而不急：态度上十分恭敬而办事则不急于处理。

[78]寡不句：很少不合于道而能愉快成事的。意谓邦交的事情，如果没有办法，是很难成功的。

[79]阴阳之患：指或悲或喜的感情会引起身体阴阳失调，伤害身心。

[80] 臧：善，精美。

[81] 爨（cuàn）：烧火做饭。清：清凉。

[82]两：双，指双重之患。

[83]不足以任之：指承受不了双重之患。

[84]戒：法则。

[85]自事二句：懂得调养自己心性的人，什么哀乐也不能改变自己当时的心境。

[86] 复以所闻：再把听到的说说。复：再。

[87] 相靡以信：以信任相亲怜。

[88]忠之以言：用语言来表达互相忠诚。

[89]言必句：预言必定要有人传达。

[90] 几乎全：大概可以保全自己了。

[91]始乎二句：以公开的办法开始，常常以秘密的办法结束。

[92]大至：太甚，太过。奇巧：异乎寻常的机巧，这里指阴谋诡计。

[93]谅：信，诚实。

[94]鄙：险恶。

[95]风波：比喻言语所表达的意思不确定。

[96] 实丧：得失，有所作为则必有得失。

[97] 故忿二句：愤怒的发作没有别的原因，只是因为花言巧语和偏激失当。

[98]茀：通“勃”，指气息急速的样子，表现怒气发作。

[99]心厉：心上恶意，指害人之意。

[100] 尅（kè）核：苛刻的要求。这句以下是指与齐国的外交，如果条件太苛刻是不行的。

[101] 无迁三句：不要改变命令，不要劝成而要顺其自然，超越分寸就会越轨。

[102] 乘物以游心：心神任随外物的变化而遨游。

[103] 何作句：何必在齐国的报答问题上考虑那么多？

[104] 莫若二句：不如如实地传达国君的指示，这样会有困难吗？

[105] 颜阖（hé）：传为鲁国贤人。卫灵公太子：即蒯聩（kuǎi kuì）。

[106] 蘧（qú）伯玉：姓蘧字伯玉，名瑗，卫国的贤大夫。

[107] 德：性。天杀：天性嗜杀。

[108] 形莫二句：外表上最好多接近他，内心上最好多顺从他。

[109] 就不二句：接近而又不要陷进去，和顺而又不要太显露。

[110] 町：田界。畦：田园中分成的小区域。町畦，引申为限制、约束。

[111] 达之二句：达到了这些就进入一个无可挑剔的境界。

[112] 怒：奋举。当：阻挡。

[113] 是：通“恃”。

[114] 积：多次。伐：夸耀。而：你。美者：你自认为得意的东西。犯之：触犯太子。

[115] 时：通“伺”，等候。

[116] 达其怒心：对它发怒的性情要引导，让它在可能发怒时不至于发怒。这里以虎比喻太子。达：引导。

[117] 逆：触犯，指人触犯了它。

[118] 矢：通“屎”。

[119] 蜃（shèn）：大蛤，这里指大蛤壳，装马尿用。

[120] 仆缘：指蚊虻叮咬。

[121] 缺衔：咬断口勒。首、胸：指马笼头与肚带之类。这句话是形容马发怒的样子。

[122] 意有句：意思是说爱马之意是极其周到的，但过分的爱却反而造成了损失。

[123] 曲辕：地名。

[124] 栎（lì）：树名。社树：被拜为土地神的树。

[125] 絜（xié）：用绳子计量圆筒形物体的粗细。旧说直径一尺为一围。

[126] 旁：通“方”，且。

[127] 散木：没有用的木材。

[128] 樠（mán）：树名。树心似松。松树心有脂液流出，樠树也是如此，说明木心不坚实。

[129] 文木：纹理正常，可作木料的树。

[130] 柤：古同“楂”。果蓏（luǒ）：有核叫果，无核叫蓏。

[131] 泄：通“抴（yè）”，拉，牵扭，这里指被牵扭。

[132] 掊（pǒu）：打。

[133] 奈何句：为什么要互相看作可用不可用之物呢？言外之意是说：你也不过是无用之物罢了。所以下文称之为“散人”。散人：不成材的人。物：这里作动词。

[134] 趣：通“趋”。趣取：追求。

[135] 密：保密，叫弟子不得泄露。

[136] 直寄：特意寄托。言外之意是：它根本不是有心做土地神，只是挂个招牌来保全自己罢了。

[137] 以为句：以致被不了解自己的人讥讽辱骂。为：被。

[138] 翦：砍伐。

[139] 义：常理。喻：说明。

[140] 南伯子綦：即南郭子綦，为南郭之长，故称之为伯。商之丘：即商丘，宋国国都，即今河南商丘县。

[141] 结：集。驷：四马拉一车。

[142] 隐将句：车辆千乘要隐藏的话，都能庇护在树荫之下。隐：藏。芘：通“庇”。藾（lài）：荫。

[143] 轴：这里指树心。解：松散。

[144] 咶：古同“舐”。

[145] 酲（chéng）：醉酒。

[146] 荆氏：宋地名。

[147] 宜：适宜种植。

[148] 拱：两手合握。把：一手所握。

[149] 杙（yì）：小木桩，可用来拴狙猴。

[150] 高名：荣华高大。丽：屋栋。

[151] 椫（shàn）傍：单幅板的棺材。

[152] 故解四句：故此解祷时，那些白额的牛、高鼻的小猪和生痔疮的人，都不能作为祭品丢进河里。解：解祷，求神免灾的祈祷。以：用。颡（sǎng）：额。豚（tún）：小猪。亢：高。

[153] 支离疏：作者假设的人名，有支离破碎的意思，表明形体不健全。

[154] 颐：面颊。

[155] 会撮（cuō）：即发髻。指天：向上。因其佝偻低头所以发髻朝天。

[156] 五管：五脏的穴位。

[157] 髀（bì）：大腿。为胁：与胁相并，几乎变成胁一样。

[158] 挫针：指缝衣服。治繲（xiè）：洗衣。繲：衣。

[159] 餬：同“糊”。

[160] 鼓筴：占卦时，摇动竹签或者蓍草，求出卦的号数之类，再根据该号卦文推说吉凶。鼓：振动。筴：同“策”。播精：问卦者把米交给算卦的人，算卦的把米撒在神位上求神，米归算卦者所有。

[161] 攘臂：捋起袖子，伸出胳膊，表现出支离疏毫无被征役的忧虑。

[162] 役：徭役。

[163] 功：工作，指当差。

[164] 楚狂接舆：楚国人，姓陆名通，字接舆。楚昭王时，政令无常，接舆披发佯狂不仕，时人谓之楚狂。后常用为典，亦用为狂士的通称。游其门：走过他的门口。

[165] 生：苟全性命。

[166] 福轻四句：幸福比羽毛还要微薄，且谁也不晓得怎样才能享受到；灾祸比大地还重，且谁也不晓得怎样才能避免。

[167] 临人：教人。

[168] 殆：危险。

[169] 画地而趋：自己画定一个圈子自个儿在里边跑。意思是说自己束缚自己。

[170] 迷阳二句：世路艰难险阻，如满地荆棘，所以要特别提起精神，防止脚被刺伤。迷阳：一种多刺的草。行：通"䟘（háng）"，脚胫。

[171] 郤曲：即刺榆，一种带刺的小树。

参考文献

刘笑敢著：《庄子哲学及其演变》，中国社会科学出版社1988年版。

蒋锡吕著：《庄子哲学》，上海书店1992年版。

陶东风著：《超迈与随俗——庄子与中国美学》，首都师范大学出版社1995年版。

崔宜明著：《生存与智慧——庄子哲学的现代阐释》，上海人民出版社1996年版。

王凯著：《逍遥游——庄子美学的现代阐释》，武汉大学出版社2003年版。

王博著：《庄子哲学》，北京大学出版社2004年版。

钱穆著：《庄老通辨》，生活·读书·新知三联书店2005年版。

徐克谦著：《庄子哲学新探——道·言·自由与美》，中华书局2005年版。

韩林合著：《虚己以游世——〈庄子〉哲学研究》，北京大学出版社2006年版。

曹础基著：《庄子浅注》，中华书局2007年版。

陈鼓应著：《老庄新论》，商务印书馆2008年版。

胡道静著：《十家论庄》，上海人民出版社2008年版。

[德]马克斯·韦伯著：《儒教与道教》，洪天富译，广西师范大学出版社2008年版。

冯友兰、钱穆等著，冉云飞选编：《庄子二十讲》，华夏出版社2009年版。

杨国荣著：《庄子的思想世界》，华东师范大学出版社2009年版。

墨　子

题解

《墨子》一书是记载墨家学派思想政治主张的著作总集，一般认为是由墨子的弟子和其后学根据墨子的言行在不同时期记述编纂而成。该书汉时有七十一篇，宋时尚有六十三篇，宋以后仅剩五十三篇。墨子，名翟，鲁国人，一说为宋国人，大约生于孔子卒年（公元前479年）前后，卒于公元前400年前后。墨子早年受孔子儒家学派教育，后弃儒学而开创了与儒学相对立的墨家学派。该学派组织严密，在战国时期非常盛行，和儒学一起被称为显学。秦汉以后，墨家逐渐衰微，直到清代乾嘉年间，《墨子》研究才又兴起，陆续出现许多注家，主要的有清代毕沅的《墨子注》、孙诒让的《墨子间诂》，近人吴毓江的《墨子校注》等。

版本

[清]孙诒让撰：《墨子间诂·新编诸子集成》，孙启治、孙以楷点校，中华书

局2013年版。

吴毓江撰：《墨子校注·新编诸子集成》，孙启治点校，中华书局2013年版。

选 读

鲁问

鲁君谓子墨子曰："吾恐齐之攻我也，可救乎？"子墨子曰："可。昔者，三代之圣王禹、汤、文、武，百里之诸侯也，说忠行义，取天下；三代之暴王桀、纣、幽、厉，雠怨行暴[1]，失天下。吾愿主君之上者尊天事鬼，下者爱利百姓，厚为皮币，卑辞令，亟遍礼四邻诸侯[2]，驱国而以事齐[3]，患可救也。非此，顾无可为者[4]。"

齐将伐鲁，子墨子谓项子牛曰[5]："伐鲁，齐之大过也。昔者，吴王东伐越，棲诸会稽[6]；西伐楚，葆昭王于随[7]；北伐齐，取国子以归于吴[8]。诸侯报其雠，百姓苦其劳，而弗为用。是以国为虚戾[9]，身为刑戮也。昔者智伯伐范氏与中行氏[10]，兼三晋之地[11]。诸侯报其雠，百姓苦其劳，而弗为用。是以国为虚戾，身为刑戮，用是也。故大国之攻小国也，是交相贼也，过必反于国。"

子墨子见齐大王曰[12]："今有刀于此，试之人头，倅然断之[13]，可谓利乎？" 大王曰："利。"子墨子曰："多试之人头，倅然断之，可谓利乎？"大王曰："利。"子墨子曰："刀则利矣，孰将受其不祥？"大王曰："刀受其利，试者受其不祥。"子墨子曰："并国覆军，贼敖百姓[14]，孰将受其不祥？"大王俯仰而思之曰："我受其不祥。"

鲁阳文君将攻郑[15]，子墨子闻而止之，谓阳文君曰："今使鲁四境之内，大都攻其小都，大家伐其小家，杀其人民，取其牛马、狗豕、布帛、米粟、货财，则何若？"鲁阳文君曰："鲁四境之内，皆寡人之臣也。今大都攻其小都，大家伐其小家，夺之货财，则寡人必将厚罚之。"子墨子曰："夫天之兼有天下也，亦犹君之有四境之内也。今举兵将以攻郑，天诛其不至乎？”鲁阳文君曰：“先生何止我攻郑也？我攻郑，顺于天之志。郑人三世杀其父[16]，天加诛焉，使三年不全[17]，我将助天诛也。”子墨子曰：“郑人三世杀其父，而天加诛焉，使三年不全，天诛足矣。今又举兵，将以攻郑，曰吾攻郑也，顺于天之志。譬有人于此，其子强梁不材[18]，故其父笞之，其邻家之父，举木而击之，曰：吾击之也，顺于其父之志。则岂不悖哉！”

子墨子谓鲁阳文君曰：“攻其邻国，杀其民人，取其牛马、粟米、货财，则书之于竹帛，镂之于金石，以为铭于钟鼎，傳遗后世子孙曰：‘莫若我多！’今贱人也，亦攻其邻家，杀其人民，取其狗豕、食粮、衣裘，亦书之竹帛，以为铭于席豆[19]，以遗后世子孙，曰：‘莫若我多！’其可乎？”鲁阳文君曰：“然。吾以子言观之，则天下之所谓可者，未必然也。”

子墨子谓鲁阳文君曰：“世俗之君子，皆知小物，而不知大物。今有人于此，窃一犬一彘，则谓之不仁；窃一国一都，则以为义。譬犹小视白谓之白，大视白则谓之黑。是故世俗之君子，知小物而不知大物者，此若言之谓也。”

鲁阳文君语子墨子曰：“楚之南，有啖人之国者桥[20]，其国之长子生，则鲜而食之[21]，谓之宜弟。美则以遗其君，君喜则赏其父。岂不恶俗哉？”子墨子曰：“虽中国之俗，亦犹是也。杀其父而赏其子，何以异食其子而赏其父者哉？苟不用仁义，何以非夷人食其子也？”

鲁君之嬖人死[22]，鲁君为之诔[23]，鲁人因说而用之[24]。子墨子闻之曰：“诔者，道死人之志也。今因说而用之，是犹以来首从服也[25]。”

鲁阳文君谓子墨子曰：“有语我以忠臣者，令之俯则俯，令之仰则仰，处则静，呼则应，可谓忠臣乎？”子墨子曰：“令之俯则俯，令之仰则仰，是似景也[26]；处则静，呼则应，是似响也[27]。君将何得于景与响哉？若以翟之所谓忠臣者，上有过，则微之以谏[28]；己有善，则访之上[29]，而无敢以告。外匡其邪而入其善。尚同而无下比，是以美善在上，而怨雠在下；安乐在上，而忧戚在臣。此翟之谓忠臣者也。”

鲁君谓子墨子曰："我有二子，一人者好学，一人者好分人财，孰以为太子而可？"子墨子曰："未可知也。或所为赏与为是也[30]。钓者之恭，非为鱼赐也；饵鼠以虫[31]，非爱之也。吾愿主君之合其志功而观焉[32]。"

鲁人有因子墨子而学其子者[33]，其子战而死，其父让子墨子。子墨子曰："子欲学子之子，今学成矣。战而死，而子愠。而犹欲糶[34]，糴则雠愠也[35]。岂不费哉[36]？"

鲁之南鄙人有吴虑者，冬陶夏耕，自比于舜。子墨子闻而见之。吴虑谓子墨子："义耳义耳，焉用言之哉？"子墨子曰："子之所谓义者，亦有力以劳人，有财以分人乎？"吴虑曰："有。"子墨子曰："翟尝计之矣。翟虑耕而食天下之人矣。盛[37]，然后当一农之耕，分诸天下，不能人得一升粟。籍而以为得一升粟[38]，其不能饱天下之饥者，既可睹矣。翟虑织而衣天下之人矣，盛，然后当一妇人之织，分诸天下，不能人得尺布。籍而以为得尺布，其不能暖天下之寒者，既可睹矣。翟虑被坚执锐，救诸侯之患，盛，然后当一夫之战，一夫之战，其不御三军，既可睹矣。翟以为不若诵先王之道，而求其说，通圣人之言，而察其辞，上说王公大人，次匹夫徒步之士。王公大人用吾言，国必治；匹夫徒步之士用吾言，行必修。故翟以为虽不耕而食饥，不织而衣寒，功贤于耕而食之，织而衣之者也。故翟以为虽不耕织乎，而功贤于耕织也。"

吴虑谓子墨子曰："义耳义耳，焉用言之哉？"子墨子曰："籍设而天下不知耕，教人耕，与不教人耕而独耕者，其功孰多？"吴虑曰："教人耕者，其功多。"子墨子曰："籍设而攻不义之国，鼓而使众进战，与不鼓而使众进战而独进战者，其功孰多？"吴虑曰："鼓而进众者，其功多。"子墨子曰："天下匹夫徒步之士少知义，而教天下以义者，功亦多，何故弗言也？若得鼓而进于义，则吾义岂不益进哉！"

子墨子游公尚过于越[39]。公尚过说越王，越王大说，谓公尚过曰："先生苟能使子墨子于越而教寡人，请裂故吴之地，方五百里，以封子墨子。"公尚过许诺，遂为公尚过束车五十乘，以迎子墨子于鲁。曰："吾以夫子之道说越王，越王大说，谓过曰：‘苟能使子墨子至于越而教寡人，请裂故吴之地，方五百里，以封子。’”子墨子谓公尚过曰：“子观越王之志何若？意越王将听吾言，用吾道，则翟将往，量腹而食，度身而衣，自比于群臣[40]，奚能以封为哉！抑越不听吾言，不用吾道，而吾往焉，则是我以义粜也。钧之粜，亦于中国耳，何必于越哉！”

子墨子游，魏越曰[41]：“既得见四方之君，子则将先语？”子墨子曰：“凡入国，必择务而从事焉[42]。国家昏乱，则语之尚贤、尚同；国家贫，则语之节用、 节葬；国家喜音湛湎[43]，则语之非乐、非命；国家淫辟无礼，则语之尊天事鬼； 国家务夺侵凌，则语之兼爱、非攻，故曰：择务而从事焉。”

子墨子出曹公子而于宋[44]。三年而反，睹子墨子曰：“始吾游于子之门，短褐之衣，藜藿之羹，朝得之，则夕弗得祭祀鬼神。今而以夫子之教，家厚于始也。有家厚[45]，谨祭祀鬼神。然而人徒多死，六畜不蕃，身湛于病，吾未知夫子之道之可用也。”子墨子曰：“不然。夫鬼神之所欲于人者多：欲人之处高爵禄，则以让贤也；多财则以分贫也。夫鬼神，岂唯擢季拑肺之为欲哉[46]？今子处高爵禄而不以让贤，一不祥也；多财而不以分贫，二不祥也。今子事鬼神，唯祭而已矣，而曰：‘病何自至哉？’是犹百门而闭一门焉，曰：‘盗何从入？’若是而求福于有怪之鬼[47]，岂可哉？”

鲁祝以一豚祭[48]，而求百福于鬼神。子墨子闻之曰：“是不可。今施人薄而望人厚，则人唯恐其有赐于己也。今以一豚祭，而求百福于鬼神，唯恐其以牛羊祀也。古者圣王事鬼神，祭而已矣。今以豚祭而求百福，则其富不如其贫也。”

彭轻生子曰[49]：“往者可知，来者不可知。”子墨子曰：“藉设而亲在百里之外[50]，则遇难焉，期以一日也，及之则生，不及则死。今有固车良马于此，又有奴马四隅之轮于此[51]，使子择焉，子将何乘？”对曰：“乘良马固车，可以速至。”子墨子曰：“焉在矣来[52]！”

孟山誉王子闾曰[53]：“昔白公之祸[54]，执王子闾[55]，斧钺钩要[56]，直兵当心[57]，谓之曰：‘为王则生，不为王则死！’王子闾曰：‘何其侮我也！

杀我亲[58]，而喜我以楚国[59]。我得天下而不义，不为也，又况于楚国乎？’遂而不为。王子闾岂不仁哉？”子墨子曰：“难则难矣，然而未仁也。若以王为无道，则何故不受而治也？若以白公为不义，何故不受王，诛白公然而反王[60]？故曰：难则难矣，然而未仁也。”

子墨子使胜绰事项子牛[61]。项子牛三侵鲁地，而胜绰三从。子墨子闻之，使高孙子请而退之，曰：“我使绰也，将以济骄而正嬖也。今绰也禄厚而谲夫子[62]，夫子三侵鲁而绰三从，是鼓鞭于马靳也[63]。翟闻之，言义而弗行，是犯明也[64]。绰非弗之知也，禄胜义也。”

昔者楚人与越人舟战于江，楚人顺流而进，迎流而退，见利而进，见不利则其退难。越人迎流而进，顺流而退，见利而进，见不利则其退速。越人因此若势[65]，亟败楚人[66]。公输子自鲁南游楚，焉始为舟战之器[67]，作为钩强之备[68]，退者钩之，进者强之，量其钩强之长，而制为之兵。楚之兵节[69]，越之兵不节，楚人因此若势，亟败越人。公输子善其巧，以语子墨子曰：“我舟战有钩强，不知子之义亦有钩强乎？”子墨子曰：“我义之钩强，贤于子舟战之钩强。我钩强，我钩之以爱，揣之以恭[70]。弗钩以爱则不亲，弗揣以恭则速狎[71]，狎速而不亲则速离。故交相爱，交相恭，犹若相利也。今子钩而止人，人亦钩而止子，子强而距人，人亦强而距子，交相钩，交相强，犹若相害也。故我义之钩强，贤子舟战之钩强。”

公输子削竹木以为鹊，成而飞之，三日不下。公输子自以为至巧。子墨子谓公输子曰：“子之为鹊也，不如匠之为车辖[72]，须臾刘三寸之木[73]，而任五十石之重。故所为功，利于人谓之巧，不利于人谓之拙。”

公输子谓子墨子曰：“吾未得见之时，我欲得宋。自我得见之后，予我宋而不义，我不为。”子墨子曰：“翟之未得见之时也，子欲得宋，自翟得见子之后，予子宋而不义，子弗为，是我予子宋也。子务为义，翟又将予子天下。”

注释

[1] 雠怨：俞樾认为“怨”是“忠”字之误。雠忠：视忠臣如仇，与上文“说忠”相反。

[2] 亟：速。

[3] 驱：率。

[4] 顾：通“固”，本来。

[5] 项子牛：齐王田和的将领。

[6] 棲（qī）：居留，停留。会稽：指会稽山，在今浙江省绍兴市东南。吴王夫差曾迫使越王勾践退守会稽山。

[7] 葆：同“保”。据《左传》记载，鲁定公四年（公元前506年），吴军攻入楚国郢都，楚国斗辛与其弟巢，保护楚昭王逃奔随国。

[8] 国子：齐国贵族。

[9] 虚戾：也写作“虚厉”，居宅无人叫做虚，死后无后叫做戾。

[10] 智伯伐范氏与中行氏：据《左传》记载，鲁定公十三年（公元前497年），智伯瑶的祖父智文子就驱逐了荀寅、士吉射，后来智伯瑶又灭了范氏、中行氏。

[11] 三晋：这里指智氏、范氏、中行氏三家。

[12] 齐大王：即田齐太公，名和。周安王十六年（公元前386年）田和立为诸侯。墨子见齐大王，应该在田和立为诸侯之后。

[13] 倅：同“猝”，快。

[14] 敖：当为“杀”。

[15] 鲁阳文君：楚平王的孙子，名公孙宽，即鲁阳文子，其封邑在鲁山之阳（今河南南阳附近），故又称鲁阳公。

[16] 郑人三世杀其父：“父”当为“君”，指郑哀公、郑幽公、郑繻公三君被杀。

[17] 三年不全：三年粮食歉收。

[18] 强梁：强悍不守规矩。

[19] 席：几席。豆：盛祭品的器皿。

[20] 啖（dàn）：吃。桥：古国名。

[21] 鲜：活生生的。一说认为当作“解”。

[22] 嬖（bì）人：受宠爱的人，这里指爱妾。

[23] 诔（lěi）：一种悼念文体。

[24] 说：同“悦”。

[25] 来首：孙诒让认为，当为“狸首”，狸即野猫。一说来首即牦牛。服：服马，即驾辕的马。

[26] 景：同“影”。

[27] 响：回响。

[28] 微：伺机。

[29] 访：谋划。

[30] 赏与：即赏誉。

[31] 虫：通“蛊”，毒虫。

[32] 志：动机。功：效果。

[33] 学其子：使其子学。

[34] 糶：通“粜”，卖粮。

[35] 糴（dí）：买粮。

[36] 费：王引之认为通“悖”，悖谬。

[37] 盛：充其量。

[38] 藉：假使。

[39] 公尚过：墨子弟子，深得墨子器重。

[40] 自比于群臣：自己的地位等同于其他臣僚。

[41] 魏越：墨子弟子。

[42] 务：要务。

[43] 湛湎：沉湎于酒。

[44] 出曹公子而于宋：“而”应为衍文。曹公子：墨子弟子。

[45] 有：通“又”。家厚：当为“家享”，即在家中设享祀。

[46] 季：应为“黍”。肺：猪肺。拑：同“钳”，跟“擢”都是拿取的意思。

[47] 于有怪之鬼：当为“于鬼，又怪之”。

[48] 鲁祝：鲁国主持祭祀的神职人员。豚：小猪。

[49] 彭轻生子：墨子弟子。

[50] 藉设：假设，假使。

[51] 奴：同“驽”。驽马：即劣马。四隅之轮：破散的车子。

[52] 焉在矣来：当为“焉在不知来”。

[53] 孟山：墨子弟子。王子闾：名启，楚平王的儿子。

[54] 白公：楚平王的孙子，名胜。据《左传》记载，鲁哀公十六年（公元前479年），白公胜在楚国发动叛乱。

[55] 执王子闾：白公胜叛乱后，胁迫王子闾做楚王。

[56] 要：同“腰”。

[57] 直兵：指矛属兵器。

[58] 杀我亲：指王子闾之兄子西、子期被白公胜杀死。

[59] 喜：同“嬉”，戏弄。

[60] 反：同“返”。反王：使楚王复位。

[61] 胜绰：墨子弟子。

[62] 谲（jué）：欺诈。夫子：指项子牛。

[63] 鼓鞭：鞭打。马靳（jìn）：马的前胸。欲马前行，而鞭打其前胸，反而不能前进。

[64] 犯明：明知故犯。

[65] 此若：即此也。

[66] 亟：多次，屡次。

[67] 焉：乃，才。

[68] 钩强：当为“钩拒”，兵器。钩的作用是在敌船逃跑时将其钩住，拒的作用是在敌船前进时对其抵挡。

[69] 节：有节制，控制灵活。

[70] 揣：当为“拒”。

[71] 速狎：轻视。

[72] 车辖：车轴两头钉着的键。

[73] 刘：用刀砍。

参考文献

周长耀著：《孔墨思想之比较》，世纪书局（台北）1981年版。

[美]李绍昆著：《墨子：伟大的教育家》，湖南教育出版社1985年版。

方授楚著：《墨学源流》，中华书局、上海书店1989年版。

孙中原著：《墨学通论》，辽宁教育出版社1993年版。

邢兆良著：《墨子评传》，南京大学出版社1993年版。

徐希燕著：《墨学研究》，商务印书馆2001年版。

韩非子

题解

《韩非子》为战国末期韩非所作。韩非（约公元前280年—公元前233年），为韩国公子，和李斯同为荀子的学生。他继承了荀子唯物主义思想，又吸取了以前的法家学说，成为先秦法家思想的集大成者。韩非子的著述，后人结集成《韩非子》，共有五十五篇独立的论文，大都出自韩非之手。《韩非子》一书是法家学派的代表著作，其中反映的法家学说后来基本为秦始皇所采用，对建立中央集权的封建专制产生了重大影响。该书在先秦诸子中具有独特的风格，对后代散文的发展有一定的影响。清代王先慎的《韩非子集解》是清末以来通行的注本，近人陈奇猷的《韩非子集释》、梁启雄的《韩子浅解》也是较好的注本。

版本

[清]王先慎撰：《韩非子集解·新编诸子集成》，钟哲点校，中华书局2013年版。

选读

孤愤

智术之士[1]，必远见而明察，不明察，不能烛私；能法之士[2]，必强毅而劲直，不劲直，不能矫奸。人臣循令而从事，案法而治官[3]，非谓重人也[4]。重人也者，无令而擅为，亏法以利私，耗国以便家，力能得其君，此所为重人也[5]。智术之士明察，听用[6]，且烛重人之阴情；能法之士劲直，听用，且矫重人之奸行。故智术能法之士用，则贵重之臣必在绳之外矣[7]。是智法之士与当涂之人[8]，不可两存之仇也。

当涂之人擅事要[9]，则外内为之用矣。是以诸侯不因[10]，则事不应，故敌国为之讼[11]；百官不因，则业不进，故群臣为之用；郎中不因[12]，则不得近主，故左右为之匿；学士不因[13]，则养禄薄礼卑，故学士为之谈也[14]。此四助者，邪臣之所以自饰也。重人不能忠主而进其仇，人主不能越四助而烛察其臣，故人主愈弊而大臣愈重。

凡当涂者之于人主也，希不信爱也[15]，又且习故[16]。若夫即主心，同乎好恶，固其所自进也。官爵贵重，朋党又众，而一国为之讼。则法术之士欲干上者，非有所信爱之亲，习故之泽也，又将以法术之言矫人主阿辟之心[17]，是与人主相反也。处势卑贱，无党孤特。夫以疏远与近爱信争，其数不胜也；以新旅与习故争[18]，其数不胜也；以反主意与同好恶争，其数不胜也；以轻贱与贵重争，其数不胜也；以一口与一国争，其数不胜也。法术之士操五不胜之势，以发数而又不得见；当涂之人乘五胜之资，而旦暮独说于前。故法术之士奚道得进，而人主奚时得悟乎？故资必不胜而势不两存，法术之士焉得不危？其可以罪过诬者，以公法而诛之；其不可被以罪过者，以私剑而穷之。是明法术而逆主上者，不僇于吏诛[19]，必死于私剑矣。朋党比周以弊主，言曲以便私者，必信于重人矣。故其可以攻伐借者，以官爵贵之；其不可借以美名者，以外权重之。是以弊主上而趋于私门者，不显于官爵，必重于外权矣。今人主不合参验而行诛，不待见功而爵禄[20]，故法术之士安能蒙死亡而进其说？奸邪之臣安肯乘利而退其身？故主上愈卑，私门益尊。

夫越虽国富兵强，中国之主皆知无益于己也[21]，曰："非吾所得制也。"今有国者虽地广人众，然而人主壅蔽，大臣专权，是国为越也。智不类越[22]，而不智不类其国，不察其类者也。人之所以谓齐亡者，非地与城亡也，吕氏弗制而田氏用之[23]；所以谓晋亡者，亦非地与城亡也，姬氏不制而六卿专之也[24]。今大臣执柄独断，而上弗知收，是人主不明也。与死人同病者，不可生也；与亡国同事者，不可存也。今袭迹于齐、晋，欲国安存，不可得也。

凡法术之难行也，不独万乘，千乘亦然。人主之左右不必智也，人主于人有所智而听之，因与左右论其言，是与愚人论智也；人主之左右不必贤也，人主于人有所贤而礼之，因与左右论其行，是与不肖论贤也。智者决策于愚人，贤士程行于不肖，则贤智之士羞而人主之论悖矣。人臣之欲得官者，其修士且以精洁固身[25]，其智士且以治辩进业[26]。其修士不能以货赂事人，恃其精洁而更不能以枉法为治，则修智之士不事左右、不听请谒矣。人主之左右，行非伯夷也，求索不得，货赂不至，则精辩之功息，而毁诬之言起矣。治辩之功制于近习[27]，精洁之行决于毁誉，则修智之吏废，则人主之明塞矣。不以功伐决智行，不以参伍审罪过，而听左右近习之言，则无能之士在廷，而愚污之吏处官矣。

万乘之患，大臣太重；千乘之患，左右太信；此人主之所公患也。且人臣有大罪，人主有大失，臣主之利相与异者也。何以明之哉？曰：主利在有能而任官，臣利在无能而得事；主利在有劳而爵禄，臣利在无功而富贵；主利在豪杰使能，臣利在朋党用私。是以国地削而私家富，主上卑而大臣重。故主失势而臣得国，主更称蕃臣[28]，而相室剖符[29]。此人臣之所以谲主便私也。故当世之重臣，主变势而得固宠者，十无二三。是其故何也？人臣之罪大也。臣有大罪者，其行欺主也，其罪当死亡也。智士者远见而畏于死亡，必不从重人矣；贤士者修廉而羞与奸臣欺其主，必不从重臣矣。是当涂者徒属，非愚而不知患者，必污而不避奸者也。大臣挟愚污之人，上与之欺主，下与之收利侵渔，朋党比周，相与一口，惑主败法，以乱士民，使国家危削，主上劳辱，此大罪也。臣有大罪而主弗禁，此大失也。使其主有大失于上，臣有大罪于下，索国之不亡者[30]，不可得也。

注释

[1] 智术之士：指懂得使用驭臣之术的人。智，同“知”。

[2] 能法之士：能推行法治的人，指法家人物。

[3] 案：通“按”，按照，依照。

[4] 重人：朝廷中执掌大权的人，即权臣。

[5] 所为：即所谓。

[6] 听用：被任用。

[7] 绳之外：绳墨以正曲直，绳墨之外的部分将被砍削。这里比喻权臣必然受到制裁。

[8] 当涂之人：即朝廷中居要职、掌大权的人。涂：同“途”。

[9] 事要：指权柄。

[10] 因：依靠。

[11] 讼：通“颂”，颂扬。下文“国为之讼”之“讼”与此同。

[12] 郎中：君主的侍从官员，负责通报警卫。

[13] 学士：指普通的读书人。

[14] 谈：这里有歌功颂德的意思。

[15] 希：通“稀”，稀少，很少。

[16] 习故：经常亲近。

[17] 阿辟：邪辟不正。

[18] 新旅：新近从外地来的客人。

[19] 僇：同“戮”，杀害。

[20] 见：同“现”，表现。

[21] 中国：中原之国。

[22] 智：同“知”。

[23] 吕氏：齐在周初为吕尚的封国，后由其子孙世袭，故称吕氏。田氏：本是春秋时陈国的公子，到齐国后称田氏。公元前481年齐国执政大臣杀死齐简公，控制了政权。公元前386年田和立为齐侯，取代了吕氏政权。

[24] 姬氏：晋国在周初是周成王的弟弟唐叔虞的封国，姬姓，故称姬氏。六卿：指春秋末晋国的六家掌权贵族，即范氏、中行氏、知氏、赵氏、韩氏、魏氏。

[25] 修士：从品德上严格要求自己的人。

[26] 治辩：办事，才干。辩：通“办”。

[27] 制：受制。近习：君主宠爱、亲信的人。

[28] 蕃臣：领有封地的臣属。蕃：通“藩”。

[29] 相室：指相国，宰相。剖符：分割土地，授官赐爵。

[30] 索：求。

定法

问者曰：“申不害、公孙鞅[1]，此二家之言孰急于国？”

应之曰：“是不可程也。人不食，十日则死；大寒之隆，不衣亦死。谓之衣食孰急于人，则是不可一无也，皆养生之具也。今申不害言术而公孙鞅为法。术者，因任而授官，循名而责实，操杀生之柄，课群臣之能者也。此人主之所执也。法者，宪令著于官府，刑罚必于民心[2]，赏存乎慎法，而罚加乎奸令者也[3]。此臣之所师也[4]。君无术则弊于上，臣无法则乱于下，此不可一无，皆帝王之具也。”

问者曰：“徒术而无法，徒法而无术，其不可何哉？”

对曰：“申不害，韩昭侯之佐也。韩者，晋之别国也[5]。晋之故法未息，而韩之新法又生；先君之令未收，而后君之令又下。申不害不擅其法[6]，不一其宪令，则奸多。故利在故法前令则道之[7]，利在新法后令则道之，利在故新相反，前后相勃[8]，则申不害虽十使昭侯用术，而奸臣犹有所谲其辞矣。故托万乘之劲韩，七十年而不至于霸王者，虽用术于上，法不勤饰于官之患也[9]。公孙鞅之治秦也，设告相坐而责其实[10]，连什伍而同其罪[11]，赏厚而信，刑重而必。是以其民用力劳而不休，逐敌危而不却，故其国富而兵强；然而无术以知奸，则以其富强也资人臣而已矣。及孝公、商君死，惠王即位，秦法未败也，而张仪以秦殉韩、魏[12]。惠王死，武王即位，甘茂以秦殉周[13]。武王死，昭襄王即位，穰侯越韩、魏而东攻齐[14]，五年而秦不益尺土之地，乃城其陶邑之封[15]。应侯攻韩八年[16]，成其汝南之封[17]。自是以来，诸用秦者，皆应、穰之类也。故战胜，则大臣尊；益地，则私封立：主无术以知奸也。商君虽十饰其法，人臣反用其资。故乘强秦之资数十年而不至于帝王者，法不勤饰于官，主无术于上之患也。”

问者曰：“主用申子之术，而官行商君之法，可乎？”

对曰：“申子未尽于法也[18]。申子言：‘治不逾官，虽知弗言。’治不逾官，谓之守职也可；知而弗言，是不谓过也。人主以一国目视，故视莫明焉；以一国耳听，故听莫聪焉。今知而弗言，则人主尚安假借矣？商君之法曰：‘斩一首者爵一级，欲为官者为五十石之官；斩二首者爵二级，欲为官者为百石之官。’官爵之迁与斩首之功相称也。今有法曰：‘斩首者令为医、匠。’则屋不成而病不已。夫匠者手巧也，而医者齐药也[19]，而以斩首之功为之，则不当其能。今治官者，智能也；今斩首者，勇力之所加也。以勇力之所加而治智能之官，是以斩首之功为医、匠也。故曰：二子之于法术，皆未尽善也。”

注释

[1] 申不害：战国时郑人，曾任韩昭侯相，主持改革，主张用“术”驾驭臣下。公孙鞅：即商鞅，战国时卫人，在秦孝公支持下进行变法，孝公死后被车裂。

[2] 必：坚定。

[3] 奸：通“干”，触犯。奸令：触犯法律。

[4] 师：遵循。

[5] 晋之别国：晋国后来分裂成韩、赵、魏三国，所以说韩是晋之别国。

[6] 擅：专。

[7] 道：由，这里是实行的意思。

[8] 勃：通“悖”。

[9] 饰：通“饬”，整顿，整治。

[10] 告：告发，检举。相坐：商鞅变法规定，不告奸的一同定罪，称“同坐”，告奸不实的也定罪，叫“反坐”。

[11] 什伍：秦国户籍制度规定，十家为什，五家为伍，告奸以什伍连坐。就是说，一家有奸，九家同告，如不同告，九家连坐。

[12] 张仪：战国时魏人，主张连横之说。以秦殉韩、魏：秦惠王时，张仪用秦国的兵力迫使魏国割让土地，张仪被封为秦相，又游说韩国依附秦国，张仪被封为武信君。殉：通“徇”，巡行，这里指对韩、魏用兵。

[13] 甘茂：战国时楚人，秦惠王时入秦，得重用，秦武王时为左丞相。

[14] 穰（ráng）侯：即魏冉，战国时楚人，四次出任秦昭襄王相，封于穰（今河南邓县），故称穰侯。

[15] 陶邑之封：公元前284年，秦、燕等五国联军伐齐，秦占领定陶（即陶邑，在今山东定陶北），魏冉把它占为自己的封地。

[16] 应侯：即范雎，字叔，战国时魏人，曾代魏冉为相，以功封于应（今河南鲁山东北），故称应侯。

[17] 汝南之封：范雎被封为应侯，其封地在汝水之南，故称汝南之封。

[18] 申子未尽于法也：当作“申子未尽于术，商子未尽于法也”。

[19] 齐：通“剂”，调配。

参考文献

熊十力著：《韩非子评论》，台湾学生书局（台北）1984年版。

张纯、王晓波著：《韩非思想的历史研究》，中华书局1986年版。

陈奇猷、张觉著：《韩非子导读》，巴蜀书社1990年版。

郑良树著：《韩非之著述及思想》，台湾学生书局（台北）1993年版。

武树臣、李力著：《法家思想与法家精神》，中国广播电视出版社1997年版。

施觉怀著：《韩非评传》，南京大学出版社2002年版。

韩星著：《先秦儒法源流述论》，中国社会科学出版社2004年版。

荀　子

题 解

《荀子》是战国后期儒家学派最重要的著作，荀子（约公元前313年—公元前238年），名况，字卿，汉时又称孙卿。年五十始游学于齐，在齐国的稷下学宫三为祭酒。因遭谗而适楚国，任兰陵（今山东省苍山县）令。后失官家居，著书讲学。荀子继承了孔孟的儒学，在吸收法家学说的同时又有所发展。今本《荀子》共三十二篇，多为荀子自撰。其文章严谨细密，善于取譬，具有很强的说服力和感染力，标志着先秦说理文发展到了成熟阶段。《荀子》的注本重要的有唐代杨倞的《荀子注》，清代王先谦的《荀子集解》，今人梁启雄的《荀子简释》、章诗同的《荀子简注》、熊公哲的《荀子今注今译》等。

版 本

[清]王先谦撰：《荀子集解·新编诸子集成》，沈啸寰、王星贤点校，中华书

局2013年版。

选读

非十二子[1]

假今之世[2]，饰邪说，文奸言，以枭乱天下[3]，矞宇嵬琐[4]，使天下混然不知是非治乱之所存者，有人矣[5]。

纵情性，安恣睢[6]，禽兽行，不足以合文通治[7]，然而其持之有故[8]，其言之成理，足以欺惑愚众。是它嚣、魏牟也[9]。

忍情性，綦谿利跂[10]，苟以分异人为高[11]，不足以合大众，明大分[12]，然而其持之有故，其言之成理，足以欺惑愚众。是陈仲、史鳅也[13]。

不知壹天下建国家之权称[14]，上功用[15]，大俭约而僈差等[16]，曾不足以容辨异、县君臣[17]；然而其持之有故，其言之成理，足以欺惑愚众。是墨翟、宋钘也[18]。

尚法而无法，下修而好作[19]，上则取听于上，下则取从于俗，终日言成文典[20]，反紃察之[21]，则倜然无所归宿[22]，不可以经国定分；然而其持之有故，其言之成理，足以欺惑愚众。是慎到、田骈也[23]。

不法先王，不是礼义[24]，而好治怪说，玩琦辞[25]，甚察而不惠[26]，辩而无用，多事而寡功，不可以为治纲纪；然而其持之有故，其言之成理，足以欺惑愚众。是惠施、邓析也[27]。

略法先王而不知其统[28]，犹然而材剧志大[29]，闻见杂博。案往旧造说[30]，谓之五行[31]，甚僻违而无类[32]，幽隐而无说[33]，闭约而无解[34]。案饰其辞而祗敬之曰[35]：“此真先君子之言也。”子思唱之[36]，孟轲和之，世俗之沟犹瞀儒嚾嚾然不知其所非也[37]，遂受而传之，以为仲尼、子游为兹厚于后世[38]。是则子思、孟轲之罪也。

若夫总方略，齐言行，壹统类[39]，而群天下之英杰[40]，而告之以大道[41]，教之以至顺[42]；奥窔之间[43]，簟席之上[44]，敛然圣王之文章具焉[45]，佛然平世之俗起焉[46]；六说者不能入也，十二子者不能亲也；无置锥之地，而王公不能与之争名；在一大夫之位，则一君不能独畜[47]，一国不能独容，成名况乎诸侯[48]，莫不愿以为臣，是圣人之不得势者也[49]，仲尼、子弓是也。

一天下，财万物[50]，长养人民[51]，兼利天下，通达之属[52]，莫不从服，六说者立息，十二子者迁化[53]。则圣人之得势者，舜、禹是也。

今夫仁人也，将何务哉？上则法舜禹之制，下则法仲尼子弓之义，以务息十二子之说。如是则天下之害除，仁人之事毕，圣王之迹著矣。

信信，信也；疑疑，亦信也。贵贤，仁也；贱不肖，亦仁也。言而当，知也；默而当，亦知也。故知默犹知言也。故多言而类[54]，圣人也；少言而法[55]，君子也；多言无法，而流湎然[56]，虽辩，小人也。故劳力而不当民务[57]，谓之奸事；劳知而不律先王[58]，谓之奸心；辩说譬谕，齐给便利[59]，而不顺礼义，谓之奸说。此三奸者，圣王之所禁也。知而险[60]，贼而神[61]，为诈而巧[62]，言无用而辩，辩不惠而察[63]，治之大殃也。行辟而坚[64]，饰非而好[65]，玩奸而泽[66]，言辩而逆[67]，古之大禁也。知而无法，勇而无惮，察辩而操僻[68]，淫大而用之[69]，好奸而与众[70]，利足而迷[71]，负石而坠，是天下之所弃也。

兼服天下之心：高上尊贵，不以骄人；聪明圣知，不以穷人[72]；齐给速通[73]，不争先人；刚毅勇敢，不以伤人。不知则问，不能则学，虽能必让，然后为德。遇君则修臣下之义，遇乡则修长幼之义，遇长则修子弟之义，遇友则修礼节辞让之义，遇贱而少者则修告导宽容之义。无不爱也，无不敬也，无与人争也，恢然如天地之苞万物[74]。如是，则贤者贵之，不肖者亲之；如是，而不服者，则可谓訞怪狡猾之人矣[75]。虽则子弟之中，刑及之而宜。《诗》云："匪上帝不时，殷不用旧。虽无老成人，尚有典刑。曾是莫听，大命以倾。"[76]此之谓也。

古之所谓仕士者，厚敦者也，合群者也，乐富贵者也，乐分施者也，远罪过者也，务事理者也，羞独富者也。今之所谓仕士者，污漫者也，贼乱者也，恣睢者也，贪利者也，触抵者也，无礼义而唯权势之嗜者也。

古之所谓处士者[77]，德盛者也，能静者也[78]，修正者也，知命者也，箸是者也[79]。今之所谓处士者，无能而云能者也，无知而云知者也，利心无足而佯无欲者也，行伪险秽而强高言谨悫者也[80]，以不俗为俗，离纵而跂訾者也[81]。

士君子之所能不能为[82]：君子能为可贵，不能使人必贵己；能为可信，不能使人必信己；能为可用，不能使人必用己。故君子耻不修，不耻见污；耻不信，不耻不见信；耻不能，不耻不见用。是以不诱于誉，不恐于诽，率道而行，端然正己，不为物倾侧，夫是之谓诚君子。《诗》云："温温恭人，维德之基。"[83]此之谓也。

士君子之容：其冠进，其衣逢，其容良[84]；俨然，壮然，祺然，蕼然，恢恢然，广广然，昭昭然，荡荡然[85]，是父兄之容也。其冠进，其衣逢，其容悫；俭然，恀然，辅然，端然，訾然，洞然，缀缀然，瞀瞀然[86]，是子弟之容也。

吾语汝学者之嵬容[87]：其冠絻，其缨禁缓，其容简连[88]；填填然，狄狄然，莫莫然，瞡瞡然，瞿瞿然，尽尽然，盱盱然[89]；酒食声色之中，则瞒瞒然，瞑瞑然[90]；礼节之中，则疾疾然，訾訾然[91]；劳苦事业之中，则儢儢然，离离然[92]，偷儒而罔[93]，无廉耻而忍謑诟[94]。是学者之嵬也。

弟佗其冠，神禫其辞[95]，禹行而舜趋[96]，是子张氏之贱儒也[97]。正其衣冠，齐其颜色，嗛然而终日不言[98]，是子夏氏之贱儒也[99]。偷儒惮事，无廉耻而耆饮食[100]，必曰君子固不用力，是子游氏之贱儒也[101]。

彼君子则不然。佚而不惰[102]，劳而不優[103]，宗原应变，曲得其宜[104]，如是，然后圣人也。

注 释

[1] 十二子：卢文弨认为，《韩诗外传》中只有十子，没有子思、孟子，这两个人或

许是韩非子、李斯所增。

[2] 假：如。假今之世：如今之世，指战国时代。

[3] 枭：通“挠”，扰。

[4] 矞（jué）：同“谲”，欺诈。宇：通“訏”，夸大。嵬琐：同“委琐”，邪僻琐细。

[5] 有人矣：确实有这样的人。

[6] 安恣睢（suī）：安于任意妄为。

[7] 合文通治：符合礼义，体现治理之道。通：这里是体现的意思。

[8] 持之有故：所坚持的学说有依据。

[9] 它嚣：人名，生平不可考。魏牟：即战国时魏国的公子牟，《汉书·艺文志》将其归入道家，著录有《公子牟》四篇。

[10] 綦（qí）谿利跂：极为深奥，离群独立。綦：极。谿：深。利：通“离”。跂：通“企”，踮起脚跟。利跂：指背离世俗而独行。

[11] 苟：苟且。分异人：即“分于人，异于人”，与别人区别，与别人不同。

[12] 不足二句：不能与众人的思想相合，阐明重大的道理。

[13] 陈仲：又叫田仲、陈仲子。战国时齐国人。贵族出身，自许清高，离开富有的兄长，为别人浇灌菜园。史鳕（qiú）：也叫子鱼，春秋时卫国大夫。曾多次劝谏卫灵公，但未被采纳，临死时告诫儿子，不要将尸体装入棺材，而要实行“尸谏”。卫灵公对此大加赞赏，孔子也曾称赞他。

[14] 权称：法度，准则。

[15] 上：同“尚”。

[16] 大：重视。僈：轻慢，轻视。差等：等级差别。

[17] 曾：竟然。辨异：差异。县：同“悬”，指不同的身分。

[18] 宋钘（jiān）：又称宋荣子，战国时宋国人。他的思想主张接近墨家。

[19] 下修句：鄙视修养品行而喜欢自作主张。

[20] 终日句：每天言必称法典。

[21] 紃（xún）：通“循”。紃察：反复考察。

[22] 倜（tì）然：远离的样子，这里形容迂阔而远离实际。

[23]慎到：战国中期赵国人，齐宣王时曾长期在稷下讲学，是稷下学官最具影响的学者之一。法家创始人之一。田骈：战国时齐国人，又称陈骈，与慎到齐名，同属法家学派。

[24]是：认可。

[25]琦：通“奇”。

[26] 惠：当为“急”字之误。甚察而不急：观察深入却又不合急需。

[27] 惠施：战国时宋国人，名家代表人物。邓析：春秋末期郑国人，名家学派的先驱人物。

[28]略：大略。统：要领。

[29]犹然而：一本作“然而犹”。材：通“才”，才能。剧：繁多。

[30] 案：通“按”，依照。往旧：往古的旧制。造说：臆造一种学说。

[31] 五行：即五常，仁、义、礼、智、信。

[32]僻违：邪僻。类：法度。

[33]幽隐：隐晦。无说：无法解说。

[34]闭约：晦涩。无解：无法理解。

[35]案：语助词。祇 (zhī)：恭敬。祇敬之：对自己的这种学说毕恭毕敬。

[36]子思：姓孔名伋，字子思，孔子之孙，儒家代表之一。唱：同“倡”。

[37]沟瞀：通“怐愗”(kòu mào)，愚昧，这里指愚昧的人。犹：语助词。嚾嚾 (huān) 然：喧嚣的样子。所非：错误之所在。

[38]子游：荀子在本篇结束时批判了他，所以这里说“子游”明显有矛盾，“子游”当是“子弓”之误。为兹：因此。厚：重，推崇。

[39]若夫三句：说到概括治国的方针策略，使言行一致，统一治事的总纲和细则。若夫：说到。

[40]群：聚集。

[41] 道：一本作“古”。大道：指上古帝王的治世之道。

[42] 至顺：至理，最高明的道理。

[43] 奥：屋子里的西南角。窔 (yào)：屋子里的东南角。奥窔之间：指室内各处。

[44]簟(diàn)席：竹席。

[45]敛然：聚集的样子。文章：指典章制度。具：指得到推行。

[46] 佛：通“勃”。佛然：勃然兴起的样子。平世：政治清明的时代。起：兴起。

[47]畜：养，任用。

[48]成：通“盛”。况：比。

[49]势：指权位。

[50]财：通“裁”，控制，管理。

[51]长(zhǎng)养：养育。

[52]通达之属：舟车所通，人迹所达之处，指整个天下。

[53]迁化：发生变化。

[54]类：善，指合于礼义。

[55]法：指符合法度。

[56]流湎：沉溺其间。

[57]不当民务：不适应百姓的需求。

[58]劳知：耗费心思。律：效法。

[59]齐给(jǐ)便利：反应迅速，言辞敏捷。

[60]知：同“智”。险：阴险。

[61]贼：为非作歹。神：机变如神。

[62]为：通“伪”，诡诈。

[63]察：指细微入理。

[64]行辟而坚：行为邪僻而又顽固。

[65]饰非而好：掩饰错误又巧妙。

[66]玩奸而泽：玩弄权术又圆滑。

[67]言辩而逆：言辞机智又违背常理。

[68]察辩而操僻：长于考察、辞辩，行为又邪僻。

[69]淫大而用之：过度奢侈又财用匮乏。

[70] 好奸而与众：美化奸佞又拉帮结派。

[71] 利足：想走捷径。迷：迷路。

[72] 穷人：使人困窘。

[73] 齐给速通：言辞敏捷，心思灵敏。

[74] 恢然：广大的样子。苞：同“包”。

[75] 訞：通“妖”，怪异邪恶。

[76] 出自《诗·大雅·荡》。匪：同“非”。时：通“是”，正确。殷：商，这里指商纣王。老成人：经历多，做事稳重之臣。大命：指国家的命运，政权。倾：倾覆。

[77] 处士：隐士。

[78] 静：安时处顺。

[79] 箸：通“著”。箸是：务求正确。

[80] 行伪险秽而强高言谨悫者：行为阴险肮脏，却强要自我吹嘘恭谨忠厚的人。悫(què)：恭谨。

[81] 离纵：背离常规。跂訾(qì zǐ)：显示自己与众不同。

[82] 所能不能为：能做到的和不能做到的。

[83] 出自《诗·大雅·抑》。这两句是说：温和谦恭的人，才是道德的根基。

[84] 其冠进三句：他帽子高高的，衣服宽宽大大的，面容和蔼可亲。

[85] 俨然一段：严肃，庄重，安详，洒脱，恢宏大度，气宇轩昂，光明磊落，坦坦荡荡。祺：安详。蕼(sì)：宽舒，洒脱。

[86] 俭然一段：谦卑，值得依靠，亲和，恭敬，好问，和顺，依依不舍，勤勉不怠。恀(shì)然：值得依靠的样子。訾(zī)然：这里是好问的意思。瞀瞀(mào)然：这里指勤勉不怠惰。

[87] 嵬容：猥琐的模样。

[88] 其冠絻三句：他脱掉帽子，帽带衣襟松弛散乱，神情倨傲怠慢。絻：“俛(fǔ)”字之误，“俛”同“俯”。禁：同“襟”，结，系。简连：倨傲怠慢。

[89] 填填然一段：他迟钝懒散，忧惧沮丧，冷漠无情，见识短浅，惊慌失措，腹内空空，目中无人。瞡瞡(guī)然：见识短浅。盱盱(xū)然：瞪着眼睛看的样子，这里形容目中无人。

[90] 瞒瞒然，瞑瞑然：贪婪索求、沉溺昏迷的样子。

[91] 疾疾然，訾訾然：憎恶、骂骂咧咧的样子。

[92] 儢儢然，离离然：怠慢、似做非做的样子。儢儢（lǔ）然：懒散怠慢的样子。

[93] 偷儒而罔：苟且怯懦，妄想逃避。儒：通"懦"。

[94] 謑诟（xǐ gòu）：辱骂。

[95] 弟佗二句：歪戴着帽子，说着平淡无味的话。弟（tuí）佗：颓唐，陨落的样子，这里可以理解为歪戴。神禫（zhòng dàn）：通"冲淡"，平淡。

[96] 禹行句：传说禹治水时，腿瘸了，只能踮着脚走路。据说舜在父母面前总是低头而趋，以表示恭敬。

[97] 子张：姓颛孙，名师，春秋时陈国人，孔子的学生。

[98] 嗛：同"衔"，用嘴含。

[99] 子夏：即卜商，春秋时卫国人，孔子的弟子。

[100] 耆：同"嗜"，爱好。

[101] 子游：即言偃，春秋时吴国人，孔子的学生。

[102] 佚：同"逸"，安逸。

[103] 優：同"慢"，弛慢。

[104] 宗原二句：尊奉根本的原则来应付各种事变，各方面处理得都很恰当。

性恶

人之性恶，其善者伪也[1]。

今人之性，生而有好利焉，顺是，故争夺生而辞让亡焉；生而有疾恶焉，顺是，故残贼生而忠信亡焉；生而有耳目之欲，有好声色焉，顺是，故淫乱生而礼义文理亡焉。然则从人之性，顺人之情，必出于争夺，合于犯分乱理，而归于暴。故必将有师法之化，礼义之道，然后出于辞让，合于文理，而归于治。用此观之，人之性恶明矣，其善者伪也。

故枸木必将待檃栝烝矫然后直[2]，钝金必将待砻厉然后利[3]。今人之性恶，必将待师法然后正，得礼义然后治。今人无师法，则偏险而不正；无礼义，则悖乱而不治。古者圣王以人之性恶，以为偏险而不正，悖乱而不治，是以为之起礼义、制法度，以矫饰人之情性而正之，以扰化人之情性而导之也，始皆出于治，合于道者也。今之人化师法、积文学、道礼义者为君子；纵性情、安恣睢、而违礼义者为小人。用此观之，然则人之性恶明矣，其善者伪也。

孟子曰："人之学者，其性善。"曰：是不然。是不及知人之性，而不察乎人之性伪之分者也[4]。凡性者，天之就也[5]，不可学，不可事[6]。礼义者，圣人之所生也，人之所学而能，所事而成者也。不可学、不可事而在人者，谓之性；可学而能，可事而成之在人者，谓之伪；是性伪之分也。今人之性，目可以见，耳可以听。夫可以见之明不离目[7]，可以听之聪不离耳[8]，目明而耳聪，不可学明矣。孟子曰："今人之性善，将皆失丧其性故也[9]。"曰：若是则过矣。今人之性，生而离其朴[10]，离其资[11]，必失而丧之。用此观之，然则人之性恶明矣。所谓性善者，不离其朴而美之，不离其资而利之也[12]。使夫资朴之于美，心意之于善[13]，若夫可以见之明不离目，可以听之聪不离耳，故曰：目明而耳聪也。今人之性，饥而欲饱，寒而欲暖，劳而欲休，此人之情性也。今人饥，见长而不敢先食者，将有所让也；劳而不敢求息者，将有所代也[14]。夫子之让乎父，弟之让乎兄，子之代乎父，弟之代乎兄，此二行者，皆反于性而悖于情也。然而孝子之道，礼义之文理也[15]。故顺情性则不辞让矣，辞让则悖于情性矣。用此观之，然则人之性恶明矣，其善者伪也。

问者曰："人之性恶，则礼义恶生[16]？"应之曰：凡礼义者，是生于圣人之伪，非故生于人之性也[17]。故陶人埏埴而为器[18]，然则器生于陶人之伪，非故生于人之性也。故工人斲木而成器[19]，然则器生于工人之伪，非故生于人之性也。圣人积思虑，习伪故[20]，以生礼义而起法度，然则礼义法度者，是生于圣人之伪，非故生于人之性也。若夫目好色，耳好听，口好味，心好利，骨体肤理好愉佚[21]，是皆生于人之情性者也。感而自然[22]，不待事而后生之者也[23]。夫感而不能然，必且待事而后然者，谓之生于伪。是性伪之所生，其不同之征也。

故圣人化性而起伪[24]，伪起而生礼义，礼义生而制法度。然则礼义法度者，是圣人之所生也。故圣人之所以同于众，其不异于众者，性也；所以异而过众者，伪也。夫好利而欲得者，此人之情性也。假之人有弟兄资财而分者[25]，且顺情性，好利而欲得，若是，则兄弟相拂夺矣[26]；且化礼义之文理[27]，若是，则让乎国人矣[28]。故顺情性则弟兄争矣，化礼义则让乎国人矣。

凡人之欲为善者，为性恶也[29]。夫薄愿厚，恶愿美，狭愿广，贫愿富，贱愿贵，苟无之中者，必求于外。故富而不愿财，贵而不愿势，苟有之中者，必不及于外。用此观之，人之欲为善者，为性恶也。今人之性，固无礼义，故强学而求有之也。性不知礼义，故思虑而求知之也。然则生而已[30]，则人无礼义，不知礼义。人无礼义则乱，不知礼义则悖。然则生而已，则悖乱在己。用此观之，人之性恶明矣，其善者伪也。

孟子曰："人之性善。"曰：是不然。凡古今天下之所谓善者，正理平治也[31]；所谓恶者，偏险悖乱也。是善恶之分也已。今诚以人之性固正理平治邪[32]？则有恶用圣王[33]，恶用礼义矣哉？虽有圣王礼义，将曷加于正理平治也哉[34]？今不然，人之性恶。故古者圣人以人之性恶，以为偏险而不正，悖乱而不治，故为之立君上之势以临之[35]，明礼义以化之，起法正以治之[36]，重刑罚以禁之，使天下皆出于治，合于善也。是圣王之治而礼义之化也。今当试去君上之势[37]，无礼义之化，去法正之治，无刑罚之禁，倚而观天下民人之相与也[38]。若是，则夫强者害弱而夺之，众者暴寡而哗之[39]，天下之悖乱而相亡不待顷矣[40]。用此观之，然则人之性恶明矣，其善者伪也。

故善言古者，必有节于今[41]；善言天者，必有征于人[42]。凡论者，贵其有辨合，有符验[43]。故坐而言之，起而可设[44]，张而可施行[45]。今孟子曰："人之性善。"无辨合符验，坐而言之，起而不可设，张而不可施行，岂不过甚矣哉！故性善则去圣王，息礼义矣；性恶则与圣王，贵礼义矣。故檃栝之生，为枸木也；绳墨之起，为不直也；立君上，明礼义，为性恶也。用此观之，然则人之性恶明矣，其善者伪也。

直木不待檃栝而直者，其性直也。枸木必将待檃栝烝矫然后直者，以其性不直也。今人之性恶，必将待圣王之治，礼义之化，然后皆出于治，合于善也。用此观之，人之性恶矣，其善者伪也。

问者曰："礼义积伪者[46]，是人之性，故圣人能生之也。"应之曰：是不然。夫陶人埏埴而生瓦，然则瓦埴岂陶人之性也哉？工人斲木而生器，然则器木岂工人之性也哉？夫圣人之于礼义也，辟则陶埏而生之也。然则礼义积伪者，岂人之本性也哉？凡人之性者，尧舜之与桀跖[47]，其性一也；君子之与小人，其性一也。今将以礼义积伪为人之性邪？然则有曷贵尧禹[48]，曷贵君子矣哉？凡所贵尧禹君子者，能化性，能起伪，伪起而生礼义。然则圣人之于礼义积伪也，亦犹陶埏而生之也。用此观之，然则礼义积伪者，岂人之性也哉？所贱于桀跖小人者，从其性[49]，顺其情，安恣睢，以出乎贪利争夺。故人之性恶明矣，其善者伪也。

天非私曾骞孝己而外众人也[50]，然而曾骞孝己独厚于孝之实，而全于孝之名者，何也？以綦于礼义故也[51]。天非私齐鲁之民而外秦人也，然而于父子之义，夫妇之别，不如齐鲁之孝具敬父者[52]，何也？以秦人从情性，安恣睢，慢于礼义故也，岂其性异矣哉？

"涂之人可以为禹。"曷谓也？曰：凡禹之所以为禹者，以其为仁义法正也。然则仁义法正有可知可能之理。然而涂之人也，皆有可以知仁义法正之质，皆有可以能仁义法正之具，然则其可以为禹明矣。今以仁义法正为固无可知可能之理邪？然则唯禹不知仁义法正[53]，不能仁义法正也。将使涂之人固无可以知仁义法正之质[54]，而固无可以能仁义法正之具邪？然则涂之人也，且内不可以知父子之义，外不可以知君臣之正。不然。今涂之人者，皆内可以知父子之义，外可以知君臣之正，然则其可以知之质，可以能之具，其在涂之人明矣。今使涂之人者，以其可以知之质，可以能之具，本夫仁义之可知之理，可能之具，然则其可以为禹明矣。今使涂之人伏术为学[55]，专心一志，思索孰察，加日县久[56]，积善而不息，则通于神明，参于天地矣。故圣人者，人之所积而致矣。

曰："圣可积而致，然而皆不可积，何也？"曰：可以而不可使也。故小人可以为君子，而不肯为君子；君子可以为小人，而不肯为小人。小人君子者，未尝不可以相为也，然而不相为者，可以而不可使也。故涂之人可以为禹，则然；涂之人能为禹，则未必然也。虽不能为禹，无害可以为禹。足可以遍行天下，然而未尝有遍行天下者也。夫工匠农贾，未尝不可以相为事也，然而未尝能相为事也。用此观之，然则可以为，未必能也；虽不能，无害可以为。然则能不能之与可不可，其不同远矣，其不可以相为明矣。

尧问于舜曰："人情何如？"舜对曰："人情甚不美，又何问焉？妻子具而孝衰于亲，嗜欲得而信衰于友，爵禄盈而忠衰于君。人之情乎！人之情乎！甚不美，又何问焉？"唯贤者为不然。有圣人之知者，有士君子之知者，有小人之知者，有役夫之知者。多言则文而类[57]，终日议其所以，言之千举万变，其统类一也[58]，是圣人之知也。少言则径而省[59]，论而法[60]，若佚之以绳[61]，是士君子之知也。其言也谄，其行也悖[62]，其举事多悔，是小人之知也。齐给便敏而无类[63]，杂能旁魄而无用[64]，析速粹孰而不急[65]，不恤是非[66]，不论曲直，以期胜人为意，是役夫之知也。

有上勇者，有中勇者，有下勇者。天下有中[67]，敢直其身；先王有道，敢行其意；上不循于乱世之君，下不俗于乱世之民[68]；仁之所在无贫穷，仁之所亡无富贵[69]；天下知之，则欲与天下同苦乐之[70]；天下不知之，则傀然独立天地之间而不畏[71]，是上勇也。礼恭而意俭[72]，大齐信焉而轻货财[73]，贤者敢推而尚之[74]，不肖者敢援而废之，是中勇也。轻身而重货，恬祸而广解[75]，苟免，不恤是非、然不然之情[76]，以期胜人为意，是下勇也。

繁弱、钜黍，古之良弓也；然而不得排檠则不能自正[77]。桓公之葱，大公之阙，文王之録，庄君之曶，阖闾之干将、莫邪、钜阙、辟闾，此皆古之良剑也；然而不加砥厉则不能利，不得人力则不能断。骅骝、騹骥、纤离、绿耳，此皆古之良马也，然而前必有衔辔之制[78]，后有鞭策之威，加之以造父之驭[79]，然后一日而致千里也。夫人虽有性质美而心辩知，必将求贤师而事之，择良友而友之。得贤师而事之，则所闻者尧舜禹汤之道也；得良友而友之，则所见者忠信敬让之行也。身日进于仁义而不自知也者，靡使然也[80]。今与不善人处，则所闻者欺诬诈伪也，所见者污漫淫邪贪利之行也[81]，身且加于刑戮而不自知者，靡使然也。传曰："不知其子视其友，不知其君视其左右。"靡而已矣！靡而已矣！

注释

[1] 伪：后天人为。

[2] 枸（gōu）：弯曲。檃栝（yǐn kuò）：矫正曲木的工具。烝矫：加热矫正。烝：同"蒸"。

[3] 钝金：不锋利的刀剑等。砻（lóng）厉：磨砺。厉：同"砺"，磨。

[4] 性伪之分：人的本性和人为的区别。

[5] 就：成就，这里是现成的意思。天之就：天然生成的。

[6] 不可事：不是经过做而得到的。

[7] 见之明：看得明白，指视力。见之明不离目：视力离不开眼睛。

[8] 听之聪：指听力。

[9] 今人二句：人的本性是善的，（所以变为恶）是由于丧失了本性的缘故。

[10] 朴：天然的本质。

[11] 资：才能，本能。

[12] 不离其朴二句：不离开自然的本质而使它向完美的方向发展，不离开自然的本能而使它向有益的方向发展。

[13] 使夫二句：使那个本质、本能变得美好，心意趋于善良。

[14] 代：指代替尊长。

[15] 文理：制度。

[16] 恶（wū）：疑问代词，哪里。

[17] 故：通"固"，本来。

[18] 陶人：制作陶器的工人。埏埴（shān zhí）：加水揉合粘土。埴：粘土。

[19]工人：木工。斲（zhuó）：砍削。

[20]习伪故：熟习人们的实践经验。

[21]体：肢体，四肢。理：肌肤上的纹理。愉：愉快，舒服。佚：安逸。

[22]感：感觉，接触。自然：很自然地成为这样。

[23]不待事：不需要人为。

[24]化性而起伪：教化人的本性并使后天的作为成长起来。

[25]假之：假设，假如。

[26]拂夺：抢夺。

[27]化礼义之文理：以礼义之文理来教化。

[28]让乎国人：对国内的任何人都能谦让。

[29]凡人二句：大凡人之所以要从善，其原因正在于他的本性是恶的。

[30]生而已：只是生，指任其自然生长。

[31]正：行为合于正道。理：行为合理。平：不违背事理。

[32]诚：确实。固：本来。

[33]有：通"又"。恶：何必。

[34]曷加：增加些什么。于：对于。

[35]立：确立。势：权势。临：指统治。

[36]起法正：兴起法度。

[37]当：通"尝"，假若。

[38]倚：立，站着。相与：相互交往。

[39]众者：很多人。暴：损害。哗：通"华"，分裂，指侵夺。

[40]相亡：相继灭亡。待顷：等待片刻。

[41]节：检验。

[42]有征于人：在人间能得到验证。

[43]贵其二句：贵在它有像借贷凭证那样可以验合的特性，有像使者符信那样可以验合的特性。辨：通"别"，古代借贷的凭证，分为两个部分，两家各持其一，可以核对。符：符节。

[44]设：应用。

[45]张：展开。

[46] 礼义积伪：礼义等后天的行为。

[47]桀跖：夏桀和柳下跖的并称，泛指凶恶残暴的人。柳下跖：又被称为盗跖，春秋时期率领盗匪数千人的大盗。

[48]有：通“又”。曷贵：何必尊崇。

[49]从：通“纵”，放纵。

[50]私：偏爱。曾：曾参，春秋末期鲁国人，孔子弟子，以孝著称，后被尊为“宗圣”。骞（qiān）：闵子骞，春秋末期鲁国人，孔子弟子，以德性与颜渊并称。孝己：殷高宗的太子，十分孝顺。外：疏远。

[51]綦：极，指极力实践。

[52]父：当为“文”字之误。孝具敬文：孝道完备，恭敬有礼。

[53]唯：通“虽”，即使。

[54]将使：假如认为。

[55]伏术为学：遵循正道去治学。伏：通“服”，遵循。

[56]加日县久：积累时日，持续长久。加：指积累。县：同“悬”，这里指持续。

[57]文：条理清晰。类：统类，这里指合乎礼义法度。

[58]统类：总原则。

[59]径：直截了当。省：简洁。

[60]论：通“伦”，条例。法：有法度。

[61]佚：孙诒让认为，当为“扶”字之误，指校正。

[62]其言二句：是说阴奉阳违。

[63]齐：通“疾”，迅速。便敏：敏捷。齐给便敏：指口齿伶俐。

[64]杂能：技能杂多。旁魄：通“磅礴”，指广泛。

[65]析：分析问题。速：快。粹：通“萃”，聚集，指连缀文辞。孰：同“熟”。不急：不合急需。

[66]恤：顾及。

[67]中：中正之道，指礼义。

[68]俗：用作动词，指与世沉浮，以世人之习俗为习俗。一说"俗"为"沿"字之误，与"循"同义。

[69]仁之二句：这种人在仁政统治下就会因为与仁德之君志同道合而得志，因而也不会贫穷；如果君主不行仁政，他就不愿同流合污而富贵。

[70]同苦乐：同甘共苦。

[71]傀然：同"岿然"。

[72]俭：谦逊。

[73]大：重视，崇尚。齐信：诚信。

[74]尚：通"上"。

[75]恬祸：安于祸乱。广解：多方解脱。

[76]然不然：对不对。

[77]排檠（qíng）：矫正弓弩的器具。

[78]前必：一本作"必前"。

[79]造父：中国历史上著名的善驭者。

[80]靡：通"摩"，切磋，研究。

[81]污漫：肮脏污秽。

参考文献

郭志坤著：《荀学论稿》，生活·读书·新知三联书店1991年版。

惠吉星著：《荀子与中国文化》，贵州人民出版社1996年版。

马积高著：《荀学源流》，上海古籍出版社2000年版。

韩德民著：《荀子与儒家的社会理想》，齐鲁书社2001年版。

路德斌著：《荀子与儒家哲学》，齐鲁书社2010年版。

汤一介、李中华主编：《中国儒学史（先秦、两汉卷）》，北京大学出版社2011年版。

孙子兵法

题解

《孙子兵法》又称《孙子》《吴孙子兵法》《孙武兵法》，春秋末期孙武撰。孙武，生卒年不详，字长卿，齐国人，从齐国流亡到吴国，辅佐吴王经国治军，显名诸侯，被尊称为“兵圣”。《孙子兵法》为现存最早的兵书，共十三篇。孙子继承和发展了前人的军事理论，归纳出战争的原理原则，两千多年来一直被视为兵家之经典，至今仍具有重大的现实意义。其注本以曹操的《孙子略解》（又称《魏武帝注孙子》《曹注孙子》等）为最早，其他的还有清朝孙星衍的《孙子十家注》、朱墉的《武经七书·汇解》、夏振翼的《武经体注大全会解·孙子》，近人杨炳安的《孙子会笺》，今人吴九龙的《孙子校释》、吴如嵩的《孙子兵法新论》等。

版本

我们能见到的该书最早的版本为1972年山东银雀山出土的汉墓竹书残简

《孙子兵法》，经整理于1975年由文物出版社出版。现存最早的刻本为南宋孝宗、光宗年间的《十一家注孙子》本；又有《武经七书》本《孙子》。

吴九龙主编：《孙子校释》，军事科学出版社1991年版。

黄朴民注译：《白话孙子兵法》，岳麓书社2001年版。

[春秋]孙武撰：《孙子兵法》，[三国]曹操注，郭化若今译，上海古籍出版社2006年版。

李零译注：《孙子译注》，中华书局2007年版。

杨炳安校理：《十一家注孙子校理（增订本）·新编诸子集成》，中华书局2013年版。

选读

计篇[1]

孙子曰：兵者，国之大事，死生之地，存亡之道，不可不察也。

故经之以五事，校之以计而索其情[2]：一曰道，二曰天，三曰地，四曰将，五曰法。道者，令民与上同意也，故可以与之死，可以与之生，而不畏危。天者，阴阳、寒暑、时制也。地者，远近、险易、广狭、死生也。将者，智、信、仁、勇、严也。法者，曲制、官道、主用也[3]。凡此五者，将莫不闻，知之者胜，不知者不胜。故校之以计而索其情，曰：主孰有道？将孰有能？天地孰得？法令孰行？兵众孰强？士卒孰练？赏罚孰明？吾以此知胜负矣。将听吾计[4]，用之必胜，留之；将不听吾计，用之必败，去之。

计利以听，乃为之势[5]，以佐其外[6]。势者，因利而制权也[7]。兵者，诡道也。故能而示之不能，用而示之不用，近而示之远，远而示之近；利而诱之，乱而取之，实而备之，强而避之，怒而挠之[8]，卑而骄之，佚而劳之，亲而离之。攻其无备，出其不意。此兵家之胜，不可先传也。

夫未战而庙算胜者[9]，得算多也；未战而庙算不胜者，得算少也。多算胜，少算不胜，而况于无算乎！吾以此观之，胜负见矣。

注释

[1] 计篇：后人在篇名中加"始"字，称为"始计篇"。

[2] 校：检验，核对。

[3] 曲制：指军队编制。官道：指设官分职之道。主用：指掌管军需用度。

[4] 将：表示假设。

[5] 势：态势。

[6] 外：指国境以外，当时用兵多在国外。

[7] 因利：掌握有计算上的优势。权：机变。

[8] 挠：扰。

[9] 庙：指庙堂，是国君议事之所。筭：同"算"。庙筭：指在庙堂上用算筹计算敌我实力，决定胜负。

地形篇

孙子曰：地形有通者，有挂者，有支者，有隘者，有险者，有远者。我可以往，彼可以来，曰通；通形者，先居高阳[1]，利粮道，以战则利。可以往，难以返，曰挂；挂形者，敌无备，出而胜之；敌若有备，出而不胜，难以返，不利。我出而不利，彼出而不利，曰支[2]；支形者，敌虽利我，我无出也；引而去之[3]，令敌半出而击之，利。隘形者，我先居之，必盈之以待敌[4]；若敌先居之，盈而勿从，不盈而从之。险形者[5]，我先居之，必居高阳以待敌；若敌先居之，引而去之，勿从也。远形者[6]，势均，难以挑战，战而不利。凡此六者，地之道也；将之至任[7]，不可不察也。

故兵有走者，有弛者，有陷者，有崩者，有乱者，有北者。凡此六者，非天之灾，将之过也。夫势均，以一击十，曰走[8]；卒强吏弱，曰弛[9]；吏强卒弱，曰陷[10]；大吏怒而不服[11]，遇敌怼而自战[12]，将不知其能，曰崩；将弱不严，教道不明[13]，吏卒无常[14]，陈兵纵横[15]，曰乱；将不能料敌，以少合众，以弱击强，兵无选锋[16]，曰北。凡此六者，败之道也；将之至任，不可不察也。

夫地形者，兵之助也。料敌制胜，计险阨远近[17]，上将之道也。知此而用战者必胜，不知此而用战者必败。

故战道必胜，主曰无战[18]，必战可也；战道不胜，主曰必战，无战可也。故进不求名，退不避罪，唯人是保[19]，而利合于主，国之宝也。

视卒如婴儿，故可与之赴深溪；视卒如爱子，故可与之俱死。厚而不能使[20]，爱而不能令，乱而不能治，譬若骄子，不可用也。

知吾卒之可以击，而不知敌之不可击，胜之半也；知敌之可击，而不知吾卒之不可以击，胜之半也；知敌之可击，知吾卒之可以击，而不知地形之不可以战，胜之半也。故知兵者，动而不迷，举而不穷[21]。故曰：知彼知己，胜乃不殆；知天知地，胜乃不穷。

注释

[1] 高阳：指居高向阳。

[2] 支：指双方都有险可守，相持不下的地区。

[3] 引：引兵退却。

[4] 盈：满，这里指以重兵把守。

[5] 险：指山川丘陵可以固守。

[6] 远：与敌我双方的距离都较远。道：规律。

[7] 至任：非常重大的责任。

[8] 走：逃，指打不过而败逃。

[9] 弛：松弛，意思是将官没有能力指挥士兵。

[10] 陷：陷于失败。

[11] 大吏：小将，其职位低于将。

[12]怼（duì）：怨恨。

[13]教道：教育士兵的方法。

[14]无常：不守常法。

[15]纵横：指布阵混乱。

[16]选锋：选择精锐，编制先锋部队。

[17]阨：同“厄”，阻塞。

[18]主：国君。

[19]人：这里指人民。

[20]厚：厚待。

[21]举：措施。

用间篇

孙子曰：凡兴师十万，出征千里，百姓之费，公家之奉，日费千金；内外骚动[1]，怠于道路[2]，不得操事者[3]，七十万家[4]。相守数年，以争一日之胜，而爱爵禄百金[5]，不知敌之情者，不仁之至也，非人之将也，非主之佐也，非胜之主也。故明君贤将，所以动而胜人，成功出于众者，先知也。先知者，不可取于鬼神，不可象于事[6]，不可验于度[7]，必取于人，知敌之情者也。

故用间有五：有因间，有内间，有反间，有死间，有生间。五间俱起，莫知其道[8]，是谓神纪[9]，人君之宝也。因间者，因其乡人而用之[10]。内间者，因其官人而用之[11]。反间者，因其敌间而用之。死间者，为诳事于外[12]，令吾间知之，而传于敌间也。生间者，反报也[13]。

故三军之事，莫亲于间[14]，赏莫厚于间，事莫密于间。非圣智不能用间，非仁义不能使间，非微妙不能得间之实[15]。微哉！微哉！无所不用间也。

间事未发[16]，而先闻者，间与所告者皆死[17]。

凡军之所欲击，城之所欲攻，人之所欲杀，必先知其守将、左右、谒者、门者、舍人之姓名[18]，令吾间必索知之。

必索敌人之间来间我者，因而利之，导而舍之[19]，故反间可得而用也。因是而知之[20]，故乡间、内间可得而使也；因是而知之，故死间为诳事，可使告敌。因是而知之，故生间可使如期[21]。五间之事，主必知之，知之必在于反间，故反间不可不厚也。

昔殷之兴也，伊挚在夏[22]；周之兴也，吕牙在殷[23]。故惟明君贤将，能以上智为间者，必成大功。此兵之要，三军之所恃而动也。

注释

[1] 骚动：扰乱。

[2] 怠：疲惫，奔走疲劳。

[3] 操事：指从事农业生产。

[4] 七十万家：古时一家从军，七家供养，所以兴师十万，就有七十万家不能从事耕种。

[5] 爱：吝惜。这句是指舍不得把钱花在使用间谍上。

[6] 象于事：用别的事情来类比。

[7] 验于度：根据常规来考察。

[8] 莫知其道：敌人摸不着我们用的是什么方法。

[9] 神纪：神机妙算。纪：纲纪。

[10] 因其乡人：利用敌国的人。

[11] 官人：指敌国的官吏。

[12] 为诳事：制造假象，即制造假情报。

[13] 反报：指我方间谍利用某种合法身份，去敌国获取情报后，可以返回本国来汇报。

[14] 莫亲于间：指没有比间谍更应成为亲信的了。

[15] 微妙：指极精细地了解分析情况。

[16] 间事未发：用间之事还没有开始进行。

[17] 间与句：间谍和告知用间之事的人都要处死。

[18] 谒者：招待宾客的外事官员。门者：宫中守门的官员。舍人：宫中的近臣。

[19] 导：开导，指收买并交给其一定的任务。舍：放走。

[20] 因是：依靠反间。是：指反间。

[21] 如期：指按时完成任务，返回本国。

[22] 伊挚：即伊尹。

[23] 吕牙：即姜子牙，又名姜尚，其祖先封于吕，故又名吕牙。

参考文献

陶汉章著：《孙子兵法概论》，解放军出版社1985年版。

张文儒著：《中国兵学文化》，北京大学出版社1997年版。

褚良才著：《孙子兵法研究与应用》，浙江大学出版社2002年版。

钮先钟著：《孙子三论》，广西师范大学出版社2003年版。

吴如嵩著：《孙子兵法新说》，解放军出版社2008年版。

史　记

题解

《史记》原称《太史公书》或《太史公记》，是我国第一部纪传体通史。作者司马迁（公元前145—公元前90年左右），字子长，夏阳（今陕西韩城县）人，西汉著名的史学家和文学家。《史记》记载了从远古黄帝到汉武帝太初年间三千多年的历史。全书包括十二本纪、八书、十表、三十世家、七十列传（内有自传性质的《自序》一篇），共一百三十篇。纪传体以人物传记为中心来记载历史，《史记》以后，我国的正史基本都采用这种体例。《史记》不但是一部史学名著，也是一部文学名著，被鲁迅誉为“史家之绝唱，无韵之离骚”。重要的注本主要有南朝宋裴骃的《史记集解》，唐代司马贞的《史记索隐》、张守节的《史记正义》，这三部书被合称为“《史记》三家注”。今人的注本有中华书局组织点校的《史记》、张大可的《史记全本新注》、韩兆琦的《史记笺注》等。

版本

比较流行的版本是中华书局组织点校的《史记》。

[西汉]司马迁撰:《史记》,中华书局1962年版。

选读

游侠列传

韩子曰:“儒以文乱法,而侠以武犯禁。”二者皆讥,而学士多称于世云。至如以术取宰相卿大夫,辅翼其世主,功名俱著于春秋[1],固无可言者。及若季次、原宪[2],闾巷人也[3],读书怀独行君子之德,义不苟合当世,当世亦笑之。故季次、原宪终身空室蓬户,褐衣疏食不厌。死而已四百馀年,而弟子志之不倦。今游侠,其行虽不轨于正义[4],然其言必信,其行必果,已诺必诚,不爱其躯,赴士之戹困[5],既已存亡死生矣,而不矜其能[6],羞伐其德[7],盖亦有足多者焉[8]。且缓急,人之所时有也。太史公曰:昔者虞舜窘于井廪[9],伊尹负于鼎俎[10],傅说匿于傅险[11],吕尚困于棘津[12],夷吾桎梏[13],百里饭牛[14],仲尼畏匡[15],菜色陈、蔡[16]。此皆学士所谓有道仁人也,犹然遭此菑[17],况以中材而涉乱世之末流乎[18]?其遇害何可胜道哉!

鄙人有言曰:“何知仁义,已飨其利者为有德[19]。”故伯夷丑周[20],饿死首阳山,而文武不以其故贬王[21];跖、蹻暴戾[22],其徒诵义无穷。由此观之,“窃钩者诛,窃国者侯,侯之门仁义存”,非虚言也。

今拘学或抱咫尺之义[23],久孤于世,岂若卑论侪俗[24],与世沈浮而取荣名哉!而布衣之徒,设取予然诺[25],千里诵义,为死不顾世[26],此亦有所长,非苟而已也。故士穷窘而得委命[27],此岂非人之所谓贤豪间者邪[28]?诚使乡曲之侠,予季次、原宪比权量力[29],效功于当世[30],不同日而论矣。要以功见言信[31],侠客之义又曷可少哉!

古布衣之侠，靡得而闻已[32]。近世延陵、孟尝、春申、平原、信陵之徒[33]，皆因王者亲属，藉于有土卿相之富厚，招天下贤者，显名诸侯，不可谓不贤者矣。比如顺风而呼，声非加疾，其埶激也。至如闾巷之侠，修行砥名，声施于天下，莫不称贤，是为难耳。然儒、墨皆排摈不载[34]。自秦以前，匹夫之侠，湮灭不见，余甚恨之[35]。以余所闻，汉兴有朱家、田仲、王公、剧孟、郭解之徒，虽时扞当世之文罔[36]，然其私义廉絜退让[37]，有足称者。名不虚立，士不虚附。至如朋党宗强比周[38]，设财役贫[39]，豪暴侵凌孤弱，恣欲自快，游侠亦丑之。余悲世俗不察其意，而猥以朱家、郭解等令与暴豪之徒同类而共笑之也[40]。

鲁朱家者，与高祖同时。鲁人皆以儒教，而朱家用侠闻。所藏活豪士以百数，其馀庸人不可胜言。然终不伐其能，歆其德，诸所尝施[41]，唯恐见之。振人不赡[42]，先从贫贱始。家无馀财，衣不完采，食不重味，乘不过軥牛[43]。专趋人之急，甚己之私[44]。既阴脱季布将军之戹[45]，及布尊贵，终身不见也。自关以东，莫不延颈原交焉。

楚田仲以侠闻，喜剑，父事朱家，自以为行弗及。田仲已死，而雒阳有剧孟。周人以商贾为资[46]，而剧孟以任侠显诸侯[47]。吴楚反时[48]，条侯为太尉[49]，乘传车将至河南[50]，得剧孟，喜曰："吴楚举大事而不求孟，吾知其无能为已矣。"天下骚动，宰相得之若得一敌国云。剧孟行大类朱家，而好博，多少年之戏。然剧孟母死，自远方送丧盖千乘。及剧孟死，家无馀十金之财[51]。而符离人王孟亦以侠称江淮之间。

是时济南瞯氏、陈周庸亦以豪闻[52]，景帝闻之，使使尽诛此属。其后代诸白、梁韩无辟、阳翟薛兄、陕韩孺纷纷复出焉。

郭解，轵人也，字翁伯，善相人者许负外孙也[53]。解父以任侠，孝文时诛死。解为人短小精悍，不饮酒。少时阴贼[54]，慨不快意[55]，身所杀甚众。以躯借交报仇[56]，藏命作奸剽攻[57]，休铸钱掘冢[58]，固不可胜数。适有天幸[59]，窘急常得脱，若遇赦[60]。及解年长，更折节为俭[61]，以德报怨，厚施而薄望。然其自喜为侠益甚。既已振人之命，不矜其功，其阴贼著于心，卒发于睚眦如故云[62]。而少年慕其行，亦辄为报仇，不使知也。解姊子负解之势，与人饮，使之嚼[63]。非其任，强必灌之。人怒，拔刀刺杀解姊子，亡去。解姊怒曰："以翁伯之义，人杀吾子，贼不得。"弃其尸于道，弗葬，欲以辱解。解使人微知贼处[64]。贼窘自归，具以实告解。解曰："公杀之固当，吾儿不直。"遂去其贼，罪其姊子，乃收而葬之。诸公闻之，皆多解之义，益附焉。

解出入，人皆避之。有一人独箕倨视之[65]，解遣人问其名姓。客欲杀之。解曰："居邑屋至不见敬[66]，是吾德不修也，彼何罪！"乃阴属尉史曰："是人，吾所急也[67]，至践更时脱之[68]。"每至践更，数过[69]，吏弗求。怪之，问其故，乃解使脱之。箕踞者乃肉袒谢罪。少年闻之，愈益慕解之行。

雒阳人有相仇者，邑中贤豪居间者以十数[70]，终不听。客乃见郭解。解夜见仇家，仇家曲听解[71]。解乃谓仇家曰："吾闻雒阳诸公在此间，多不听者。今子幸而听解，解奈何乃从他县夺人邑中贤大夫权乎[72]！"乃夜去，不使人知，曰："且无用，待我去，令雒阳豪居其间，乃听之。"

解执恭敬[73]，不敢乘车入其县廷。之旁郡国，为人请求事，事可出[74]，出之；不可者，各厌其意[75]，然后乃敢尝酒食。诸公以故严重之[76]，争为用。邑中少年及旁近县贤豪，夜半过门常十馀车，请得解客舍养之[77]。

及徙豪富茂陵也[78]，解家贫，不中訾[79]，吏恐，不敢不徙。卫将军为言："郭解家贫不中徙[80]。"上曰："布衣权至使将军为言，此其家不贫。"解家遂徙。诸公送者出千馀万。轵人杨季主子为县掾，举徙解[81]。解兄子断杨掾头。由此杨氏与郭氏为仇。

解入关，关中贤豪知与不知，闻其声，争交欢解。解为人短小，不饮酒，出未尝有骑。已又杀杨季主[82]。杨季主家上书，人又杀之阙下[83]。上闻，乃下吏捕解。解亡，置其母家室夏阳，身至临晋。临晋籍少公素不知解，解冒[84]，因求出关[85]。籍少公已出解，解转入太原，所过辄告主人家。吏逐之，迹至籍少公[86]。少公自杀，口绝。久之，乃得解。穷治所犯[87]，为解所杀，皆在赦前。轵有儒生侍使者坐，客誉郭解，生曰："郭解专以奸犯公法，何谓贤！"解客闻，杀此生，断其舌。吏以此责解，解实不知杀者。杀者亦竟绝[88]，莫知为谁。吏奏解无罪。御史大夫公孙弘议曰:“解布衣为任侠行权,以睚眦杀人,解虽弗知,此罪甚于解杀之。当大逆无道[89]。”遂族郭解翁伯。

自是之后,为侠者极众,敖而无足数者[90]。然关中长安樊仲子,槐里赵王孙,长陵高公子,西河郭公仲,太原卤公孺,临淮儿长卿,东阳田君孺,虽为侠而逡逡有退让君子之风[91]。至若北道姚氏,西道诸杜,南道仇景,东道赵他、羽公子,南阳赵调之徒,此盗跖居民间者耳,曷足道哉!此乃乡者朱家之羞也[92]。

太史公曰:吾视郭解,状貌不及中人,言语不足采者。然天下无贤与不肖,知与不知,皆慕其声,言侠者皆引以为名。谚曰:“人貌荣名,岂有既乎[93]!”于戏,惜哉!

注释

[1] 春秋:泛指史书。

[2] 季次:公皙哀的字,齐国人,孔子弟子。原宪:字子思,宋国人,孔子弟子。二人皆出身贫寒,但一生安贫乐道,不肯与世俗合流。

[3] 闾巷:里巷,指民间。

[4] 不轨:不遵循轨道,即不合。正义:当时社会的道德准则,此处指国法。

[5] 戹:同“厄”。

[6] 矜:夸耀。

[7] 伐:夸耀。

[8] 多:称赞。

[9] 窘:困。廪:粮仓。虞舜未为帝时,其父与后母所生的弟弟多次害他,叫他修粮仓,却在下面纵火;叫他去治井,又从上面填塞。舜几次都脱了险。

[10] 伊尹:名挚,商汤时的贤相。负:背着。鼎:烹煮用的炊具。俎:切菜用的案板。伊尹曾做过厨师。

[11] 傅说:殷王武丁的贤相。匿:隐藏,这里是埋没的意思。傅险:即傅岩,地名,

在今山西平陆东。傅说未遇到武丁时在傅险做苦工。

[12]棘津：古水名，在今河南延津东北，现已无。据史载，吕尚曾在棘津卖食。

[13]夷吾：春秋时齐桓公的名相。桎：脚镣。梏：手铐。管仲辅佐公子纠争位失败后曾被囚。

[14]百里：即百里奚，春秋时秦穆公的贤相。饭：喂养。

[15]畏：害怕，受惊。匡：春秋时卫国的地名，故址在今河南长垣西南。孔子路过匡，被误认作匡人的仇人阳虎，几乎被害。

[16]菜色陈、蔡：孔子路过陈、蔡时被困，绝粮七日。

[17]菑：同"灾"。

[18]中材：中等才智的人。

[19]飨：食，此处指受用。

[20]丑：耻，瞧不起。

[21]贬王：降低作为王者的声誉。

[22]跖、蹻：盗跖、庄蹻，旧时被视为大盗的两个人。

[23]拘学：拘禁迂腐的学者。咫尺：形容渺小、狭隘。

[24]卑论：降低论调。侪（chái）俗：和世俗同流。侪：类，这里用作动词。

[25]设：大。这里指重视、看重。

[26]不顾世：不顾世俗议论。

[27]委命：委托生命，依靠。

[28]贤豪间者：处于豪贤之间的人。一说"间"为衍字。

[29]予：通"与"。

[30]效：通"校"，比较。

[31]要：总之。功见言信：办事见成效，说话讲信用。

[32]靡得：不得。

[33]延陵：春秋时吴国公子季札，因封于延陵，故称延陵季子。孟尝：即孟尝君田文，战国后期齐人。春申：即春申君黄歇，战国后期楚人。平原：即平原君赵胜，战国后期赵人。信陵：即信陵君魏公子无忌，战国后期魏人。

[34]排摈（bìn）：排斥，抛弃。

[35]恨：遗憾。

[36]扞（hàn）：触犯。文罔：通“文网”，法律禁令。

[37]廉絜：即廉洁。

[38]朋党宗强：结成帮派的豪强。

[39]设：依仗。

[40]猥：谬，错误。笑：耻笑。

[41]诸所尝施：指那些受过其接济、救护的人。

[42]振：通“赈”，救济。

[43]軥（qú）牛：挽軥的小牛。軥：套在牛颈上与车相连的曲木。

[44]甚：超过。

[45]季布：原项羽将，项羽败死后，刘邦悬赏捉拿他，他听人计策装作囚徒躲到朱家处。朱家通过汝阴侯夏侯婴说情，刘邦赦免季布并拜为郎中，后官至中郎将，河东太守。

[46]资：生活的资本。

[47]任侠：讲义气，打抱不平。

[48]吴楚反时：汉景帝三年，吴、楚七国起兵反叛中央。

[49]条侯：周亚夫，因封于条，故称。

[50]传车：驿车。

[51]金：古代计算货币的单位，在汉代一斤或一镒黄金称一金。

[52]瞯（xián）：古时姓氏。

[53]相人：给人相面。

[54]阴贼：感情隐蔽，内心残忍。

[55]慨：愤慨。

[56]借：助。交：朋友。

[57]藏命：窝藏亡命之徒。作奸：犯法。剽攻：抢掠，劫夺。

[58]休铸钱掘冢：这句话应该是“不休及乃铸钱掘冢”。休：止。掘冢：盗掘坟墓。

[59]适：遇到。

[60]若：或。

[61]折节：改变操行。俭：通“检”，检束，检点。

[62]卒：通“猝”，突然。

[63]嚼：通“釂（jiào）”，干杯。

[64]微知：暗中探知。

[65]箕倨：岔开两腿坐着，像簸箕一样，是一种无礼不恭敬的表现。倨：通“踞”。

[66]邑屋：乡里。

[67]急：关心。

[68]践更：按汉代法律，在籍男丁每年在地方服役一个月，称为卒更。贫苦者想得到雇更钱的，可由当出丁者出钱，每月二千钱，称践更。脱：免。

[69]数过：多次轮到。

[70]居间：从中间调解。

[71]曲听：委屈心意而听从。

[72]他县：别的县。郭解是轵人，对洛阳而言，是外县之人。权：权力，实指声望。

[73]执：谨守。

[74]出：得到解决。

[75]厌：通“餍”，满足。

[76]严重：尊重。

[77]舍养：供养在自家房舍之中。

[78]茂陵：汉武帝的陵墓。按汉武帝建元二年（公元前139年），为扩充新修的茂陵的居民人数，迁移全国家财在三百万以上的人家到茂陵居住。至元朔二年（公元前127年），又迁郡国富豪人家到茂陵居住。

[79]訾：通“资”，钱财。

[80]中：符合。

[81]举：检举。

[82]已：不久。

[83]阙下：宫阙之下。

[84]冒：冒昧，这里指贸然相见。

[85]因：顺便。

[86]迹：追寻线索。

[87]穷治：追究其事，追问到底。

[88]绝：这里指消息断绝。

[89]当：判处。

[90]敖：通“傲”，傲慢无礼。

[91]逡逡（qūn）：谦虚退让的样子。

[92]乡：通“向”，从前。

[93]人貌二句：用荣名作人的容貌，难道会衰老吗？既：尽。一说，这两句可以理解为：人的容貌和人的名声，难道必定有联系吗？既：定。

参考文献

李长之著：《司马迁之人格与风格》，生活·读书·新知三联书店1984年版。

陈桐生著：《中国史官文化与〈史记〉》，汕头大学出版社1993年版。

张新科著：《史记学概论》，商务印书馆，2003年版。

陈桐生著：《〈史记〉与诸子百家之学》，安徽大学出版社2006年版。

龚书铎主编：《白寿彝文集：中国史学史教初稿·〈史记〉新论·中国史学史（第一册）》，河南大学出版社2008年版。

张大可著：《史记研究》，商务印书馆2011年版。

汉　书

题　解

《汉书》是我国第一部纪传体断代史书，记述了从汉高祖元年（公元前206年）到王莽地皇四年（公元23年），共229年的历史。全书包括十二纪、八表、十志、七十传。《汉书》的主要作者班固（公元32—92年），字孟坚，扶风安陵（陕西咸阳市）人，东汉著名的史学家。他的父亲班彪主张编写历史要“依五经之法言，同圣人之是非”，他编写了《史记后传》六十五篇。班彪死后，班固继承父业，用了二十多年的时间完成了《汉书》的初稿。班固死后，妹妹班昭及门生马续补编完成了其中的《天文志》和八表。《汉书》在思想性和文学性上都逊色于《史记》，但在史料方面有相当大的价值，特别是其中的十志，对于我们研究汉代的政治、经济、文化、地理、天文等方面的情况，都有很重要的参考价值。重要的注本有唐代颜师古的《汉书注》、清代王先谦的《汉书补注》、近人杨树达的《汉书窥管》和《汉书补注补正》、今人陈直的《汉书新证》等。

版本

[东汉]班固撰：《汉书》，中华书局1962年版。

选读

李广苏建传

李广，陇西成纪人也[1]。其先曰李信，秦时为将，逐得燕太子丹者也。广世世受射。孝文十四年[2]，匈奴大入萧关[3]，而广以良家子从军击胡[4]，用善射，杀首虏多[5]，为郎骑常侍[6]。数从射猎，格杀猛兽，文帝曰："惜广不逢时，令当高祖世，万户侯岂足道哉？"

景帝即位，为骑郎将[7]。吴楚反时，为骁骑都尉[8]，从太尉亚夫战昌邑下，显名。以梁王授广将军印，故还，赏不行[9]。为上谷太守[10]，数与匈奴战。典属国公孙昆邪为上泣曰[11]："李广材气，天下亡双，自负其能，数与虏确[12]，恐亡之。"上乃徙广为上郡太守[13]。

匈奴侵上郡，上使中贵人从广勒习兵击匈奴[14]。中贵人者将数十骑从，见匈奴三人，与战。射伤中贵人，杀其骑且尽。中贵人走广，广曰："是必射雕者也。"广乃从百骑往驰三人。三人亡马步行，行数十里。广令其骑张左右翼，而广身自射彼三人者，杀其二人，生得一人，果匈奴射雕者也。已，缚之上山，望匈奴数千骑，见广，以为诱骑，惊，上山陈[15]。广之百骑皆大恐，欲驰还走。广曰："我去大军数十里，今如此走，匈奴追射，我立尽。今我留，匈奴必以我为大军之诱，不我击。"广令曰："前！"未到匈奴陈二里所[16]，止，令曰："皆下马解鞍！"骑曰："虏多如是，解鞍，即急，奈何？"广曰："彼虏以我为走，今解鞍以示不去，用坚其意。"有白马将出护兵。广上马，与十余骑奔，射杀白马将，而复还至其百骑中，解鞍纵马卧。时会暮，胡兵终怪之，弗敢击。夜半，胡兵以为汉有伏军于傍欲夜取之，即引去。平旦，广乃归其大军。后徙为陇西、北地、雁门中云中太守。

武帝即位，左右言广名将也，由是入为未央卫尉[17]，而程不识时亦为长乐卫尉[18]。程不识故与广俱以边太守将屯[19]。及出击胡，而广行无部曲行陈[20]，就善水草顿舍[21]，人人自便，不击刁斗自卫[22]，莫府省文书[23]，然亦远斥候[24]，未尝遇害。程不识正部曲行伍营陈，击刁斗，吏治军簿至明，军不得自便。不识曰："李将军极简易，然虏卒犯之，无以禁；而其士亦佚乐，为之死。我军虽烦扰，虏亦不得犯我。"是时，汉边郡李广、程不识为名将，然匈奴畏广，士卒多乐从，而苦程不识。不识孝景时以数直谏为太中大夫[25]，为人廉，谨于文法。

后汉诱单于以马邑城[26]，使大军伏马邑傍，而广为骁骑将军[27]，属护军将军[28]。单于觉之，去，汉军皆无功。

后四岁，广以卫尉为将军，出雁门击匈奴。匈奴兵多，破广军，生得广。单于素闻广贤，令曰："得广必生致之[29]！"胡骑得广，广时伤，置两马间。络而盛之[30]，卧行十余里。广阳死[31]，睨其傍有一儿骑善马，暂腾而上胡儿马[32]，因抱儿鞭马南驰数十里，得其余军。匈奴骑数百追之，广行取儿弓射杀追骑，以故得脱。于是至汉，汉下广吏[33]。吏当广亡失多，为虏所生得，当斩，赎为庶人。

数岁，与故颍阴侯屏居蓝田南山中射猎[34]。尝夜从一骑出，从人田间饮，还至亭，霸陵尉醉[35]，呵止广[36]，广骑曰："故李将军。"尉曰："今将军尚不得夜行，何故也！"宿广亭下。居无何，匈奴入辽西，杀太守，败韩将军[37]。韩将军后徙居右北平[38]，死。于是上乃召拜广为右北平太守。广请霸陵尉与俱，至军而斩之，上书自陈谢罪。上报曰："将军者，国之爪牙也。《司马法》曰：'登车不式[39]，遭丧不服[40]，振旅抚师，以征不服，率三军之心，同战士之力，故怒形则千里竦[41]，威振则万物伏。是以名声暴于夷貉[42]，威稜憺乎邻国[43]。'夫报忿除害，捐残去杀，朕之所图于将军也。若乃免冠徒跣[44]，稽颡请罪[45]，岂朕之指哉？将军其率师东辕[46]，弥节白檀[47]，以临右北平盛秋。"广在郡，匈奴号曰"汉飞将军"，避之，数岁不入界。

广出猎，见草中石，以为虎而射之，中石没矢，视之，石也。他日射之，终不能入矣。广所居郡闻有虎，常自射之。及居右北平射虎，虎腾伤广，广亦射杀之。

石建卒[48]，上召广代为郎中令。元朔六年[49]，广复为将军，从大将军出定襄[50]。诸将多中首虏率为侯者[51]，而广军无功。后三岁，广以郎中令将四千骑出右北平，博望侯张骞将万骑与广俱，异道，行数百里，匈奴左贤王将四万骑围广，广军士皆恐，广乃使其子敢往驰之。敢从数十骑直贯胡骑，出其左右而还报广曰："胡虏易与耳！"军士乃安。为圜陈外乡[52]，胡急击，矢下如雨。汉兵死者过半，汉矢且尽。广乃令持满毋发[53]，而广身自以大黄射其裨将[54]，杀数人，胡虏益解[55]。会暮，吏士无人色，而广意气自如[56]，益治军[57]。军中服其勇也。明日，复力战，而博望侯军亦军，匈奴乃解去。汉军罢[58]，弗能追。是时，广军几没，罢归。汉法，博望侯后期，当死，赎为庶人。广军自当，亡赏。

初，广与从弟李蔡俱为郎，事文帝。景帝时，蔡积功至二千石。武帝元朔中[59]，为轻车将军，从大将军击右贤王，有功中率，封为乐安侯。元狩二年[60]，代公孙弘为丞相。蔡为人在下中，名声出广下远甚，然广不得爵邑，官不过九卿。广之军吏及士卒或取封侯。广与望气王朔语云[61]："自汉击匈奴，广未尝不在其中，而诸妄校尉已下[62]，材能不及中，以军功取侯者数十人。广不为后人，然终无尺寸功以得封邑者，何也？岂吾相不当侯邪？"朔曰："将军自念，岂尝有恨者乎[63]？"广曰："吾为陇西守，羌尝反[64]，吾诱降者八百余人，诈而同日杀之，至今恨独此耳。"朔曰："祸莫大于杀已降，此乃将军所以不得侯者也。"

广历七郡太守，前后四十余年，得赏赐，辄分其戏下[65]，饮食与士卒共之。家无余财，终不言生产事。为人长，爰臂[66]，其善射亦天性，虽子孙他人学者莫能及。广呐口少言[67]，与人居，则画地为军陈，射阔狭以饮[68]。专以射为戏。将兵，乏绝处见水，士卒不尽饮，不近水；不尽餐，不尝食；宽缓不苛，士以此爱乐为用。其射，见敌，非在数十步之内，度不中不发，发即应弦而倒。用此，其将数困辱，及射猛兽，亦数为所伤云。

元狩四年，大将军票骑将军大击匈奴[69]，广数自请行。上以为老，不许；良久乃许之，以为前将军。

大将军青出塞，捕虏，知单于所居，乃自以精兵走之，而令广并于右将军军[70]，出东道。东道少回远[71]，大军行，水草少，其势不屯行[72]。广辞曰："臣部为前将军[73]，今大将军乃徙臣出东道，且臣结发而与匈奴战[74]，乃今一得当单于，臣愿居前，先死单于！"大将军阴受上指[75]，以为李广数奇[76]，毋令当单于，恐不得所欲[77]。是时，公孙敖新失侯[78]，为中将军，大将军亦欲使敖与俱当单于，故徙广。广知之，固辞。大将军弗听，令长史封书与广之莫府[79]，曰："急诣部[80]，如书！"广不谢大将军而起行，意象愠怒而就部[81]，引兵与右将军食其合军出东道。惑失道[82]，后大将军。大将军与单于接战，单于遁走，弗能得而还。南绝幕[83]，乃遇两将军。广已见大将军，还入军。大将军使长史持糒醪遗广[84]，因问广、食其失道状，曰："青欲上书报天子失军曲折[85]。"广未对。大将军长史急责广之莫府上簿[86]。广曰："诸校尉亡罪，乃我自失道。吾今自上簿！"至莫府，谓其麾下曰："广结发与匈奴大小七十余战，今幸从大将军出接单于兵，而大将军徙广部行回远，又迷失道，岂非天哉！且广年六十余，终不能复对刀笔之吏矣[87]！"遂引刀自刭。百姓闻之，知与不知[88]，老壮皆为垂泣。而右将军独下吏，当死，赎为庶人。

广三子，曰当户、椒、敢，皆为郎。上与韩嫣戏[89]，嫣少不逊，当户击嫣，嫣走，于是上以为能。当户蚤死，乃拜椒为代郡太守，皆先广死。广死军中时，敢从票骑将军。广死明年，李蔡以丞相坐诏赐冢地阳陵当得二十亩[90]，蔡盗取三顷，颇卖得四十余万，又盗取神道外壖地一亩葬其中[91]，当下狱，自杀。敢以校尉从票骑将军击胡左贤王，力战，夺左贤王旗鼓，斩首多，赐爵关内侯，食邑二百户，代广为郎中令。顷之，怨大将军青之恨其父，乃击伤大将军，大将军匿讳之。居无何，敢从上雍至甘泉宫猎，票骑将军去病怨敢伤青，射杀敢。去病时方贵幸，上为讳，云："鹿触杀之。"居岁余，去病死。

敢有女为太子中人[92]，爱幸。敢男禹有宠于太子，然好利，亦有勇。尝与侍中贵人饮，侵陵之，莫敢应。后诉之上，上召禹，使刺虎，县下圈中，未至地，有诏引出之。禹从落中以剑斫绝累[93]，欲刺虎。上壮之，遂救止焉。而当户有遗腹子陵，将兵击胡，兵败，降匈奴。后人告禹谋欲亡从陵，下吏死。

陵字少卿，少为侍中建章监[94]。善骑射，爱人，谦让下士，甚得名誉。武帝以为有广之风，使将八百骑，深入匈奴二千余里，过居延视地形[95]，不见虏，还。拜为骑都尉[96]，将勇敢五千人[97]，教射酒泉、张掖[98]，以备胡。

数年，汉遣贰师将军伐大宛[99]，使陵将五校兵随后行[100]。至塞，会贰师还。上赐陵书，陵留吏士，与轻骑五百出敦煌，至盐水[101]，迎贰师还，复留屯张掖。

天汉二年[101]，贰师将三万骑出酒泉，击右贤王于天山[103]。召陵，欲使为贰师将辎重[104]。陵召见武台[105]，叩头自请曰："臣所将屯边者，皆荆楚勇士奇材剑客也，力扼虎，射命中，愿得自当一队，到兰干山南以分单于兵[106]，毋令专乡贰师军。"上曰："将恶相属邪？吾发军多，毋骑予女。"陵对："无所事骑[107]，臣愿以少击众，步兵五千人涉单于庭[108]。"上壮而许之，因诏强弩都尉路博德将兵半道迎陵军。博德故伏波将军[109]，亦羞为陵后距[110]，奏言："方秋匈奴马肥，未可与战，臣愿留陵至春，俱将酒泉、张掖骑各五千人并击东西浚稽[111]，可必禽也！"书奏，上怒，疑陵悔不欲出而教博德上书，乃诏博德："吾欲予李陵骑，云'欲以少击众'。今虏入西河，其引兵走西河[112]，遮钩营之道[113]。"诏陵："以九月发，出遮虏障[114]，至东浚稽山南龙勒水上[115]，徘徊观虏，即亡所见，从浞野侯赵破奴故道抵受降城休士[116]，因骑置以闻。所与博德言者云何，具以书对。"陵于是将其步卒五千人出居延，北行三十日，至浚稽山止营，举图所过山川地形，使麾下骑陈步乐还以闻。步乐召见，道陵将率得士死力，上甚说，拜步乐为郎。

陵至浚稽山，与单于相值[117]，骑可三万围陵军[118]。军居两山间，以大车为营。陵引士出营外为陈，前行持戟盾，后行持弓弩，令曰："闻鼓声而纵，闻金声而止。"虏见汉军少，直前就营。陵搏战攻之，千弩俱发，应弦而倒。

虏还走上山，汉军追击，杀数千人。单于大惊，召左右地兵八万余骑攻陵。陵且战且引，南行数日，抵山谷中。连战，士卒中矢伤，三创者载辇[119]，两创者将车，一创者持兵战。陵曰："吾士气少衰而鼓不起者，何也？军中岂有女子乎[120]？"始军出时，关东群盗妻子徙边者随军为卒妻妇，大匿车中。陵搜得，皆剑斩之。明日复战，斩首三千余级。引兵东南，循故龙城道[121]，行四五日，抵大泽葭苇中[122]，虏从上风纵火，陵亦令军中纵火以自救。南行至山下，单于在南山上，使其子将骑击陵。陵军步斗树木间，复杀数千人，因发连弩射单于，单于下走。是日捕得虏，言："单于曰：'此汉精兵，击之不能下，日夜引吾南近塞，得毋有伏兵乎？'诸当户、君长皆言[123]：'单于自将数万骑击汉数千人不能灭，后无以复使边臣，令汉益轻匈奴。'复力战山谷间，尚四五十里得平地[124]，不能破，乃还。"

是时，陵军益急，匈奴骑多，战一日数十合，复伤杀虏二千余人。虏不利，欲去，会陵军候管敢为校尉所辱[125]，亡降匈奴，具言："陵军无后救，射矢且尽，独将军麾下及成安侯校各八百人为前行，以黄与白为帜，当使精骑射之，即破矣。"成安侯者[126]，颍川人[127]，父韩千秋，故济南相[128]，奋击南越战死[129]，武帝封子延年为侯，以校尉随陵。单于得敢大喜，使骑并攻汉军，疾呼曰："李陵、韩延年趣降！"遂遮道急攻陵。陵居谷中，虏在山上，四面射，矢如雨下。汉军南行，未至鞮汗山[130]，一日五十万矢皆尽，即弃车去。士尚三千余人，徒斩车辐而持之，军吏持尺刀，抵山入峡谷。单于遮其后，乘隅[131]，下垒石，士卒多死，不得行。昏后，陵便衣独步出营，止左右："毋随我，丈夫一取单于耳！"良久，陵还，大息曰："兵败，死矣！"军吏或曰："将军威震匈奴，天命不遂，后求道径还归，如浞野侯为虏所得，后亡还，天子客遇之，况于将军乎？"陵曰："公止！吾不死，非壮士也！"于是尽斩旌旗，及珍宝埋地中，陵叹曰："复得数十矢，足以脱矣。今无兵复战，天明坐受缚矣！各鸟兽散，犹有得脱归报天子者。"令军士人持二升糒，一半冰[132]，期至遮虏障者相待。夜半时，击鼓起士，鼓不鸣。陵与韩延年俱上马，壮士从者十余人。虏骑数千追之，韩延年战死。陵曰："无面目报陛下！”遂降。军人分散，脱至塞者四百余人。

陵败处去塞百余里，边塞以闻。上欲陵死战，召陵母及妇，使相者视之，无死丧色。后闻陵降，上怒甚，责问陈步乐，步乐自杀。群臣皆罪陵，上以问太史令司马迁，迁盛言：“陵事亲孝，与士信，常奋不顾身以殉国家之急。其素所畜积也[133]，有国士之风。今举事一不幸，全躯保妻子之臣随而媒蘖其短[134]，诚可痛也！且陵提步卒不满五千，深輮戎马之地，抑数万之师，虏救死扶伤不暇，悉举引弓之民共攻围之。转斗千里，矢尽道穷，士张空拳[135]，冒白刃，北首争死敌[136]，得人之死力，虽古名将不过也。身虽陷败，然其所摧败亦足暴于天下[137]。彼之不死，宜欲得当以报汉也。”初，上遣贰师大军出，财令陵为助兵[138]，及陵与单于相值，而贰师功少。上以迁诬罔，欲沮贰师[139]，为陵游说，下迁腐刑。久之，上悔陵无救，曰：“陵当发出塞，乃诏强弩都尉令迎军。坐预诏之[140]，得令老将生奸诈[141]。”乃遣使劳赐陵余军得脱者。

陵在匈奴岁余，上遣因杅将军公孙敖将兵深入匈奴迎陵。敖军无功还，曰：“捕得生口，言李陵教单于为兵以备汉军，故臣无所得。”上闻，于是族陵家，母弟妻子皆伏诛[142]。陇西士大夫以李氏为愧。其后，汉遣使使匈奴，陵谓使者曰：“吾为汉将步卒五千人横行匈奴，以亡救而败，何负于汉而诛吾家？”使者曰：“汉闻李少卿教匈奴为兵。”陵曰：“乃李绪，非我也。”李绪本汉塞外都尉，居奚侯城[143]，匈奴攻之，绪降，而单于客遇绪，常坐陵上。陵痛其家以李绪而诛，使人刺杀绪。大阏氏欲杀陵[144]，单于匿之北方，大阏氏死乃还。单于壮陵，以女妻之，立为右校王，卫律为丁灵王[145]，皆贵用事。卫律者，父本长水胡人[146]。律生长汉，善协律都尉李延年[147]，延年荐言律使匈奴。使还，会延年家收，律惧并诛，亡还降匈奴。匈奴爱之，常在单于左右。陵居外，有大事，乃入议。

昭帝立，大将军霍光、左将军上官桀辅政[148]，素与陵善，遣陵故人陇西任立政等三人俱至匈奴招陵。立政等至，单于置酒赐汉使者，李陵、卫律皆侍坐。立政等见陵，未得私语，即目视陵，而数数自循其刀环[149]，握其足[150]，阴谕之，言可还归汉也。后陵、律持牛酒劳汉使，博饮[151]，两人皆胡服椎结[152]。立政大言曰："汉已大赦，中国安乐，主上富于春秋[153]，霍子孟、上官少叔用事。"以此言微动之。陵墨不应，孰视而自循其发，答曰："吾已胡服矣！"有顷，律起更衣，立政曰："咄，少卿良苦！霍子孟、上官少叔谢女[154]。"陵曰："霍与上官无恙乎？"立政曰："请少卿来归故乡，毋忧富贵。"陵字立政曰："少公[155]，归易耳，恐再辱，奈何？"语未卒，卫律还，颇闻余语，曰："李少卿贤者，不独居一国。范蠡遍游天下[156]，由余去戎入秦[157]，今何语之亲也？"因罢去。立政随谓陵曰："亦有意乎？"陵曰："丈夫不能再辱。"

陵在匈奴二十余年，元平元年病死[158]。

苏建，杜陵人也[159]。以校尉从大将军青击匈奴[160]，封平陵侯，以将军筑朔方[161]。后以卫尉为游击将军[162]，从大将军出朔方。后一岁，以右将军再从大将军出定襄，亡翕侯[163]，失军当斩，赎为庶人。其后为代郡太守，卒官。有三子：嘉为奉车都尉，贤为骑都尉，中子武最知名。

武字子卿，少以父任[164]，兄弟并为郎，稍迁至栘中厩监[165]。

时汉连伐胡，数通使相窥观。匈奴留汉使郭吉、路充国等，前后十余辈。匈奴使来，汉亦留之以相当。天汉元年[166]，且鞮侯单于初立[167]，恐汉袭之，乃曰："汉天子我丈人行也[168]。"尽归汉使路充国等。武帝嘉其义，乃遣武以中郎将使持节送匈奴使留在汉者[169]，因厚赂单于，答其善意。武与副中郎将张胜及假吏常惠等募士斥候百余人俱[170]。既至匈奴，置币遗单于。单于益骄，非汉所望也。

方欲发使送武等，会缑王与长水虞常等谋反匈奴中[171]。缑王者，昆邪王姊子也[172]，与昆邪王俱降汉，后随浞野侯没胡中[173]。及卫律所将降者阴相与谋劫单于母阏氏归汉。会武等至匈奴，虞常在汉时素与副张胜相知[174]，私候胜曰："闻汉天子甚怨卫律，常能为汉伏弩射杀之。吾母与弟在汉，幸蒙其赏赐。"张胜许之，以货物与常。后月余，单于出猎，独阏氏子弟在。虞常等七十余人欲发，其一人夜亡，告之。单于子弟发兵与战。缑王等皆死，虞常生得。

单于使卫律治其事。张胜闻之，恐前语发，以状语武[175]。武曰："事如此，此必及我。见犯乃死[176]，重负国[177]。"欲自杀，胜、惠共止之。虞常果引张胜。单于怒，召诸贵人议，欲杀汉使者。左伊秩訾曰[178]："即谋单于[179]，何以复加？宜皆降之。"单于使卫律召武受辞[180]，武谓惠等："屈节辱命，虽生，何面目以归汉？"引佩刀自刺。卫律惊，自抱持武，驰召毉[181]。凿地为坎[182]，置煴火[183]，覆武其上，蹈其背以出血[184]。武气绝，半日复息。惠等哭，舆归营[185]。单于壮其节，朝夕遣人候问武，而收系张胜。

武益愈，单于使使晓武。会论虞常[186]，欲因此时降武。剑斩虞常已，律曰："汉使张胜谋杀单于近臣，当死，单于募降者赦罪。"举剑欲击之，胜请降。律谓武曰："副有罪，当相坐。"武曰："本无谋，又非亲属，何谓相坐？"复举剑拟之，武不动。律曰："苏君，律前负汉归匈奴，幸蒙大恩，赐号称王，拥众数万，马畜弥山[187]，富贵如此。苏君今日降，明日复然。空以身膏草野[188]，谁复知之？"武不应。律曰："君因我降，与君为兄弟，今不听吾计，后虽欲复见我，尚可得乎？"武骂律曰："女为人臣子，不顾恩义，畔主背亲，为降虏于蛮夷，何以女为见[189]？且单于信女，使决人死生，不平心持正，反欲斗两主，观祸败。南越杀汉使者，屠为九郡；宛王杀汉使者，头县北阙；朝鲜杀汉使者，即时诛灭。独匈奴未耳。若知我不降明[190]，欲令两国相攻，匈奴之祸从我始矣。"律知武终不可胁，白单于。单于愈益欲降之，乃幽武置大窖中，绝不饮食。天雨雪，武卧啮雪与旃毛并咽之，数日不死。匈奴以为神，乃徙武北海上无人处[191]，使牧羝[192]，羝乳乃得归[193]。别其官属常惠等，各置他所。

武既至海上，廪食不至[194]，掘野鼠弆草实而食之[195]。杖汉节牧羊，卧起操持，节旄尽落[196]。积五、六年，单于弟於靬王弋射海上[197]。武能网纺缴[198]，檠弓弩[199]，於靬王爱之，给其衣食。三岁余，王病，赐武马畜、服匿、穹庐[200]。王死后，人众徙去。其冬，丁令盗武牛羊[201]，武复穷厄。

初，武与李陵俱为侍中，武使匈奴，明年，陵降，不敢求武[202]。久之，单于使陵至海上，为武置酒设乐，因谓武曰："单于闻陵与子卿素厚，故使陵来说足下，虚心欲相待。终不得归汉，空自苦亡人之地，信义安所见乎？前长君为奉车[203]，从至雍棫阳宫[204]，扶辇下除[205]，触柱折辕，劾大不敬[206]，伏剑自刎，赐钱二百万以葬。孺卿从祠河东后土[207]，宦骑与黄门驸马争船[208]，推堕驸马河中溺死，宦骑亡，诏使孺卿逐捕不得，惶恐饮药而死。来时，大夫人已不幸[209]，陵送葬至阳陵。子卿妇年少，闻已更嫁矣。独有女弟二人，两女一男，今复十余年，存亡不可知。人生如朝露，何久自苦如此？陵始降时，忽忽如狂，自痛负汉，加以老母系保宫[210]，子卿不欲降，何以过陵？且陛下春秋高[211]，法令亡常，大臣亡罪夷灭者数十家，安危不可知，子卿尚复谁为乎？愿听陵计，勿复有云！"武曰："武父子亡功德，皆为陛下所成就，位列将，爵通侯，兄弟亲近，常愿肝脑涂地。今得杀身自效，虽蒙斧钺汤镬[212]，诚甘乐之！臣事君，犹子事父也。子为父死亡所恨。愿勿复再言！"陵与武饮数日，复曰："子卿壹听陵言。"武曰："自分已死久矣[213]！王必欲降武，请毕今日之欢，效死于前！"陵见其至诚，喟然叹曰："嗟乎，义士！陵与卫律之罪上通于天。"因泣下沾衿[214]，与武决去。陵恶自赐武，使其妻赐武牛羊数十头。

后陵复至北海上，语武："区脱捕得云中生口[215]，言太守以下吏民皆白服，曰上崩。"武闻之，南乡号哭，欧血，旦夕临数月[216]。

昭帝即位，数年，匈奴与汉和亲。汉求武等，匈奴诡言武死。后汉使复至匈奴，常惠请其守者与俱，得夜见汉使。具自陈过。教使者谓单于，言："天子射上林中[217]，得雁，足有系帛书，言：'武等在某泽中[218]。'"使者大喜，如惠语以让单于。单于视左右而惊，谢汉使曰："武等实在。"于是李陵置酒贺武曰："今足下还归，扬名于匈奴，功显于汉室，虽古竹帛所载，丹青所画，何以过子卿！陵虽驽怯[219]，令汉且贳陵罪[220]，全其老母，使得奋大辱之积志，庶几乎曹柯之盟[221]，此陵宿昔之所不忘也[222]。收族陵家，为世大戮，陵尚复何顾乎？已矣！令子卿知吾心耳。异域之人，壹别长绝[223]！"陵起舞，歌曰："径万里兮度沙幕，为君将兮奋匈奴。路穷绝兮矢刃摧，士众灭兮名已隤[224]。老母已死，虽欲报恩将安归！”陵泣下数行，因与武决。单于召会武官属前以降及物故[225]，凡随武还者九人。

武以始元六年春至京师[226]。诏武奉一太守谒武帝园庙[227]，拜为典属国[228]，秩中二千石，赐钱二百万，公田二顷，宅一区。常惠、徐圣、赵终根皆拜为中郎，赐帛各二百匹。其余六人老，归家，赐钱人十万，复终身[229]。常惠后至右将军，封列侯，自有传。武留匈奴凡十九岁，始以强壮出，及还，须发尽白。

武来归明年，上官桀子安与桑弘羊及燕王、盖主谋反。武子男元与安有谋，坐死。

初，桀、安与大将军霍光争权，数疏光过失予燕王[230]，令上书告之。又言苏武使匈奴二十年不降，还乃为典属国，大将军长史无功劳[231]，为搜粟都尉[232]，光颛权自恣[233]。及燕王等反诛，穷治党与[234]，武素与桀、弘羊有旧，数为燕王所讼[235]，子又在谋中，廷尉奏请逮捕武。霍光寝其奏[236]，免武官。

数年，昭帝崩，武以故二千石与计谋立宣帝[237]，赐爵关内侯，食邑三百户。久之，卫将军张安世荐武明习故事[238]，奉使不辱命，先帝以为遗言。宣帝即时召武待诏宦者署[239]，数进见，复为右曹典属国[240]。以武著节老臣，令朝朔望[241]，号称祭酒[242]，甚优宠之。

武所得赏赐，尽以施予昆弟故人，家不余财。皇后父平恩侯、帝舅平昌侯、乐昌侯、车骑将军韩增、丞相魏相、御史大夫丙吉皆敬重武。

武年老，子前坐事死，上闵之，问左右：“武在匈奴久，岂有子乎？”武因平恩侯自白：“前发匈奴时，胡妇适产一子通国，有声问来[243]，愿因使者致金帛赎之。”上许焉。后通国随使者至，上以为郎。又以武弟子为右曹。

武年八十余，神爵二年病卒[244]。

甘露三年[245]，单于始入朝。上思股肱之美[246]，乃图画其人于麒麟阁[247]，法其形貌，署其官爵、姓名。唯霍光不名，曰大司马大将军博陆侯姓霍氏，次曰卫将军富平侯张安世，次曰车骑将军龙额侯韩增，次曰后将军营平侯赵充国，次曰丞相高平侯魏相，次曰丞相博阳侯丙吉，次曰御史大夫建平侯杜延年，次曰宗正阳城侯刘德，次曰少府梁丘贺，次曰太子太傅萧望之，次曰典属国苏武。皆有功德，知名当世，是以表而扬之，明著中兴辅佐，列于方叔、召虎、仲山甫焉。凡十一人，皆有传。自丞相黄霸、廷尉于定国、大司农朱邑、京兆尹张敞、右扶风尹翁归及儒者夏侯胜等，皆以善终，著名宣帝之世，然不得列于名臣之图，以此知其选矣。

赞曰：李将军恂恂如鄙人[248]，口不能出辞，及死之日，天下知与不知皆为流涕，彼其中心诚信于士大夫也。谚曰："桃李不言，下自成蹊。"此言虽小，可以喻大。然三代之将，道家所忌，自广至陵，遂亡其宗，哀哉！孔子称"志士仁人，有杀身以成仁，无求生以害仁"[249]"使于四方，不辱君命"[250]，苏武有之矣。

注释

[1] 陇西：郡名，在今甘肃临洮。成纪：县名，在今甘肃通渭东。

[2] 孝文十四年：即公元前166年。

[3] 萧关：在今宁夏固原县东南。

[4] 良家子：自给车马的平民子弟，不是出身于医、巫、商贾、百工之家。

[5] 首虏：敌人的首级。

[6] 郎：官名。帝王侍从官的通称，有议郎、中郎、侍郎、郎中等名。是郎中令（后改光禄勋）的属官。骑（jì）常侍：郎官的加衔。

[7] 骑（jì）郎将：官名。郎官有车、户、骑三将，骑郎将即其一。

[8] 骁骑（xiāo jì）都尉：率领骁骑（轻骑兵）的军官。

[9] 以梁王三句：李广本是汉将，因私受梁王（刘武）的将军印有过，故还军后不予封赏。

[10] 上谷：郡名，在今河北怀来县东南。

[11] 典属国：官名掌管民族事务。上：这里指汉景帝。

[12] 确：通“角”，竞争。

[13] 上郡：郡名，在今陕西榆林县东南。

[14] 中贵人：皇帝宠信的宦官。勒习兵：统领训练部队。

[15] 陈：同“阵”，摆开阵势。

[16] 所：许，表示概数。

[17] 未央卫尉：官名，掌管未央宫的警卫。

[18] 长乐卫尉：官名，掌管长乐宫的警卫。

[19] 将屯：带兵驻守。

[20] 行：行军。部曲：军队的编制。行阵：行军的阵列。

[21] 顿舍：停留止息。

[22] 刁斗：可容一斗粮的铜锅，昼炊饭食，夜击巡逻。

[23] 莫：同“幕”。幕府：军队的司令部。省：简化之意。

[24] 远斥候：在远处布置侦察兵。

[25] 太中大夫：官名，郎中令的属官，掌朝议。

[26] 马邑：县名，今山西朔县。

[27] 骁骑：当时将军的冠号。冠号将军于战时方任命。

[28] 护军：也是将军的冠号。当时护军将军是韩发国。

[29] 生致之：把活人送来。

[30] 络：网。

[31] 阳：通“佯”。

[32] 暂腾：突然跃起。

[33] 下广吏：将李广交给执法官处理。

[34] 故颍阴侯：旧时的颍阴侯灌氏。《史记》谓“颍阴侯孙”，则是灌婴之孙灌强。屏（bǐng）居：退隐乡居。蓝田：县名，在今陕西蓝田县西。

[35] 霸陵：县名，在今陕西西安市东南。尉：指县尉，主管武事。

[36] 呵止：喝令止步（不让通过）。

[37] 韩将军：指当时为材官将军的韩安国。

[38]右北平：郡名，在今辽宁凌原县西南。

[39]式：同“轼”。轼：车前横木。不式：不抚车轼。

[40]不服：不服丧服。

[41]竦（sǒng）：同“悚”，恐惧。

[42]夷貉（hé）：泛指少数民族。

[43]威稜（léng）：威势。憺：同“惮”。

[44]免冠徒跣（xiǎn）：脱去头冠，赤足步行。

[45]稽颡（sǎng）：叩头。

[46]辕：行馆。

[47]弥节：犹驻节。弥：止也。白檀：县名。在今河北滦平县北。

[48]石建：万石君石奋之子，曾为郎中令，为官谨慎。

[49]元朔六年：公元前123年。

[50]大将军：指卫青。定襄：郡名，在今内蒙古和林格尔西北土城子。

[51]中首虏卒：符合斩获敌首的标准。中（zhòng）：达到；符合。率（lù）：标准，规定。

[52]圜陈外乡：列成圆形阵，兵士面向外对敌。陈：同“阵”。乡：通“向”。

[53]持满毋发：拉满弓勿发射。

[54]大黄：黄色的大弩，可以连发、远射。裨（pí）将：副将。

[55]益：逐渐之意。

[56]意气自如：神色如常。

[57]益：更加。

[58]罢：同“疲”。

[59]元朔：汉武帝年号（公元前128—公元前123）。

[60]元狩二年：公元前121年。

[61]望气：占候之术，这里指望气者。王朔：汉代著名的望气者。

[62]诸妄：《史记》作“诸部”。妄：犹凡。

[63]恨：悔恨。

[64]羌：少数民族，西汉时散居于今甘肃、青海一带。

[65]戏：通“麾”。

[66]爰：通“猿”。猿臂，喻臂长而灵活。

[67]讷（nè）口：语言迟钝。

[68]画地为军陈，射阔狭以饮：这是一种游戏。即在地上划阔狭(宽窄)不同的线，从远处射之，比赛射箭的准确度，输者罚饮酒。

[69]票骑将军：指霍去病。

[70] 并：合并。右将军：指赵食其（yì jī）。

[71]少回远：稍迂回而道远。

[72] 不屯行：不能结队前进。

[73]臣：自谦称。部：率领，引申为职务。

[74]结发：指成年束发。

[75]阴：暗中。指：同“旨”。

[76] 数奇（jī）：言命运不佳。古代占卜，以偶为吉，以奇为凶。

[77] 恐不得所欲：言恐怕不能胜敌。

[78]公孙敖：姓公孙名敖，曾封为合骑侯，又因怯敌而失侯。

[79]莫：同“幕”。幕府：这里指大将军卫青行军府。

[80] 诣（yì）：往。

[81] 意象愠怒：内心怒表露于外。愠：含怨。

[82]道：同“导”，向导。

[83]绝：横渡。幕：通“漠”。南绝漠：向南渡过沙漠。

[84]糒（bèi）：干饭。醪（láo）：浊酒。遗（wèi）：送给。

[85]曲折：言具体情况。

[86] 上簿：申状受审。

[87] 刀笔之吏：掌管文书之官吏。古时书简，以笔记事，以刀削误。刀笔连用，有增减随意之意。

[88]知：熟识。

[89] 韩嫣（yān）：汉武帝之宠臣。

[90] 坐诏赐冢地：侵占孝景帝陵园用地。阳陵：县名，在今陕西高陵县西南。

[91] 神道：墓前通往外面的大道。壖（ruán）地：空地。

[92] 太子：时太子为武帝长子刘据。中人：未有封号的官人。

[93] 落：通“络”。累：索也。

[94] 侍中：官名。侍从于皇帝，出入应对，这里是建章监的加官。建章监：建章宫守卫营的长官。

[95] 居延：泽名，又名居延泽，在今内蒙古额济纳旗东。

[96] 骑都尉：在边郡掌管骑兵训练的长官。

[97] 勇敢：勇敢之士。

[98] 酒泉：郡名，在今甘肃酒泉。张掖：郡名，在今甘肃张掖西北。

[99] 贰师将军：指李广利。大宛（yuān）：西域国名。在今苏联吉尔占斯共和国境。

[100] 校：汉军队编制，一校七百人。

[101] 盐水：地名，在今新疆吐鲁蕃东。

[102] 天汉二年：公元前99年。

[103] 天山：指南祁连山，在今甘肃、青海之间。

[104] 辎（zī）重：这里指输送物资的运输部队。

[105] 武台：殿名，在木央宫内。

[106] 兰干山：在今甘肃兰州市南。

[107] 无所事骑：不必要骑兵。

[108] 涉：到达之意。

[109] 路博德：汉将，曾为伏波将军。

[110] 距：同“拒”，捍拒之义。

[111] 浚（jùn）稽：山名，在今蒙占西南部戈壁阿尔泰山脉。

[112] 西河：古时称西部地区南北流向的黄河为“西河”，这里指今宁夏与内蒙古间自南而北的一段。

[113] 钩营：地名，具体地点不明。

[114] 遮虏障：障名，在今内蒙额济纳旗境，汉武帝时所筑。

[115] 龙勒水：在今蒙古杭爱山脉东南。

[116] 赵破奴：汉将，封为浞野侯。受降城：在今内蒙古白云鄂博西南。

[117] 相值：相遇。

[118] 可：大约。

[119] 创（chuāng）：创口，伤处。

[120] 军中女子：古时军中有女子，则有士气不扬之说。

[121] 龙城：又称龙庭，为匈奴祭天之处。汉初龙城在今内蒙古乌兰察布盟阴山一带，元狩四年后北迁到今蒙古乌兰巴托。故龙城：指元狩四年前的龙城。

[122] 葭（jiā）苇：芦苇。

[123] 当户、君长：泛指匈奴大小各部的首领。

[124] 尚：庶几；差不多。

[125] 军侯：部曲中每曲有军侯一人，掌军纪。

[126] 成安侯：指韩延年。

[127] 颍川：郡名，在今河南禹县。

[128] 故济南相：往昔的济南王国相。

[129] 南越：国名，在今两广及越南一带。元鼎六年始改设九郡。

[130] 鞮（dī）汗山：在今蒙古南部。

[131] 隅（yú）：边侧。

[132] 半：同“判”，大片。

[133] 畜积：即“蓄积”，平素修养之意。

[134] 媒糵（niè）：酝酿之意，比喻构陷害人以罪。媒：酒母。糵：曲。

[135] 空拳（quān）：言有弓无箭。拳：弓弩。

[136] 北首：北向。

[137] 暴：显露。

[138] 财：通“才”，但，仅。

[139] 沮（jǔ）：暗讥之意。

[140] 坐：犯错。

[141] 得令句：指路博德羞为李陵后拒，而生诈上奏，致使李陵失救。

[142] 弟：疑是衍文，李陵是遗腹子，不当有弟。

[143] 奚侯城：未详何地，可能在边塞。

[144] 大阏氏：匈奴单于之母。

[145] 丁灵：又称丁令、丁零。活动于今苏联贝加尔湖一带。

[146] 长水：河名，谓水支流，源于蓝田。长水胡：指屯居或生长于长水地区的胡人。

[147] 协律都尉：官名，掌制乐律。李延年：中山人，汉武帝时音乐家。

[148] 霍光：字子孟。上官桀：姓上官名桀，字少叔，上邽人，曾与霍光共辅昭帝，后被诛。

[149] 循：抚摸。环：与"还"谐音。

[150] 足：隐喻"走"。"环"与"足"连起来的隐语是：还走。

[151] 博饮：以博为戏，论输赢饮酒。

[152] 椎结：头顶约束发如椎，故称椎结，又作椎髻。

[153] 富于春秋：言年少，来日方长。

[154] 谢女：向你致意。

[155] 少公：任立政之字。

[156] 范蠡（lǐ）：春秋末年越国大夫，协助越王勾践灭吴后，游历齐国，改名陶朱公，以经商致富。

[157] 由余：姬伯服的子孙，春秋时由西戎使于秦，为秦穆公留用，协助秦王称霸西戎。

[158] 元平元年：公元前74年。

[159] 杜陵：县名，在今陕西西安市东南。

[160] 校尉：军职，位次于将军。

[161] 朔方：城名，在今内蒙古乌拉特前旗东南。

[162] 卫尉：官名，掌管宫门警卫，主南军。

[163] 翕（xī）侯：赵信。

[164] 以父任：西汉时，二千石以上的官吏，任满一定年限可以保举子弟为郎。苏武即以父保举而为郎。

[165] 移（yí）中厩（jiù）：汉室移园中的马厩。移中厩监：掌管鞍马鹰犬射猎之官。

[166] 天汉元年：公元前100年。

[167] 且鞮（jū dī）侯：匈奴单于之名。

[168] 丈人：对长辈的尊称。行（háng）：辈。

[169] 中郎将：官名，统领皇帝的保卫，隶属光禄勋。持节：使者所持之信物。

[170] 假吏：暂置的官吏。

[171] 缑（gōu）王：匈奴族中王侯之一。

[172] 昆邪（hún yé）：匈奴部落之一，活动于今甘肃、内蒙古之西部。昆邪王：为昆邪部落之首领。

[173] 随浞野侯没胡中：言缑王从赵破奴击匈奴，兵败而降。

[174] 副：副使。

[175] 状：具体情况。

[176] 见犯：受到侵犯。

[177] 重：更加。

[178] 伊秩訾（zǐ）：匈奴官号（或说是王号），分有左右。

[179] 即：假如，如果。

[180] 受辞：听取供辞。

[181] 毉：同“医”。

[182] 坎：坑。

[183] 煴（yūn）火：没有火苗的火堆。

[184] 蹈：当读为“搯”，轻叩。

[185] 舆：车。这里言车载。

[186] 论：定罪。

[187] 弥：充满。

[188] 膏（gào）：这里作动词，做肥料。

[189] 何以汝为见：言何用见你。

[190] 若：汝，你。

[191] 北海：今苏联境内的贝加尔湖。

[192] 羝（dī）：公羊。

[193] 乳：产子。

[194] 廪食：官府供给粮食。

[195] 弆（jǔ）：藏。

[196] 节旄：节上饰有旄牛尾的毛。

[197] 於靬（wū jiān）王：匈奴亲王之一。弋（yì）射：以绳系箭而射。

[198] 网：此字上疑脱“结”字。缴（zhuó）：拴在弋上的丝绳。

[199] 檠（qíng）：正弓的器具，这里作动词，校正弓弩。

[200] 服匿（nì）：盛酒酪的器皿，小口大腹方底。穹（qióng）庐：圆顶帐篷。

[201] 丁令：即丁灵、丁零。有说是指丁灵王卫律。

[202] 求：求见。

[203] 长君：苏武之兄苏嘉的字。奉车：奉车都尉的简称。

[204] 雍：县名，在今陕西凤翔南。棫（yù）阳宫：在雍东。

[205] 除：台阶。

[206] 劾（hé）：弹劾。大不敬：罪名，对天子不敬之罪。

[207] 孺卿：苏武之弟苏贤的字。祠：祭祠。河东：郡名，在今山西夏县西北。后土：地神。

[208] 宦骑：宦官骑兵。黄门：西汉时给事于黄闼（宫门）之内者。驸马：驸（副）马都尉之简称，掌管皇帝的副车马。

[209] 大：即“太”。太夫人：指苏武之母。

[210] 保宫：原名居室，囚禁犯罪的大臣及其家属之处。

[211] 春秋高：言年老。

[212] 斧钺（yuè）汤镬（huò）：言大斧砍脑袋，沸水锅中烹。钺：大斧。镬：原为鼎，后指锅。

[213] 分（fèn）：应分。

[214] 衿：同“襟”。

[215] 区（ōu）脱：匈奴语，边境。生口：活人，这里指俘虏。

[216] 临：哭吊。

[217] 上林：苑名，在今西安市西南。

[218] 某泽：史佚其名。

[219] 驽：本是劣马，这里是自谦词。

[220] 令：假使。贳（shì）：宽恕。

[221] 曹柯之盟：春秋时，齐桓公与鲁庄公会盟于轲（在今山东东阿西南），曹沫（又作曹刿）执匕首迫使齐桓公答应退还侵鲁之地。按：李陵败军之将，欲立功自赎，故引曹沫为比。

[222] 宿昔：即夙夜。夙、宿同音，夜、昔古叠韵。

[223] 长绝：永别。

[224] 隤（tuí）：败坏。

[225] 召会：召集。物故：死亡。

[226] 始元六年：公元前81年。

[227] 太牢：备有一牛、一豕（猪）、一羊的祭品。

[228] 典属国：官名，掌管少数民族事务。

[229] 复终身：免除终身徭役。

[230] 疏：条陈。

[231] 大将军长史：指杨敞。

[232] 搜粟都尉：官名，掌军粮。

[233] 颛：通“专”。

[234] 穷治：彻底惩治。党与：同党。

[235] 讼：申诉。

[236] 寝：搁置不议。

[237] 与：参与。

[238] 张安世：字子孺，张汤之子。

[239] 宦者署：宦者令的衙门。

[240] 右曹：在皇帝左右，掌章奏等事，尚书令的属官。这里是典属国的加官。

[241] 朔：农历每月的初一。望：农历十五。

[242] 祭酒：古代飨宴、祭祀酹酒祭神的长者。

[243] 声问：消息。

[244] 神爵二年：公元前60年。

[245] 甘露三年：公元前51年。

[246] 股肱：大腿与胳膊，比喻辅佐大臣。

[247] 麒麟阁：元狩元年武帝获麟时所建，在未央宫内。

[248] 恂恂（xún）：诚信貌。

[249] 出自《论语·卫灵公》。

[250] 出自《论语·子路》。

参考文献

杨树达著：《汉书窥管》，上海古籍出版社1984年版。

许结著：《汉代文学思想史》，南京大学出版社1990年版。

陈其泰著：《再建丰碑：班固和〈汉书〉》，生活·读书·新知三联书店1994年版。

徐复观著：《两汉思想史》，华东师范大学出版社2001年版。

陈其泰、赵永春著：《班固评传》，南京大学出版社2002年版。

水经注

题解

《水经》是我国古代一部记载全国水道的地理著作，旧题作者为汉代桑钦，但据明代人、清代人考证，作者可能是三国时人，姓名已不可考。《水经》内容十分简略，只记载了137条河流。《水经注》被认为是注释《水经》的著作，作者郦道元（约公元466—527年），字善长，南北朝时北魏范阳（今河北涿州市）人，出身官宦世家，后入仕途。平生好学，博览群书。晚年遭谗言，为雍州刺史所杀。《水经注》沿用《水经》因水记山、因地记事的方法，以河水（即黄河）和江水（即长江）为主线，依自然地理特点，从南向北记载了南北朝时遍布我国甚至域外的大小河流1252条，详细描述了各条河流的源流支派以及流经之地的地形、气候、土壤、物产等，并介绍了河流沿岸城邑的建制沿革、有关的历史事迹和神话传说等，囊括了人文地理、自然地理和历史资料三方面的内容。《水经注》的篇幅规模比《水经》多出二十倍，自成一体，成为研究我国古代地理、历史、文化的重要参考文献。此书重要的注本，明代有朱郁仪的《水经注笺》，清代有赵一清的《水经注释》、全祖望的《七校水经注》、王先谦的《合校水经注》，近人有杨守敬、熊会贞的《水经注疏》和《水经注图》以及王国维的《水经注校》，今人有陈桥驿的《水经注校释》和《水经注校证》等。

版本

通行的版本是清人戴震校刊的四十卷本。

[清]戴震撰：《分篇水经注》，杨应芹点校，黄山书社2015年版。

选读

卷一　河水

昆仑墟在西北，

三成为昆仑[1]。《昆仑说》曰[2]：昆仑之山三级[3]：下曰樊桐，一名板桐；二曰玄圃，一名阆风；上曰层城，一名天庭；是为太帝之居[4]。

去嵩高五万里，地之中也。

《禹本纪》与此同。高诱称河出昆山，伏流地中万三千里[5]，禹导而通之，出积石山。案《山海经》：自昆仑至积石千七百四十里。自积石出陇西郡至洛，准《地志》可五千余里[6]。又案《穆天子传》：天子自昆山入于宗周[7]，乃里西土之数[8]。自宗周瀍水以西[9]，至于河宗之邦、阳纡之山，三千有四百里，自阳纡西至河首四千里，合七千四百里。《外国图》又云：从大晋国正西七万里，得昆仑之墟，诸仙居之。数说不同，道阻且长，经记绵褫[10]，水陆路殊，径复不同[11]，浅见末闻，非所详究，不能不聊述闻见，以志差违也[12]。

其高万一千里。

《山海经》称方八百里，高万仞。郭景纯以为自上二千五百余里[13]。《淮南子》称高万一千里百一十四步三尺六寸。

河水。

《春秋说题辞》曰：河之为言荷也，荷精分布，怀阴引度也[14]。《释名》曰：河，下也，随地下处而通流也。《考异邮》曰：河者，水之气，四渎之精也[15]，所以流化。《元命苞》曰：五行始焉[16]，万物之所由生，元气之腠液也[17]。《管子》曰：水者，地之血气，如筋脉之通流者，故曰水具财也。五害之属，水最为大。水有大小，有远近，水出山而流入海者，命曰经水；引他水入于大水及海者，命曰枝水[18]；出于地沟，流于大水，及于海者，又命曰川水也。《庄子》曰：秋水时至，百川灌河，经流之大。《孝经援神契》曰：河者，水之伯，上应天汉。《新论》曰：四渎之源，河最高而长，从高注下，水流激峻，故其流急。徐干《齐都赋》曰：川读则洪河洋洋，发源昆仑，九流分逝[19]，北朝沧渊[20]，惊波沛厉[21]，浮沫扬奔[22]。《风俗通》曰：江、河、淮、济为四渎。渎，通也，所以通中国垢浊[23]。《白虎通》曰：其德著大，故称渎。《释名》曰：渎，独也。各独出其所而入海。

出其东北陬[24]。

《山海经》曰：昆仑虚在西北，河水出其东北隅。《尔雅》曰：河出昆仑虚，色白[25]；所渠并千七百一川[26]，色黄。《物理论》曰：河色黄者，众川之流，盖浊之也。百里一小曲，千里一曲一直矣。汉大司马张仲议曰：河水浊，清澄一石水，六斗泥。而民竞引河溉田，令河不通利。至三月，桃花水至则河决，以其噎不泄也[27]。禁民勿复引河，是黄河兼浊河之名矣。《述征记》曰：盟津、河津恒浊，方江为狭[28]，比淮、济为阔。寒则冰厚数丈，冰始合，车马不敢过，要须狐行[29]，云此物善听，冰下无水乃过。人见狐行，方渡。余案《风俗通》云：里语称狐欲渡河，无如尾何[30]。且狐性多疑，故俗有狐疑之说，亦未必一如缘生之言也[31]。

屈从其东南流[32]，入渤海。

《山海经》曰：南即从极之渊也，一曰中极之渊，深三百仞，惟冯夷都焉[33]。《括地图》曰：冯夷恒乘云车驾二龙[34]。河水又出于阳纡陵门之山，而注于冯逸之山。《穆天子传》曰：天子西征[35]，至阳纡之山，河伯冯夷之所都居，是惟河宗氏。天子乃沉圭璧礼焉。河伯乃与天子披图视典，以观天子之宝器、玉果、璇珠、烛银、金膏等物，皆《河图》所载，河伯以礼，穆王视图，方乃导以西迈矣[36]。粤在伏羲[37]，受龙马图于河，八卦是也。故《命历序》曰：《河图》，帝王之阶[38]，图载江河、山川、州界之分野。后尧坛于河[39]，受《龙图》，作《握河记》。逮虞舜、夏、商，咸亦受焉。李尤《盟津铭》：洋洋河水，朝宗于海，径自中州[40]，《龙图》所在。《淮南子》曰：昔禹治洪水，具祷阳纡[41]。盖于此也。高诱以为阳纡秦薮[42]，非也。释氏《西域记》曰：阿耨达太山，其上有大渊水，宫殿楼观甚大焉。山，即昆仑山也。《穆天子传》曰：天子升于昆仑，观黄帝之宫，而封丰隆之葬。丰隆，雷公也。黄帝宫，即阿耨达宫也。其山出六大水，山西有大水，名新头河。郭义恭《广志》曰：甘水也，在西域之东，名曰新陶水，山在天竺国西，水甘，故曰甘水。有石盐，白如水精[43]，大段则破而用之[44]。康泰曰：安息、月氏、天竺至伽那调御，皆仰此盐。释法显曰：度葱岭，已入北天竺境。于此顺岭西南行十五日，其道艰阻，崖岸险绝，其山惟石，壁立千仞，临之目眩，欲进则投足无所。下有水，名新头河。昔人有凿石通路施倚梯者，凡度七百梯，度已，蹑悬絙过河[45]，河两岸，相去咸八十步。九译所绝[46]，汉之张骞、甘英皆不至也。余诊诸史传，即所谓罽宾之境[47]，有盘石之隥，道狭尺余，行者骑步相持[48]，絙桥相引，二十许里，方到悬度，阻险危害，不可胜言。敦义恭曰：乌秅之西[49]，有悬度之国，山溪不通，引绳而度，故国得其名也。其人山居，佃于石壁间[50]，累石为室。民接手而饮[51]，所谓猿饮也。有白草、小步马，有驴无牛，是其悬度乎？释法显又言：度河便到乌长国。乌长国即是北天竺，佛所到国也。佛遗足迹于此，其迹长短在人心念[52]，至今犹尔，及晒衣石尚在。新头河又西南流，屈而东南流，径中天竺国。两岸平地，有国名毗荼，佛法兴盛。又径蒲那般河。河边左右，有二十僧伽蓝[53]。此水径摩头罗国，而下合新头河。自河以西，天竺诸国，自是以南，皆为中国，人民殷富。中国者，服食与中国同，故名之为中国也。泥洹已来[54]，圣众所行，威仪法则，相承不绝。自新头河至南天竺国，迄于南海，四万里也。释氏《西域记》曰：新头河经罽宾、犍越、摩诃剌诸国，而入南海是也。阿耨达山西南有水，名遥奴；山西南小东有水，名萨罕；小东有水，名恒伽。此三水同出一山，俱入恒水。康泰《扶南传》曰：恒水之源，乃极西北，出昆仑山中，有五大源，诸水分流，皆由此五大源。枝扈黎大江出山西北流，东南注大海。枝扈黎，即恒水也，故释氏《西域记》有恒曲之目。恒北有四国，最西头恒曲中者是也。有拘夷那褐国。《法显传》曰：恒水东南流，径拘夷那褐国南，城北双树间，有希连禅河。河边，世尊于此北首般泥洹[55]，分舍利处。支僧载《外国事》曰：佛泥洹后，天人以新白緤裹佛[56]，以香花供养，满七日，盛以金棺，送出王宫，度一小水，水名醯兰那，去王宫可三里许，在宫北。以栴檀木为薪，天人各以火烧薪，薪了不燃，大迦叶从流沙还，不胜悲号，感动天地，从是之后，他薪不烧而自燃也。王敛舍利，用金作斗，量得八斛四斗，诸国王、天龙神王各得少许。赍还本国[57]，以造佛寺。阿育王起浮屠于佛泥洹处[58]，双树及塔，今无复有也。此树名娑罗树，其树花名娑罗佉也。此花色白如霜雪，香无比也。竺枝《扶南记》曰：林杨国去金陈国步道二千里，车马行，无水道。举国事佛，有一道人命过烧葬，烧之数千束樵，故坐火中，乃更著石室中，从来六十余年，尸如故不朽，竺枝目见之。夫金刚常住，是明永存[59]，舍利刹见，毕天不朽[60]，所谓智空罔穷，大觉难测者矣[61]。其水乱流注于恒。恒水又东径毗舍利城北。释氏《西域记》曰：毗舍利，维邪离国也。支僧载《外国事》曰：维邪离国去王舍城五十由旬[62]，城周圆三由旬，维诘家在大城里宫之南[63]，去宫七里许，屋宇坏尽，惟见处所尔。释法显云：城北有大林重阁，佛住于此，本奄婆罗女家施佛起塔也。城之西北三里，塔名放弓仗。恒水上流有一国，国王小夫人生肉胎，大夫人妒之，言汝之生，不祥之征，即盛以木函，掷恒水中。下流有国王游观，见水上木函，开看，见千小儿端正殊好，王取养之，遂长大，甚勇健，所往征伐，无不摧服。次欲伐父王本国，王大愁忧。小夫人问：何故愁忧？王曰：彼国王有千子，勇健无比，欲来伐吾国，是以愁尔。小夫人言：勿愁，但于城西作高楼，贼来时，上我置楼上，则我能却之。王如是言。贼到，小夫人于楼上语贼云：汝是我子，何故反作逆事？贼曰：汝是何人，云是我母？小夫人曰：汝等若不信者，尽张口仰向。小夫人即以两手捋乳，乳作五百道[64]，俱坠千子口中。贼知是母，即放弓仗。父母作是思惟，皆得辟支佛。今其塔犹在，后世尊成道，告诸弟子，是吾昔时放弓仗处。后人得知，于此处立塔，故以名焉。千小儿者，即贤劫千佛也。释氏《西域记》曰：恒曲中次东，有僧迦扇奈揭城，佛下三道宝阶国也。《法显传》曰：恒水东南流，径僧迦施国南。佛自忉利天东下三道宝阶，为母说法处。宝阶既没，阿育王于宝阶处作塔。后作石柱，柱上作师子像，外道少信[65]，师子为吼，怖效心诚。恒水又东径罽宾饶夷城。城南接恒水，城之西北六七里，恒水北岸，佛为诸弟子说法处。恒水又东南径沙祇国北。出沙祇城，南门道东，佛嚼杨枝刺土中，生长七尺，不增不减，今犹尚在。恒水又东南，径迦维罗卫城北。故净王宫也[66]，城东五十里有王园，园有池水，夫人入池洗浴，出北岸二十步，东向举手，扳树生太子。太子坠地，行七步，二龙吐水浴太子，遂成井池，众僧所汲养也。太子与难陀等扑象角力，射箭入地。今有泉水，行旅所资饮也。释氏《西域记》曰：城北三里恒水上，父王迎佛处，作浮图，作父抱佛像。《外国事》曰：迦维罗越国今无复王也[67]。城池荒秽，惟有空处，有优婆塞姓释，可二十余家，是昔净王之苗裔，故为四姓，住在故城中，为优婆塞，故尚精进，犹有古风。彼日浮图坏尽，条王弥更修治一浮图，私诃条王送物助成，今有十二道人住其中。太子始生时，妙后所扳树，树名须诃。阿育王以青石作后扳生太子像。昔树无复有，后诸沙门取昔树栽种之，展转相承到今，树枝如昔，尚荫石像。又太子见行七步足迹，今日文理见存。阿育王以青石挟足迹两边，复以一长青石覆上。国人今日恒以香花供养，尚见足七形，文理分明。今虽有石覆无异，或人复以数重吉贝[68]，重覆贴着石上，逾更明也。太子生时，以龙王夹太子左右，吐水浴太子，见一龙吐水暖，一龙吐水冷，遂成二池。今尚一冷一暖矣。太子未出家前十日，出往王田阎浮树下坐，树神以七宝奉太子，太子不受，于是思惟欲出家也。王田去宫一据。据者，晋言十里也。太子以三月十五日夜出家，四天王来迎，各捧马足。尔时诸神天人侧塞[69]，空中散天香花。此时以至河南摩强水，即于此水边作沙门。河南摩强水在迦维罗越北，相去十由旬。此水在罗阅祇瓶沙国，相去三十由旬。菩萨于是暂过，瓶沙王出见菩萨，菩萨于瓶沙随楼那果园中住一日，日暮便去半达钵愁宿。半达，晋言白也；钵愁，晋言山也。白山北去瓶沙国十里，明旦便去，暮宿昙兰山，去白山六由旬。于是径诣贝多树，贝多树在阅祇北，去昙兰山二十里。太子年二十九出家，三十五得道，此言与经异，故记所不同。竺法维曰：迦维卫国，佛所生天竺国也。三千日月、万二千天地之中央也。康泰《扶南传》曰：昔范旃时，有嘾杨国人家翔梨[70]，尝从其本国到天竺，展转流贾至扶南，为旃说天竺土俗，道法流通，金宝委积，山川饶沃，恣所欲，左右大国，世尊重之。旃问云：今去何时可到，几年可回？梨言：天竺去此，可三万余里，往还可三年逾。及行，四年方返，以为天地之中也。恒水又东径蓝莫塔。塔边有池，池中龙守护之。阿育王欲破塔，作八万四千塔，悟龙王所供，知非世有，遂止。此中空荒无人，群象以鼻取水洒地，若苍梧、会稽，象耕、鸟耘矣。恒水又东至五河口，盖五水所会，非所详矣。阿难从摩竭国向毗舍利，欲般泥洹，诸天告阿阇世王，王追至河上，梨车闻阿难来，亦复来迎，俱到河上。阿难思惟，前则阿阇世王致恨，却则梨车复怨，即于中河，入火光三昧，烧具两般泥洹。身二分，分各在一岸，二王各持半舍利，还起二塔。渡河南下一由巡，到摩竭提国巴连弗邑。邑，即是阿育王所治之城。城中宫殿皆起墙阙，雕文刻镂，累大石作山，山下作石室，长三丈，广二丈，高丈余，有大乘婆罗门子，名罗汰私婆，亦名文殊师利，住此城里，爽悟多智[71]，事无不达[72]，以清净自居，国王宗敬师事之。赖此一人，宏宣佛法，外不能陵[73]。凡诸国中，惟此城为大，民人富盛，竞行仁义。阿育王坏七塔，作八万四千塔。最初作大塔，在城南二里余，此塔前有佛迹，起精舍[74]，北户向塔，塔南有石柱，大四五围，高三丈余，上有铭，题云：阿育王以阎浮提布施四方。僧还以钱赎塔。塔北三百步，阿育王于此作泥犁城，城中有石柱，亦高三丈余，上有师子柱，有铭记，作泥犁城因缘，及年数日月。恒水又东南径小孤石山。山头有石室，石室南向，佛昔坐其中，天帝释以四十二事问佛，佛一一以指画石，画迹故在。恒水又西径王舍新城。是阿阇世王所造，出城南四里，入谷至五山里，五山周围，状若城郭，即是蓱沙王旧城也。东西五六里，南北七八里，阿阇世王始欲害佛处。其城空荒，又无人径，入谷傅山，东南上十五里，到耆阇崛山，未至顶三里，有石窟南向，佛坐禅处。西北四十步，复有一石窟，阿难坐禅处。天魔波旬化作雕鹫恐阿难，佛以神力，隔石舒手摩阿难肩，怖即得止。鸟迹、手孔悉存，故曰雕鹫窟也。其山峰秀端严，是五山之最高也。释氏《西域记》云：耆阇崛山在阿耨达王舍城东北，西望其山，有两峰双立，相去二三里，中道鹫鸟，常居其岭，土人号曰耆阇崛山。胡语耆阇，鹫也。又竺法维云：罗阅祇国有灵鹫山，胡语云耆阇崛山。山是青石，石头似鹫鸟。阿育王使人凿石，假安两翼两脚，凿治其身，今见存，远望似鹫鸟形，故曰灵鹫山也。数说不同，远迩亦异，今以法显亲宿其山，诵《首楞严》[75]，香华烘养，闻见之宗也[76]。又西径迦那城南。三十里，到佛苦行六年坐树处，有林木。西行三里，到佛入水洗浴、天王按树枝得扳出池处。又北行二里，得弥家女奉佛乳糜处[77]。从此北行二里，佛于一大树下石上东向坐食糜处，树石悉在，广长六尺，高减二尺。国中寒暑均调，树木或数千岁，乃至万岁。从此东北行二十里，到一石窟，菩萨入中，西向结跏趺坐[78]，心念若我成道，当有神验。石壁上即有佛影见，长三尺许，今犹明亮。时天地大动，诸天在空言，此非过去当来诸佛成道处，去此西南行，减半由旬，贝多树下，是过去当来诸佛成道处。诸天导引菩萨起行，离树三十步，天授吉祥草，菩萨受之，复行十五步，五百青雀飞来，绕菩萨三匝西去。菩萨前到贝多树下，敷吉祥草，东向而坐。时魔王遣三玉女从北来试菩萨。魔王自从南来，菩萨以足指按地，魔兵却散，三女变为老姥[79]，不自服[80]。佛于尼拘律树下方石上东向坐，梵天来诣佛处，四天王捧钵处皆立塔。《外国事》曰：毗婆梨佛在此一树下六年，长者女以金钵盛乳糜上佛，佛得乳糜，住足尼连禅河浴。浴竟，于河边啖糜竟，掷钵水中，逆流百步，钵没河中，迦梨郊龙王接取在宫供养，先三佛钵亦见。佛于河傍坐摩诃菩提树，摩诃菩提树去贝多树二里，于此树下七日，思惟道成，魔兵试佛。释氏《西域记》曰：尼连水南注恒水，水西有佛树，佛于此苦行，日食糜六年。西去城五里许，树东河上，即佛入水浴处。东上岸尼拘律树下坐修，舍女上糜于此。于是西度水，于六年树南贝多树下坐，降魔得佛也。佛图调曰：佛树中枯，其来时更生枝叶。竺法维曰：六年树去佛树五里，书其异也。法显从此东南行，还巴连弗邑，顺恒水西下，得一精舍，名旷野，佛所住处。复顺恒水西下，到迦尸国波罗奈城。竺法维曰：波罗奈国在迦维罗卫国南千二百里，中间有恒水，东南流，佛转法轮处，在国北二十里，树名春浮，维摩所处也。法显曰：城之东北十里许，即鹿野苑，本辟支佛住此，常有野鹿栖宿，故以名焉。法显从此还，居巴连弗邑。又顺恒水东行，其南岸有瞻婆大国。释氏《西域记》曰：恒曲次东有瞻婆国城，南有卜佉兰池，恒水在北，佛下说戒处也。恒水又径波丽国。即是佛外祖国也[81]。法显曰：恒水又东到多摩梨靬国，即是海口也。释氏《西域记》曰：大秦一名梨靬。康泰《扶南传》曰：从迦那调洲西南入大湾，可七八百里，乃到枝扈黎大江口，度江径西行，极大秦也。又云：发拘利口，入大湾中，正西北入，可一年余，得天竺江口，名恒水。江口有国，号担袂，属天竺。遣黄门字兴为担袂王。释氏《西域记》曰：恒水东流入东海。盖二水所注，两海所纳，自为东西也。释氏论佛图调列《山海经》曰：西海之南，流沙之滨，赤水之后，黑水之前，有大山，名昆仑。又曰：钟山西六百里有昆仑山，所出五水，祖以《佛图调传》也[82]。又近推得康泰《扶南传》，《传》昆仑山正与调合。如《传》，自交州至天竺最近。泰《传》亦知阿耨达山是昆仑山。释云：赖得调《传》，豁然为解，乃宣为《西域图》，以语法汰。法汰以常见怪，谓汉来诸名人，不应河在敦煌南数千里，而不知昆仑所在也。释云，复书曰案《穆天子传》。穆王于昆仑侧瑶池上觞西王母，云去宗周瀍涧，万有一千一百里，何得不如调言？子今见泰《传》，非为前人不知也。而今以后，乃知昆仑山为无热丘，何云乃胡国外乎？余考释氏之言，未为佳证。《穆天子》《竹书》及《山海经》，皆埋缊岁久[83]，编韦稀绝，书策落次[84]，难以缉缀。后人假合，多差远意，至欲访地脉川，不与经符，验程准途，故自无会。释氏不复根其众归之鸿致[85]，陈其细趣，以辨其非，非所安也[86]。今案《山海经》曰：昆仑墟在西北，帝之下都，昆仑之墟，方八百里，高万仞，上有木禾，面有九井，以玉为槛，面有九门，门有开明兽守之，百神之所在。郭璞曰：此自别有小昆仑也。又案《淮南》之书，昆仑之上，有木禾、珠树、玉树、璇树，不死树在其西，沙棠、琅玕在其东，绛树在其南，碧树、瑶树在其北。旁有四百四十门，门间四里，里间九纯[87]，纯丈五尺。旁有九井，玉横维其西北隅，北门开，以纳不周之风，倾宫、旋室、县圃、凉风、樊桐，在昆仑阊阖之中，是其疏圃，疏圃之池，浸之黄水，黄水三周复其源，是谓丹水，饮之不死。河水出其东北陬，赤水出其东南陬，洋水出其西北陬，凡此四水，帝之神泉，以和百药，以润万物。昆仑之丘或上倍之[88]，是谓凉风之山，登之而不死。或上倍之，是谓玄圃之山，登之乃灵，能使风雨。或上倍之，乃维上天[89]，登之乃神，是谓太帝之居。禹乃以息土填鸿水[90]，以为名山，掘昆仑虚以为下地。高诱曰：地或作池。则以仿佛近佛图调之说。阿耨达六水，葱岭、于阗二水之限，与经史诸书，全相乖异。又案《十洲记》，昆仑山在西海之戌地[91]，北海之亥地[92]。去岸十三万里，有弱水，周匝绕山，东南接积石圃，西北接北户之室，东北临大阔之井，西南近承渊之谷。此四角大山，实昆仑之支辅也。积石圃南头，昔西王母告周穆王云，去咸阳四十六万里，山高平地三万六千里，上有三角，面方，广万里，形如偃盆[93]，下狭上广。故曰昆仑山有三角。其一角正北，干辰星之辉[94]，名曰阆风巅；其一角正西，名曰玄圃台；其一角正东，名曰昆仑宫。其处有积金，为天墉城，面方千里，城上安金台五所，玉楼十二。其北户山、承渊山又有墉城，金台玉楼，相似如一。渊精之阙，光碧之堂，琼华之室，紫翠丹房，景烛日晖[95]，朱霞九光[96]，西王母之所治，真官仙灵之所宗。上通旋机，元气流布，玉衡常理[97]，顺九天而调阴阳[98]，品物群生，希奇特出，皆在于此。天人济济，不可具记。其北海外，又有钟山，上有金台玉阙，亦元气之所含，天帝居治处也。考东方朔之言，及《经》五万里之文，难言佛图调、康泰之《传》是矣。六合之内，水泽之藏，大非为巨，小非为细，存非为有，隐非为无，其所苞者广矣。于中同名异域，称谓相乱，亦不为寡。至如东海方丈，亦有昆仑之称，西洲铜柱，又有九府之治。东方朔《十洲记》曰：方丈在东海中央，东西南北岸，相去正等。方丈面各五千里，上专是群龙所聚，有金玉琉璃之宫，三天司命所治处，群仙不欲升天者，皆往来也。张华叙东方朔《神异经》曰：昆仑有铜柱焉，其高入天，所谓天柱也。围三千里，圆周如削，下有回屋，仙人九府治。上有大鸟，名曰希有，南向，张左翼覆东王公，右翼覆西王母，背上小处无羽，万九千里，西王母岁登翼上，之东王公也。故其柱铭曰：昆仑铜柱，其高入天，圆周如削，肤体美焉。其鸟铭曰：有鸟希有，绿赤煌煌[99]，不鸣不食，东覆东王公，西覆西王母，王母欲东，登之自通，阴阳相须，惟会益工[100]。《遁甲开山图》曰：五龙见教，天皇被迹，望在无外，柱州昆仑山上。荣氏注云：五龙治在五方，为五行神。五龙降天皇兄弟十二人，分五方为十二部，法五龙之迹，行无为之化，天下仙圣治。在柱州昆仑山上，无外之山在昆仑东南万二千里，五龙、天皇皆出此中，为十二时神也。《山海经》曰：昆仑之丘，实惟帝之下都，其神陆吾，是司天之九部，及帝之囿时[101]。然六合之内，其苞远矣，幽致冲妙[102]，难本以情[103]，万像遐渊[104]，思绝根寻[105]。自不登两龙于云辙，骋八骏于龟途，等轩辕之访百灵，方大禹之集会计。儒、墨之说，孰使辨哉！

又出海外，南至积石山下，有石门。

《山海经》曰：河水入渤海，又出海外，西北入禹所导积石山。山在陇西郡河关县西南羌中。余考群书，咸言河出昆仑，重源潜发[106]，沦于蒲昌[107]，出于海水。故《洛书》曰：河自昆仑，出于重野。谓此矣。径积石而为中国河[108]，故成公子安《大河赋》曰[109]：览百川之宏壮，莫尚美于黄河；潜昆仑之峻极，出积石之嵯峨。释氏《西域记》曰：河自蒲昌，潜行地下，南出积石。而《经》文在此，似如不比积石，宜在蒲昌海下矣。

注释

[1] 成：重。三成：即山成三重。

[2] 《昆仑说》：应为《昆仑记》，见《尔雅·疏》引。

[3] 级：层。

[4] 太帝：即天帝。

[5] 伏流：潜流。

[6] 准《地志》：指各种地理典籍。可：大约。

[7] 宗周：指周朝都城。

[8] 里西土之数：按照西方的历程计算。

[9] 瀍（chán）水：河南境内的河流。

[10] 经记绵褫（chǐ）：经籍上的记载由于年代久远，脱落而难以考知。褫：剥落，脱落。

[11] 径复：往返。

[12] 差违：彼此之间不一致的地方。

[13] 郭景纯：晋人郭璞，字景纯。

[14] 荷精二句：河载负着天地的精气，将其分布四方；怀藏着属阴的水，将其引导流通。

[15] 四渎：即下文提到的江、河、淮、济。

[16] 五行始焉：指水是五行的开始。

[17] 元气之腠（còu）液：元气凝成的血液。腠：腠理，中医指皮肤的纹理和皮下肌肉之间的空隙。液：血液。

[18] 枝水：支流。

[19] 九流分逝：九条支流分道流逝。

[20] 沧渊：沧海。

[21] 沛厉：狂暴猛厉。

[22] 浮沫：浪花。

[23] 通中国垢浊：把中原地区的污浊之物荡涤干净。

[24] 陬（zōu）：角落。

[25] 色白：指水色澄清。

[26] 并：合并。

[27] 其噎不泄：水道阻塞，水流不畅。

[28] 方江为狭：比长江水要狭。

[29] 须：等待。

[30] 无如尾何：对尾巴无可奈何。

[31] 缘生：郭缘生，《述征记》作者。

[32] 屈从：拐弯。

[33] 冯夷：河神名，即下文的“河伯”。一名冰夷，一名冯迟。

[34] 恒：经常。

[35] 天子：指周穆王。

[36] 导以西迈：领他西行。

[37] 粤：通“曰”，语助词，置于句首或句中。

[38] 帝王之阶：帝王所依仗的基业。

[39] 坛：筑坛。

[40] 径自：流经。

[41] 具祷阳纡：在阳纡祭礼祈祷。

[42] 高诱句：高诱以为阳纡就是秦薮。

[43] 水精：水晶。

[44] 大段：大块。

[45] 蹑悬絙过河：踩着绳索过河。絙（gēng）：大绳索。

[46] 译：指翻译。

[47] 罽（jì）宾：汉代西域国名，梵语迦湿弥罗，在今克什米尔一带。

[48] 骑步：指跨坐在岩石上向前移动。

[49] 乌秅（ná）：汉代西域国名，在今阿富汗东北境巴达克山地区。

[50] 佃：耕种。

[51] 接手而饮：用两手捧水喝。

[52] 其迹句：足印长短能够随人的意念而变得不同。

[53] 伽蓝：佛寺。

[54] 泥洹（huán）：同“涅槃”，佛教用语，指所幻想的超脱生死的境界，也用作“死”（指佛或僧人）的代称。

[55] 世尊：即“释尊”，指佛教创始人释迦牟尼。

[56] 白緤（xiè）：白衣。

[57] 赍（jī）：送回。

[58] 阿育王：古印度摩揭陀国孔雀王朝国王，义译为无忧王。

[59] 是明永存：意即真智慧永远长存。

[60] 毕天不朽：天长地久永不朽败。

[61] 大觉：大彻大悟。

[62] 由旬：古印度计长度的单位。军行一日的行程，或言四十里，或言三十里，或言十六里。

[63] 维诘：维摩诘，释迦同时人，义译无垢称。

[64] 乳作句：每只乳房都射出五百支乳汁。

[65] 外道：指旁门左道。

[66] 净王：净饭王，释迦牟尼之父。相传为古代北天竺迦毗罗卫国（在今尼泊尔境内）国王。

[67] 无复王：不再有国王。

[68] 吉贝：木棉科植物，正名迦波罗。

[69] 侧塞：指在两旁护卫。

[70] 家翔梨：人名。

[71] 爽悟：聪明，有悟性。

[72] 事无不达：所有事情没有不通晓的。

[73] 陵：欺负，欺凌。

[74] 精舍：寺院。

[75] 《首楞严》：即《楞严经》，佛教经典。

[76] 闻见之宗：所见所闻的依据。

[77] 乳糜：奶粥。

[78] 结跏趺（jiā fū）坐：盘腿而坐，脚背放在大腿上，是佛教徒的一种坐法。

[79] 老姥：老太婆。

[80] 不自服：不能恢复（为美女）。

[81] 外祖：外祖父。

[82] 祖：根据，这里作动词。

[83] 埋缊（yùn）：埋藏。

[84] 书策落次：书本的次序已错乱。

[85] 释氏句：佛家不再去深究各种说法的大要。

[86] 非所安：是不适当的。

[87] 里间九纯：一里长九纯。纯：丝。

[88] 或上倍之：从昆仑之丘又攀登到比它高一倍的上面。

[89] 维：连结。

[90] 息土：即息壤。古代传说能不停地自我增长的土壤。

[91] 戌：代指西北方向。

[92] 亥：代指北方。

[93] 偃盆：仰放的盆。

[94] 干辰星之辉：意指在正北的那一角，高得遮住星辰的光芒。

[95] 景烛日晖：即光辉映日。

[96] 朱霞：红霞。

[97] 玉衡：北斗第五星。

[98] 九天：上天。

[99] 绿赤：绿羽红翎。

[100] 阴阳二句：阴阳要相互依存，会合时才更精妙。

[101] 囿时：园囿和时令。

[102] 幽致冲妙：情致幽远玄妙。

[103] 难本以情：难以凭人情来推断。

[104] 万像：宇宙的种种现象。遐渊：深渊难测。

[105] 思绝根寻：思维难以寻根究底。

[106] 重源：再次发源。潜发：潜流入地。

[107] 沦于蒲昌：在蒲昌海隐没。蒲昌：湖名，在今新疆，即罗布泊。

[108] 中国河：中原的河流。

[109] 成公子安：晋人成公绥，字子安。

参考文献

陈桥驿著：《水经注研究》，天津古籍出版社1985年版。

陈桥驿著：《郦道元与〈水经注〉》，上海人民出版社1987年版。

谭家健、李知文选注：《〈水经注〉选注》，中国社会科学出版社1989年版。

任松如编：《水经注异闻录》，上海文艺出版社1991年版。

赵永复、赵燕敏撰：《〈水经注〉选评》，上海古籍出版社2005年版。

史　通

提 要

《史通》是唐代史学家刘知几的作品，该书在史学史上地位显赫，它产生于史学发达的唐代，对此前的史书编修作出了总结性的评价。它不仅对后代的史书编撰产生了直接影响，也为阅读历史的人提供了一些必备的门径。

版 本

[清]浦起龙著：《史通通释》，上海书店1988年版。

选 读

叙事

夫史之称美者，以叙事为先。至若书功过，记善恶，文而不丽，质而非野，使人味其滋旨，怀其德音，三复忘疲，百遍无斁，自非作者曰圣，其孰能与于此乎？昔圣人之述作也，上自《尧典》，下终获麟，是为属词比事之言，疏通知远之旨。子夏曰："《书》之论事也，昭昭若日月之代明。"扬雄有云："说事者莫辨乎《书》，说理者莫辨乎《春秋》。"然则意复深奥，训诰成义，微显阐幽，婉而成章，虽殊途异辙，亦各有美焉。谅以师范亿载，规模万古，为述者之冠冕，实后来之龟镜。既而马迁《史记》，班固《汉书》，继圣而作，抑其次也。故世之学者，皆先曰《五经》，次云《三史》，经史之目，于此分焉。

尝试言之曰：经犹日也，史犹星也。夫杲日流景，则列星寝耀；桑榆既夕，而辰象粲然。故《史》《汉》之文，尚乎《尚书》《春秋》之世也，则其言浅俗，涉乎委巷，垂翅不举，懘籥[1]无闻。逮于战国已降，去圣弥远，然后能露其锋颖，倜党不羁。故知人才有殊，相去若是，校其优劣，讵可同年？自汉已降，几将千载，作者相继，非复一家，求其善者，盖亦几矣。夫班、马执简，既《五经》之罪人；而《晋》《宋》杀青，又《三史》之不若。譬夫王霸有别，粹驳相悬，才难不其甚乎！

然则人之著述，虽同自一手，共间则有善恶不均，精粗非类。若《史记》之 《苏》《张》《蔡泽》等传，是其美者。至于《三》《五本纪》《日者》《太仓公》《龟策传》，固无所取焉。又《汉书》之帝纪，《陈》《项》诸篇，是其最也。至于《三》《五本纪》，《日者》《太仓公》《龟策传》，固无所取焉。又《汉书》之帝纪，《陈》《项》诸篇，是其最也。至于《淮南王》《司马相如》《东方朔传》，又安足道哉！岂绘事以丹素成妍，帝京以山水为助。故言媸者其史亦拙，事美者其书亦工。必时乏异闻，世无奇事，英雄不作，贤俊不生，区区碌碌，抑惟恒理，而责史臣显其良直之体，申其微婉之才，盖亦难矣。故扬子有云："虞、夏之书，浑浑尔；商书，灏灏尔；周书，噩噩尔；下周者，其书憔悴乎？"观丘明之记事也，当桓、文作霸，晋、楚更盟，则能饰彼词句，成其文雅。及王室大坏，事益纵横，则《春秋》美辞，几乎翳矣。观子长之叙事也，洎周以往，言所不该，其文阔略，无复体统。洎秦、汉已下，条贯有伦，则焕炳可观，有足称者。至若荀悦《汉纪》，其才尽于十帝；陈寿《魏书》，其美穷于三祖。触类而长，他皆若斯。

夫识宝者稀，知音盖寡。近有裴子野《宋略》、王劭《齐志》，此二家者，并长于叙事，无愧古人。而世之议者皆雷同，举裴而共诋王氏。夫江左事雅，裴笔所以专工；中原迹秽，王文由其屡鄙。且几原务饰虚辞，君懋志存实录，此美恶所以为异也。设使丘明重出，子长再生，记言于贺六浑之朝，书事于侯尼干之代，将恐辍毫栖牍，无所施其德音。而作者安可以今方古，一概而论得失？

夫叙事之体，其流甚多，非复片言所能觑缕，今辄区分类聚，定为三篇，列之于下。

夫国史之美者，以叙事为工，而叙事之工者，以简要为主。简之时义大矣哉！历观自古，作者权舆，《尚书》发踪，所载务于寡事，《春秋》变体，其言贵于省文。斯盖浇淳殊致，前后异迹。然则文约而事丰，此述作作之尤美者也。

始自两汉，迄乎三国，国史之文，日伤烦富。逮晋已降，流宕逾远。寻其冗句，摘其烦词，一行之间，必谬增数字；尺纸之内，恒虚费数行。未聚蚁成雷，群轻折轴，况于章句不节，言词莫限，载之兼两，曷足道哉？

盖叙事之体，其别有四：有直纪其才行者，有唯书其事迹者，有因言语而可知者，有假赞论而自见者。至如《古文尚书》称帝尧之德，标以“允恭克让”；《春秋左传》言子太叔之状，目以“美秀而文”。所称如此，更无他说，所谓直纪其才行者。又如《左氏》载申生为骊姬所谮，自缢而亡；班史称纪信为项籍所围，代君而死。此则不言其节操，而忠孝自彰，所谓唯书其事迹者。又如《尚书》称武王之罪纣也，其誓曰：“焚炙忠良，刳剔孕妇。”《左传》栾武子之论楚也，其词曰：“荜辂蓝缕，以启山林。”此则才行事迹，莫不阙如，而言有关涉，事便显露，所谓因言语而可知者。又如《史记·卫青传》后，太史公曰：“苏建尝责大将军不荐贤待士。”《汉书·孝文纪》末，其赞曰：“吴王诈病不朝，赐以几杖。”此则传之与纪，并所不书，而史臣发言，别出其事，所谓假赞论而自见者。然则才行、事迹、言语、赞论，凡此四者，皆不相须。若兼而毕书，则其费尤广。但自古经史，通多此类。能获免者，盖十无一二。

又叙事之省，其流有二焉：一曰省句，二曰省字。如《左传》宋华耦来盟，称其先人得罪于宋，鲁人以为敏。夫以钝者称敏，则明贤达所嗤，此为省句也。《春秋经》曰："陨石于宋五。"夫闻之陨，视之石，数之五。加以一字太详，减其一字太略，求诸折中，简要合理，此为省字也。其有反于是者，若《穀梁》称郄克眇，季孙行父秃，孙良夫跛，曹公子手偻齐使跛者逆跛者，秃者逆秃者，眇者逆眇者，偻者逆偻者。盖宜除"跛者"已下句，但云"各以其类逆"必事皆再述，则于文殊费，此为烦句也。《汉书·张苍传》云："年老，口中无齿"。盖于此一句之内去"年"及"口中"可矣。夫此六文成句，而三字妄加，此为烦字也。然则省句为易，省字为难，洞识此心，始可言史矣。苟句尽余剩，字皆重复，史之烦芜，职由于此。盖饵巨鱼者，垂其千钓，而得之在于一筌；捕高鸟者，张其万罝，而获之由于一目。夫叙事者，或虚益散辞，广加闲说，必取其所要，不过一言一句耳。苟能同夫猎者、渔者，既执而置钓必收，其所留者唯一筌一目而已，则庶几骈胝尽去，而尘垢都捐，华逝而实存，滓去而渖在矣。嗟乎！能损之又损，而玄之又玄，轮扁所不能语斤，伊挚所不能言鼎也。

夫饰言者为文，编文者为句，句积而章立，章积而篇成。篇目既分，而一家之言备矣。古者行人出境，以词令为宗；大夫应对，以言文为主。况乎列以章句，刊之竹帛，安可不励精雕饰，传诸讽诵者哉？自圣贤述作，是曰经典，句皆《韶》《夏》，言尽琳琅，秩秩德音，洋洋盈耳。譬夫游沧海者，徒惊其浩旷；登太山者，但嗟其峻极。必摘以尤最，不知何者为先。然章句之言，有显有晦。显也者，繁词缛说，理尽于篇中；晦也者，省字约文，事溢于句外。然则晦之将显，优劣不同，较可知矣。夫能略小存大，举重明轻，一言而巨细咸该，片语而洪纤靡漏，此皆用晦之道也。

昔古文义，务却浮词。《虞书》云："帝乃殂落，百姓如丧考妣。"《夏书》云："启呱呱而泣，予不子。"《周书》称"前徒倒戈"，"血流漂杵"。《虞书》云："四罪而天下咸服。"此皆文如阔略，而语实周赡。故览之者初疑其易，而为之者方觉其难，固非雕虫小技所能斥非其说也。既而丘明受《经》，师范尼父。夫《经》以数字包义，而《传》以一句成言，虽繁约有殊，而隐晦无异。故其纲纪而言邦俗也，则有士会为政，晋国之盗奔秦；邢迁如归，卫国忘亡。其款曲而言人事也，则有犀革裹之，比及宋，手足皆见；三军之士，皆如挟纩。斯皆言近而旨远，辞浅而义深，虽发语已殚，而含义未尽。使夫读者，望表而知里，扪毛而辨骨，睹一事于句中，反三隅于字外。晦之时义，不亦大哉！洎班、马二史，虽多谢《五经》，必求其所长，亦时值斯语。至若高祖亡萧何，如失左右手；汉兵败绩，睢水为之不流；董生乘马，三年不知牝牡；翟公之门，可张雀罗，则其例也。

自兹已降，史道陵夷，作者芜音累句，云蒸泉涌。其为文也，大抵编字不只，捶句皆双，修短取均，奇偶相配。故应以一言蔽之者，辄足为二言；应以三句成文者，必分为四句。弥漫重沓，不知所裁。是以处道受责于少期，子昇取讥于君懋，非不幸也。

盖作者言虽简略，理皆要害，故能疏而不遗，俭而无阙。譬如用奇兵者，持一当百，能全克敌之功也。若才乏俊颖，思多昏滞，费词既甚，叙事才周，亦犹售铁钱者，以两当一，方成贸迁之价也。然则《史》《汉》已前，省要如彼；《国》《晋》已降，烦碎如此。必定其妍媸，甄其善恶。夫读古史者，明其章句，皆可咏歌；观近史者，悦其绪言，直求事意而已。是则一贵一贱，不言可知，无假榷扬，而其理自见矣。

昔文章既作，比兴由生。鸟兽以媲贤愚，草木以方男女，诗人骚客，言之备矣。洎乎中代，其体稍殊，或拟人必以其伦，或述事多比于古。当汉氏之临天下也，君实称帝，理异殷、周；子乃封王，名非鲁、卫。而作者犹谓帝家为王室，公辅为王臣。盘石加建侯之言，带河申俾侯之誓。而史臣撰录，亦同彼文章，假托古词，翻易今语。润色之滥，萌于此矣。

降及近古，弥见其甚。至如诸子短书，杂家小说，论逆臣则呼为问鼎，称巨寇则目以长鲸。邦国初基，皆云草昧；帝王兆迹，必号龙飞。斯并理兼讽谕，言非指斥，异乎游、夏措词，南、董显书之义也。如魏收《代史》，吴均《齐录》，或牢笼一世，或苞举一家，自可申不刊之格言，弘至公正之说，而收称刘氏纳贡，则曰"来献百牢"；均叙元日临轩，必云"朝会万国"。夫以吴徵鲁赋，禹计涂山，持彼往事，用为今说，置于文章则可，施于简册则否矣。

亦有方以类聚，譬诸昔人。如王隐称诸葛亮挑战，冀获曹咎之利；崔鸿称慕容冲见幸，为有龙阳之姿。其事相符，言之谠矣。而卢思道称邢邵丧子不恸，自东门吴已来，未之有也；李百药称王琳雅得人心，虽李将军恂恂善诱，无以加也。斯则虚引古事，妄足庸音，苟矜其学，必辨而非当者矣。

昔《礼记·檀弓》，工言物始。夫自我作故，首创新仪，前史所刊，后来取证。是以汉初立椹，孟坚所书；鲁始为髽，丘明是记。河桥可作，元凯取验于毛《诗》；男子有笄，伯支远徵于《内则》。即其事也。案裴景仁《秦记》称苻坚方食，抚盘而诟，王劭《齐志》述洛干感恩，脱帽而谢。及彦鸾撰以新史，重规删其旧录，仍易"抚盘"以"推案"，变"脱帽"为"免冠"。夫近世通无案食，胡俗不施冠冕，直以事不类古，改从雅言，欲令学者何以考时俗之不同，察古今之有异？

又自杂种称制，充物神州，事异诸华，言多丑俗。至如翼犍，昭成原讳；黑獭，周文本名。而伯起革以他语，德棻阙而不载。盖厖降、蒯聩，字之媸也；重耳、黑臀，名之鄙也。旧皆列以《三史》，传诸《五经》，未闻后进谈讲，别加刊定。况齐丘之犊，彰于载谶；河边之狗，著于谣咏。明如日月，难为盖藏，此而不书，何以示后？亦有氏姓本复，减省从单，或去"万纽"而留"于"，或止存"狄"而除"厍"。求诸自古，罕闻兹例。

昔夫子有云："文胜质则史。"故知史之为务，必藉于文。自《五经》已降，《三史》而往，以文叙事，可得言焉。而今之所作，有异于是。其立言也，或虚加练饰，轻事雕彩；或体兼赋颂，词类俳优。文非文，史非史，譬夫龟兹造室，杂以汉仪，而刻鹄不成，反类于鹜者也。

参考文献

程千帆著：《史通笺记》，武汉大学出版社2008年版。

马铁浩著：《史通引书考》，学苑出版社2011年版。

通　典

题 解

《通典》二百卷，唐代杜佑撰。杜佑作为嗜好阅读的官员，对于政治典章制度尤为在意，他编撰《通典》的目的是让更多学者能够了解制度沿革，不要因为“习之不精，知之不明”而空发高论。

版 本

[唐]杜佑撰：《通典》，中华书局1988年版。

选读

选举（四）杂议论上

齐景公问晏子任人，对曰："地不同宜，任之一种，责其俱生，不可得也。人不同能，而任之一事，不可责遍成。责焉无已，智者不能给；求焉无餍，天地不能赡也。"

汉哀帝初立，欲匡成帝之政，多所变动。（匡，正也。正其乖失。）时丞相王嘉上疏曰："臣闻圣王之功在於得人。孔子曰'才难，不其然与！'（才难，谓有贤才难得。）故'继代立诸侯，象贤也'。（象其先父祖之贤耳，非必其人皆有德也。）虽不能尽贤，天子为择臣，立命卿以辅之。（命卿，命於天子者。）居是国也，累代尊重，然后士人之众附焉，是以教化行而理功立。今之郡守重於古诸侯，往者致选贤材，贤材难得，拔擢可用者，或起於囚徒。昔魏尚坐事系，文帝感冯唐之言，拜云中太守，匈奴忌之；武帝擢韩安国於徒中，拜为梁内史，骨肉以安；（言梁孝王得免罪也。）张敞为京兆尹，免，亡命数十日，宣帝徵拜为冀州刺史，卒获其用：前代非私此三人，贪其材器有益於公家也。孝文帝时，吏居官者或长子孙，以官为氏，仓氏、庾氏则仓庾吏之后也。其二千石长史亦安官乐职，然后上下无苟且之意。其后稍稍变易，公卿以下转相促急，又数以改更政事，司隶、部刺史察过悉劾，发扬阴私，（悉，尽也。言无大小，尽皆举劾，过於所察之条。）吏或居数月而退，送故迎新，交错道路。中材苟容求全，（不敢操持群下。）下材怀危内顾，（常恐获罪，每为私计。）一切营私者多。二千石益轻贱，吏人慢易之，或至上书章下，（依其所上之章，而下令理之。）众庶知其易危，（言易可倾危。）小失意则有离叛之心。前山阳亡徒苏令等纵横，吏士临难，莫肯伏节死义，以守相威权素夺也。（素夺，谓先不假之威权也。）孝成皇帝悔之，下诏书，二千石不为纵，（二千石不以故纵为罪，所以优之。）遣使者赐金，慰厚其意，诚以为国家有急，取办於二千石，二千石尊重难危，乃能使下。孝宣爱良人吏，（良，善也。良人吏，善理百姓者。）有章劾，事留中，会赦一解。（不即下理其事，恐为扰动，故每留中；或经赦令，一切皆解散也。）故事，尚书希下章，为烦扰百姓，证验系理，或死狱中，章文必有‘敢告之’字迺下。（所以丁宁告者之辞，绝其相诬。）惟陛下留神择贤，记善忘过，容忍臣子，勿责以备。（不求备於一人。）二千石、部刺史、三辅县令有材任职者，人情不能不有过差，宜可阔略，（当宽恕其小罪。）令尽力者有所劝。此方今急务，国家之利也。前苏令发，（谓苏令初发起为盗贼。）欲遣大夫使逐问状，时见大夫无可使者，（谓见在大夫皆不堪为使。）召盩厔令尹逢，拜为谏大夫遣之。今诸大夫有材能者甚少，宜先蓄养可成就者，则士赴难不爱其死。临事仓卒乃求，非所以明朝廷也。”嘉因荐儒者公孙光、满昌及能吏萧咸、薛修等，皆故二千石有名称。天子纳而用之。

后汉光武时，陈事者多言：“郡国贡举，率非功次，故守职益懈，而吏事浸疏。咎在州郡。”有诏下公卿朝臣议。韦彪上议：“夫国以简贤为务，贤以孝行为首。孔子曰：‘事亲孝，故忠可移於君。’是以求忠臣必於孝子之门。夫人才行少能相兼，是以孟公绰优於赵、魏老，不可以为滕、薛大夫。忠孝之人，持心近厚；锻炼之吏，持心近薄。三代之所以直道而行也。士宜以才行为先，不可纯以阀阅。然其要归，在於选二千石，二千石贤，则贡举皆得其人矣。”帝深纳之。

张衡上疏曰：“古者取士，诸侯岁贡。孝武之代，郡举孝廉，又有贤良文学之选，於是名臣皆出，文武并兴。汉之得人，数路而已。夫书画辞赋，才之小者，匡国理政，未有其能。陛下即位之初，先访经术，听政馀日，观省篇章，聊以游意，当代博弈，非以教化取士之本。而诸生竞利，作者鼎沸，其高者颇引经训风喻之言，下则连偶俗语，有类俳优，或窃成文，虚冒名氏。臣每受诏於盛化门差次录第，其未及者，亦复随辈皆见拜擢。既加之恩，难复收改，但守俸禄，於义已加，不可复使理人及仕州郡。昔孝宣会诸儒於石渠，章帝集学士於白虎，通经释义，其事优大，文武之道，所宜从之。若乃小能小善，虽有可观，孔子以为‘致远则泥’，君子故当志其大者远者也。”

魏文帝时诏曰："选举莫取有名。名如画地作饼，不可啖也。"吏部尚书卢毓对曰："名不足以致异人，而可以得常士。常士畏教慕善，然后有名。"其后士人多务进趋，廉逊道阙。时刘寔乃著崇让论以矫之，其辞曰：

古之圣王之化天下，所以贵让者，欲以出贤才，息争竞也。夫人情莫不皆欲己之贤，故劝令让贤以自明贤，岂假让不贤哉！故让道兴，贤能之人不求而自出矣，至公之举自立矣，百官之副亦先具矣。一官阙，择众官所让最多者而用之，审之道也。在朝之士相让於上，草庐之人咸皆化之，推能让贤之风从此生矣。为一国所让，则一国士也；天下所共推，则天下士也。推让之风行，则贤与不肖殊矣。此道之行，在上者无所用其心，因成清议，随之而已。贤人相让於朝，大才之人恒在大官，小人不争於野，天下无事矣。以贤才化无事，至道兴矣。已仰其成，复何与焉！孔子曰，能以礼让为国乎，则不难也。

在朝之人不务相让久矣，天下化之。自魏代以来，登进辟命之士，及县在职之吏，临见授叙，虽自辞不能，终莫肯让有胜己者。夫推让之风息，争竞之心生。孔子曰，上兴让则下不争也。议者佥然言，代少高名之才，朝廷不有大才之人可以为大官者。山泽人小官吏亦复云，朝廷之士虽大官名德，皆不及往时人也。余以为此二言皆失之矣。非时独乏贤也，时不贵让。一人有先众之称，毁必随之，名不得成使之然也。虽令稷、契复存，亦不复能全其名矣。能否混杂，优劣不分，上无素定之价，官职有阙，主选之吏不知所用，但按官次而举之。同才之人先用者，非势家之子，则必为有势者之所念也。非能独贤，因其先用之资而复迁之无已，不胜其任之病发矣。

所以见用不息者，由让道废，因资用人之有失久矣。故自汉、魏以来，时开大举，令众官各举所知，唯才所任，不限阶次，如此者甚数矣。其所举必有当者，不闻时有擢用，不知何谁最贤故也。所举必有不当者，而罪不加，不知何谁最不肖也。所以不可得知，由当时之人莫肯相推，贤愚之名不别，令其如此。举者知在上者察不能审，故敢漫举而进之。或举所贤，因及所念，一顿而至，人数猥多，言所举贤，加之高状，相似如一，难得而分矣。虽举者不能尽忠之罪，亦由上开听察之路滥，令其尔也。才高守道之士日退，驰走於有势之门日多矣。虽国有典刑，弗能禁矣。

夫让不兴之弊，非徒贤人在下位，不得时进也，国之良臣荷重任者，亦将以渐受罪退矣。何以知其然也？孔子以为颜氏之子不贰过耳，明非圣人皆有过。宠贵之地，欲之者多矣，恶贤能塞其路，过而毁之者亦多矣。夫谤毁之生，非徒空设，必因人之微过而甚之者也。毁谤之言数闻，在上者虽欲弗纳，不能不杖所闻，因事之来而微察之，察之无已，其验至矣。得其验，安得不理其罪。若知而纵之，主威日衰，令之不行，自此始矣。知而皆理之，受罪退者稍多，大臣有不自固之心。夫贤才不进，贵臣日疏，此有国者之深忧也。

窃以为改此俗甚易耳。何以知之？夫一时在官之人，虽杂有凡猥之才，其中贤明者亦多矣，岂可谓皆不知让贤为贵邪！直以其时皆不让，习以成俗，故遂不为耳。人臣初除，皆通表上闻，名之谢章，所由来尚矣。原谢章之本意，欲进贤能以谢国恩也。昔舜以禹为司空，禹拜稽首，让於稷、契及咎繇；使益为虞官，让於熊、罴；使伯夷典三礼，让於夔龙：唐虞之时，众官初除，莫不皆让也。谢章之义，盖取於此。书记之者，欲以永代作则。季代所用，不能让贤，虚谢见用之恩而已。相承不变，习俗之失也。

夫叙用之官得通章表者，其让贤推能，乃通其章；其不能有所让，徒费简纸者，皆绝不通。人臣初除，各思推贤能而让之矣，让文付主者掌之。三司有阙，择三司所让最多者而用之。此为一公阙，三公已先选之矣。且主选之吏，不必任公而选三公，不如令三公自共选一公为详也。四征阙，择四征所让最多者而用之。此为一征阙，四征已先选之矣，必详於停阙而令主者选四征也。尚书阙，择尚书所让最多者而用之。此为令诸尚书共选一尚书，详於临阙令主者选八尚书也。郡守阙，择众郡所让最多者而用之，详於任主者，此为令百郡守共选一郡守也。

夫以众官百郡之让，与主者共相比，不可同岁而论也。贤愚皆让，百姓耳目尽为国耳目。夫人情争则欲毁己所不知，让则竞推於胜己。故代争则毁誉交错，优劣不分，难得而让也。夫贵让则贤智明出，能否之美历历相次，不可得乱也。当此时也，能退身修己者，让之者多矣。虽贤智欲守贫贱，不可得也。驰骛进取而欲人见让，犹卻行而求前也。夫如此，愚智咸知进身求通，非修之於己则无由进矣。游外求者，於此相随而归矣。浮声虚论，不禁而自止矣。人无所用其心，任众人议，而天下自化。让可以致此，岂可不务之哉！

晋始平王文学李重又以为等级繁多，又外官轻而内官重，使风俗大弊，宜釐改，重外选，简阶级，使官久。议曰："古之圣王，建官垂制，所以体国经野。自帝王以下，代有增损：舜命九官，周分六职，秦采古制，汉仍秦旧，倚丞相，任九卿。虽置五曹尚书令仆射之职，始於掌封奏以宣外内，事任尚轻，而郡守牧人之官重，故汉宣称'所与为理唯良二千石'，其有殊政者，或赐爵进秩，谅得为理大体，所以远比三代也。及於东京，尚书虽渐优重，然令、仆出为郡守，锺离意、黄香、胡广是也；郡守入为三公，虞延、第五伦、桓虞、鲍昱是也。近自魏朝名守杜畿、满宠、田国让、（国讳改称字。）胡质等，居郡或十馀年，或二十年，或加秩假节而不去郡，此亦古人'苟善其事，虽没代不徙官'之义也。汉魏以来，内官之贵，於今最崇，而百官等级遂多，迁补转徙如流，能否无以著，黜陟不得彰，此为理之大弊也。夫阶级繁多而冀官久，官不久而冀理功成，不可得也。虞书云：'三考黜陟幽明。'周官，三年大计群吏之理，而行其诛赏。汉法，官人或不真秩。魏初，用轻资以先试守。臣以为今宜大并群官等级，使同班者不得复稍迁；又简法外议罪之制，明试守左迁之例，则官人之理尽，士必量能而受爵矣。居职者日久，则政绩可考，人心自定，务求诸己也。"帝虽善之，竟不能行。

齐左仆射王俭请解领选，谓褚彦回曰："选曹之始，近自汉末。今若反古，使州郡贡计，三府辟士，与众共之，犹贤一人之意。古者选众，今则不然，奇才绝智所以见遗於草泽也。"彦回曰："诚如卿言。但行之已久，卒难为改也。"

梁尚书左仆射沈约论曰："汉末丧乱，魏武始创，军中仓卒，权立九品。盖以论人才优劣，非谓代族高卑。因此相沿，遂为成法。自魏至晋，莫之能改。州都、郡正，以才品人，而举代人才，升降盖寡，徒以凭籍代资，用相凌驾。都正俗士，斟酌时宜，品目少多，随事俯仰，刘毅所云'下品无高门，上品无贱族’也。岁月迁讹，斯风渐笃，凡厥衣冠，莫非二品，自此以还，遂成卑庶。周汉之道，以智役愚，台隶参差，用成等级。魏晋以来，以贵役贱，士庶之科，较然有辨。夫人君南面，九重奥绝，陪奉朝夕，义隔卿士，阶闼之任，宜有司存。”

武帝天监中，约又上疏曰：“顷自汉代，本无士庶之别，自非仕宦，不至京师，罢公卿牧守，并还乡里，小人瞻仰，以成风俗。且黉校棋布，传经授业，学优而仕，始自乡邑，本於小吏幹佐，方至文学功曹，积以岁月，乃得察举。人才秀异，始为公府所辟，迁为牧守，入作台司。汉之得人，於斯为盛。今之士人，并聚京邑，其有守土不迁，非直愚贱。且当今士子繁多，略以万计，常患官少才多，无地以处。秀才自别是一种任官，非若汉代取人之例也。假使秀才对五问可称，孝廉答一策能过，此乃雕虫小道，非关理功得失。以此求才，徒虚语耳。”

鸿胪卿裴子野又论曰：“书云‘贵贵’，为其近於君也。天下无生而贵者，是故道义可尊，无择负贩；苟非其人，何取代族。周衰礼坏，政出臣下，卿士大夫自相继及，非夫嗣嫡，犹等家臣。且徒步匹夫，见礼侯伯，轼闾拥篲，无绝於时。其后四方豪势之家，门客千数，卑身折节，比食同袍，虽相倾倚，亦成风俗。迄於二汉，尊儒重道，朝廷州里，学行是先，虽名公子孙，还齐布衣之士，士庶虽分，而无华素之隔。有晋以来，其流稍改，草泽高士，犹厕清涂，降及季年，专称阀阅。自是三公之子，傲九棘之家，黄散之孙，蔑令长之室，转相骄矜，互争铢两，所论必门户，所议莫贤能。苟且之俗成，傲慢之祸作，非所以敦弘退让，励德兴化之道也。”宋明帝聪博，好文史，才思朗捷，省读书奏，号七行俱下。每国有祯祥及行幸宴集，辄陈诗展义，且以命朝臣。其戎士武夫，则托请不暇，困於课限，或买以应诏焉。於是天下向风，人自藻饰，雕虫之艺，盛於时矣。又论曰：“古者四始六义，总而为诗。既形四方之风，且彰君子之志，劝美惩恶，王化本焉。而后之作者，思存枝叶，繁华蕴藻，用以自通。若夫悱恻芳芬，楚骚为之祖；靡漫容与，相如扣其音。由是随声逐响之俦，弃指归而无执，赋歌诗颂，百揆五车。蔡邕等之俳优，杨雄悔为童子，圣人不作，雅郑谁分。其五言为诗家，则苏、李自出，曹、刘伟其风力，潘、陆固其枝柯，爰及江左，称彼颜、谢，箴绣鞶帨，无取庙堂。宋初迄於元嘉，多为经史；大明之代，实好斯文。高才逸韵，颇谢前哲，波流同尚，滋有笃焉。自是闾阎少年，贵游总角，罔不摈落六艺，吟咏情性。学者以博依为急务，谓章句为‘专鲁’，淫文破典，斐尔为曹；无被於管弦，非止乎礼义，深心主卉木，远致极风云，其兴浮，其志弱，巧而不要，隐而不深，讨其宗途，亦有宋之遗风也。若季子聆音，则非兴国；鲤也趋室，必有不敦。荀卿有言：‘乱代之徵，文章匿采。’而斯岂近之乎？”（萧子显曰：“自宋以来，谢灵运、颜延年以文章彰於代，谢庄、袁淑又以才藻系之，朝廷之士及闾阎衣冠，莫不仰其风流，竞为诗赋之事。五经文句，无复通其义者。”）

后魏孝文帝时，高祐上疏云：“今之选举，不采识理之优劣，专简年劳之多少，斯非尽才之谓。宜停此薄艺，弃彼巧劳，唯才是取，官方斯穆。又勋旧之臣，虽年勤可录，而才非抚人，则可加之以爵赏，不宜委之以方任。所谓王者可私人以财，不私人以官。”帝善之。

韩麒麟子显宗上言：“前代取士，必先正名，故有贤良方正之称。今州郡贡察，徒有秀、孝之名，而无秀、孝之实。而朝廷但检其有门地，不复弹坐。如此则可别贡门地以叙士人，何假置秀、孝之名也！夫门地者，是其父祖之遗烈，亦何益於皇家。苟有奇才，虽屠钓奴虏之贱亦用之；苟非其人，虽三后之胤，自坠於皂隶矣。或云，代无奇才，不若取士於门。此亦失矣。岂可以代无周召，便废宰相而不置哉！但当校其寸长铢重者，即先叙之，则贤才无遗矣。”

孝明帝时，清河王怿以官人失序，上表曰：“孝文帝制，出身之人，本以门品高下有恒，若准资荫，自公卿令仆之子，甲乙丙丁之族，上则散骑祕著，下逮御史长兼，皆条例昭然，文无亏没。自此，或身非三事之子，解褐公府正佐；地非甲乙之类，而得上宰行僚。自兹以降，亦多乖舛。且参军事专非出身之职，今必释褐而居，祕著本为起家之官，今或迁转以至：斯皆仰失先准，有违明令，非所谓式遵遗范，奉顺成规。此虽官人之失，相循已久，然推其弥漫，抑亦有由。何者？信一人之明，当九流之广，必令该鉴氏族，辨照人伦，才识有限，固难审悉。所以州置中正之官，清定门胄，品藻高卑，四海画一，专尸衡石，任实不轻。故自置中正以来，暨於太和之日，莫不高拟其人，妙尽兹选，皆须名位重於乡国，才德允於具瞻，然后可以品裁州郡，综覈人物。今之所置，多非其人。乞明为敕制，使官人选才，备依先旨，无令能否乖方，违才易务；并革选中正，一依前轨。庶清源有归，流序允穆。”灵太后诏依表施行，而终不能用。

薛琡为吏部郎中。先是，崔亮奏立停年之格，不简人才，专问劳旧。琡乃上书曰：“若使选曹唯取年劳，不简贤否，便即义均行雁，次若贯鱼，勘簿呼名，一吏足矣。数人而用，何谓铨衡？今请郡县之职，吏部先尽择才，务取廉平淳直，素行有闻，并学通古今，晓达理体者，以应其选。不拘入职远近，年勋多少。其积劳之中，有才堪牧人者，先在用之限。其馀不堪者，既壮藉其力，岂容老而弃之，将佐丞尉，去人积远，小小当否，未为多失，宜依次补序，以酬其劳。”书奏，不报。徐因引见，复陈言曰：“汉朝常令三公大臣，举贤良方正、有道直言之士，以为长吏，监抚黎元。自晋末以来，此风遂替。今四方初定，务在养人。臣请依汉氏，更立四科，令三公宰贵各荐时贤，以补郡县。明立条格，防其阿党之端。”诏下公卿议之，亦寝矣。

后周乐逊上疏论选举曰：“选曹赏录勋贤，补拟官爵，必宜与众共之，有明扬之授。使人得尽心，如睹白日。其材有升降，其功有厚薄，禄秩所加，无容不审。即如州郡选置，犹集乡闾，况天下选曹，不取人物。若方州列郡，自可内除。此外付选曹铨叙者，既非机事，何足可密？人生处代，以荣禄为重，修身履行，以慕声名。然逢时既难，失时为易。其选置之日，宜令众心明白，然后呈奏。使功勤见知，品物称悦。”

隋文帝开皇中，持书侍御史李谔以选才失中，上书曰：“自魏之三祖，更尚文词，忽君人之大道，好雕虫之小艺。下之从上，有同影响，竞骋浮华，遂成风俗。江左齐、梁，其弊弥甚，贵贱贤愚，唯务吟咏。遂复遗理存异，寻虚逐微，竞一韵之奇，争一字之巧。连篇累牍，不出月露之形；积案盈箱，唯是风云之状。代俗以此相高，朝廷据兹擢士。禄利之路既开，爱尚之情愈笃。

於是闾里童昏，贵游总角，未窥六甲，先制五言。至如羲皇、舜、禹之典，伊、傅、周、孔之说，不复关心，何尝入耳。以傲诞为清虚，以缘情为勋绩，指儒素为古拙，用辞赋为君子。故文笔日烦，其政日乱，良由弃大圣之轨范，构无用以为用也。捐本逐末，流遍华壤，递相师祖，浇漓愈扇。及大隋受命，圣道聿兴，屏黜轻浮，遏止华伪。自非怀经抱质，志道依仁，不得引领搢绅，参厕缨冕。是以开皇四年，普诏天下，公私文翰，并宜实录。其年九月，泗州刺史司马幼之上表华艳，付所司理罪。由是公卿大臣，咸知正路，莫不钻仰坟素，弃绝华绮，择先王之令典，行大道於兹代。如闻在外州县，仍踵弊风，选吏举人，未遵典则。至於宗党称孝，乡曲归仁，学必典谟，交不苟合，则摈落私门，不加收齿；其学不稽古，逐俗随时，作轻薄之篇章，结朋党而称誉，则选充吏职，举送天朝。盖由县令、刺史，未行风教，犹挟私情，不存公道。臣既忝宪司，职当纠察。若闻风即劾，恐挂网者多，请勒诸司，普加搜访，有如此者，具状送台。”

参考文献

瞿林东著：《杜佑评传——创典制通史，汇治国良模》，广西教育出版社1996年版。

通　志

题解

《通志》二百卷，宋人郑樵撰。作为别史，郑樵僻处深山，抱负远大，他要超越司马迁、班固以来的纪传体模式，改表为谱，改志为略。《二十略》综合贯串，尤其氏族、六书、七音等略，一向为历代治学者所重。

版本

[宋]郑樵撰：《通志》，中华书局1987年版。

选读

谥略

古无谥，谥起于周人。義皇之前，名是，氏亦是，号亦是。至神农氏，则有炎帝之号；轩辕氏，则有黄帝之号，二帝之号虽殊，名氏则一焉。尧曰陶唐，舜曰有虞，禹曰夏后，汤曰殷商，则氏已异于名。尧曰放勋，舜曰重华，禹曰文命，汤曰武王，则号已异于氏。然是时有名号之别者，不过开基之祖耳。夏自启，商自太甲，皆一名而生死通称，若其曰祖曰宗，为中为高，则又不可常也。以讳事神者，周道也。周人卒哭而讳，将葬而谥，有讳则有谥，无讳则谥不立。盖名不可名已，则后王之语前王，后代之及前代，所以为昭穆之次者，将何以别哉。生有名，死有谥，名乃生者之辨，谥乃死者之辨，初不为善恶也。以谥易名，名尚不敢称，况可加之以恶乎？非臣子之所安也。呜呼！《春秋》纪实事而褒贬之说行，谥法别昭穆而美刺之说行，当其时已纷纭矣，后之人何独不然。臣恐褒贬之说不已，则《春秋》或几乎息矣，于是作《春秋考》《春秋传》；又恐美刺之说不已，则周公之意其亡矣夫，于是作《谥法》。使百代之下，为人臣为人子者，知尊君严父，奉亡如存，不敢以轻重之意行乎其间，以伤名教者也。

天下有难行之道，虽曰古有是道，而后世终不可行者，非古有是道也，后之人设是道以实之耳，岂有可行于古而不可行于今之道乎？若曰臣子可以议君父之得失，使有德则谥善，无德则谥恶，大行受大名，细行受细名，行生于己，名生于人，此真不可行之道也。自非伐无道，诛有罪，收其鲸鲵，以为京观，则安得有恶谥之称乎！臣以为立谥之意本为昭穆，命谥之义取于尊隆。且生有恶，死无恶者，人之情也。生可简，死不可简者，礼之事也。生虽侯伯，死必称公，生不逾等，死必加等，先王之通制也。岂有称生之号有隆，而命死之名有亏乎？谥亦有恶，恶谥非所以加君父也。子曰：“父在观其志，父没观其行，三年无改于父之道，可谓孝矣。”不若是，是不当于人心。子议父，臣议君，秦人之所厌而削之也，今先儒之所为谥者，正秦人之论耳，不合乎古道。

按谥法，恶谥莫如“桀”“纣”，其次莫如“桓”“灵”，其次莫如“幽”“厉”，此古今之所闻也。以臣所见皆不然，桀、纣是名耳，非谥也。名者，生之所命而非死之所加也。当夏之季，当殷之兴，则未有谥，桀非谥也。当殷之季，当周之兴，虽有谥法，然得谥为荣，不得谥为辱，名之以纣，辱莫大焉。桀之所名者取于木，犹高柴、公孙枝之所取云耳，岂有贼人多杀之名而可以为名乎？纣之所名者取于丝，犹臧纥、南宫縚之所取云耳，岂有残义损善之名而可以为名乎？是名也，非己之所更，即父兄之所命也，安得有是义乎？“桓”于经典并无恶义。如“公执桓圭”，桓乃圭璋之首称；如“桓桓武王”，桓乃果毅之盛德。齐之桓公，用能霸业，周之桓王，元无累行，安得“桓”为恶名乎？“灵”者神圣之异名。周之东也，王纲不振，四方解体，迨夫灵王，周道始昌，诸侯服从。故《传》曰：“惟有髭王，甚神圣。”以其生有神圣之德，死则谥之以“灵”，是为名实允当。其曰“请为‘灵’若‘厉’”者，荆蛮不根之论也，安得“灵”为恶名乎？“幽”者隐之并名也。周幽王丧于犬戎之祸，鲁隐公卒于羽父之难，皆臣子所不忍言，故以“幽”“隐”命之，痛恻之甚也，岂有拥遏不通之义乎？《语》曰：“子温而厉，威而不猛，恭而安。”“厉”与安并德，故于厉言“而”，猛则异于是，故于猛言“不”。“厉”非恶也，岂有暴虐无亲之义乎？厉王过矣，使厉王而有暴虐无亲之名，则宣王不得为孝子。幽王过矣，使幽王而受拥遏不通之责，则晋文侯、郑武公不得为良臣。成周之法，初无恶谥，谥之有恶者，后人之所立也，由有美刺之说行，然后人立恶谥。

谥之有善恶者，即文而见，不即说而见。且曰戾曰刺，岂不见其有凶德，何必以不悔前过然后为“戾”，暴慢无亲然后为“刺”乎？一戾不足其说，又益之以戾，一刺不足其说，又益之以刺，非古之道也。曰荡曰荒，岂不见其有淫行，何必好内远礼然后为“荡”，纵乐无度然后为“荒”乎？一荡不足其说，又益之以荡，一荒不足其说，又益之以荒，非古之道也。谥之善恶，可即一文以见义，一文不得而尽者，即复文以见义，复文不足以尽者，又从而加之。如卫之公孙枝，是为贞惠文子，亦古之道，何必为之说以释之乎？释之之言既多，又非载籍之常义，学者而尽欲以善恶之义通之，其有名实相违而义不可通者，则必迂其说，曲而通之也。“桀”“纣”初非恶名，“桓”“灵”亦非恶谥，由其君而众恶所集，使名与谥不能主也。人闻其名，见其谥，则翕然以为恶矣。且爱人爱其人之乌，恶人恶其人之狗，乌狗何与于善恶，但随人好恶所生矣。是以君子恶居下流，故名之曰“幽”“厉”。

法之为谥者，取一文耳，非有说也。谥法行而其说纷纷，其书见于世者，有《周公谥法》，有《春秋谥法》，有《广谥》，有《今文尚书》，有《大戴记》，有《世本》，有《独断》，有刘熙之书，有来奥之书，有沈约之书，有贺琛之书，有王彦威之书，有苏冕之书，有扈蒙之书，有苏洵之书。其实皆由汉魏以来儒生取古人之谥而释以己说，集而为法也。故苏氏曰：“周公之法，反取贺琛之新法而载之书，是知世之谥法其名尤古者，益非古法也。”今考周公之书所用后人之语甚多，是皆为谥法者展转相因，言文杂揉，无足取也。惟沈约之书，博采古今，诠次有纪，然亦无所建明。至苏氏承诏编定六家谥法，乃取周公、《春秋》《广谥》、沈约、贺琛、扈蒙之书，断然有所去取，其善恶有一成之论，实前人所不及也。皇也，帝也，王也，公也，侯也，君也，师也，长也，胥也，实尊卑之号，上下之称。且生有爵，死有谥，以是为谥，未之敢闻也。若帝王可以为谥，则天子亦可以为谥矣。若公侯可以为谥，则卿大夫亦可以为谥矣。若师长可以为谥，则父兄亦可以为谥矣。无义之谈，莫此为甚，经几百年间，而后苏子辟之。“尧”取累土以命名，“舜”取浓华以命名，“禹”取于兽，“汤”取于水，“桀”以乔木，“纣”以绎丝，是非己之所更，必父兄之所命也。且生有爵，死有谥，以是为谥，未之敢闻也。苏氏未暇及，臣不敢后焉。谨条其可用者二百十谥，分为三类，只以一文见义，无事乎文之广，无事乎说之繁，庶乎表里苏氏之学，是亦典礼之大者。

（谥中略）

凡苏氏所取一百六十八谥，三百十一条。臣今只即一文以见义，即文可以见文，不必曰“施而中理曰文”“经纬天地曰文”。即武可以见武，不必曰“克定祸乱曰武”“保大定功曰武”。即孝可以见孝，不必曰“慈惠爱亲曰孝”“能养能恭曰孝”。即忠可以见忠，不必曰“盛衰纯固曰忠”“临患不忘曰忠”。且即文以见义，则文简而义显，舍文而从说，则说多而义惑。苏氏所削为多矣，臣今复削去三百十一条之说，只从百六十八谥而增损焉。实得二百十谥，分而为三，上谥百三十，用于君亲，用于君子；下谥六十五，用于歼夷，用于非君子；中谥十四，用于闵伤，用于无后者。其有尧、舜、禹、汤、桀、纣六文，乃人名非谥法，所宜去也。陈胡公满者，言其老也，有胡耇之称焉，“胡”非谥义。齐有丁公，名也，汉有丁公，姓也，“丁”非谥义，故去“胡”去“丁”。曰商，曰使，曰军，曰�，曰鼎，曰莫，曰敌，曰震，曰摄，曰革，曰易，曰素，曰顷，凡十三文，虽有其谥，于辞义未安，所宜去也。曰原，曰爱，曰声，曰闻，曰要，曰强，曰平，凡七文，文虽可用，于义不专，亦宜去。苏氏所取者百六十八谥，今去其二十八，凡苏氏所去者百九十八，今取其七十二谥。披沙得金，甄金去土，非相违也，而相从也。

苏氏去其历代所以为尊卑之号者九，皇、帝、王、公、侯、君、师、长、胥是也。子曰：“左丘明耻之，丘亦耻之。”苏氏去其义之不安者八，今取其“贲”，取其“逸”，所以待邱园也。苏氏去其子孙不忍称者九十四，今取其“暴”，取其“虐”，取其“愎”，取其“凶”，取其“悖”，取其“慢”，取其“忍”，取其“毒”，取其“恶”，取其“嬰”，取其“攘”，取其“顽”，所以待暴戾。取其“昏”，取其“骄”，取其“酗”，取其“湎”，取其“侥”，取其“狃”，取其“侈”，取其“惑”，取其“靡”，取其“溺”，所以待淫侈。取其“谄”，取其“伪”，取其“濡”，取其“妄”，取其“诬”，取其“诈”，取其“谲”，取其“讪”，取其“诡”，取其“騑”，取其“邪”，取其“慝”，取其“蛊”，所以待奸回。取其“危”，取其“圮”，取其“挠”，取其“覆”，取其“败”，取其“絺”，所以待覆亡。取其“懦”，取其“疵”，取其“饕”，所以待贪鄙。苏氏去其名之不能举其人之要者八，今取其“退”，取其“讷”，所以待恬退之士。取其“修”，取其“训”，所以待礼法之人。苏氏去其鄙陋不足以训者十有一，今取其“偲”，取其“逑”，为靖专者备也。苏氏去其泛滥不可指明善恶之状者七，今取其“懋”，为黾勉者备也。取其“宜”，为中庸者备也。苏氏去其重复而无益于用者五十七，今取其“哲”，有异于智也。取其“察”，有异于明也。取其“通”，有异于敏也。取其“仪”，有异于穆也。取其“经”，有异于宪也。取其“庇”，有异于礼也。取其“协”，有异于顺也。取其“端”，有异于直也。取其“费”，有异于夸也。取其“休”，取其“悦”，有异于凯也。取其“绰”，取其“容”，有异于宽也。取其“确”，取其“恒”，有异于介也。取其“熙”，取其“洽”，有异于和也。

苏氏于百六十八谥之外有七去，三百十一条之中有六类，七去者削其文，六类者易其义。臣今此书，只以文显，不用义说，故于六类亦无所用，但第四类中“比”“俭”二义于文未安，不得不为之说。俭乃恭俭之俭，比乃协比之比，俭也，比也，古之美谥也。苏氏引“俭则固”之义，而更之曰“菲薄废礼曰俭”。引“君子周而不比”之义，而更之曰“事君有党曰比”。以“比”“俭”二谥内于恶德，此臣之所不取也。俭若为恶德，则“夫子温良恭俭”之俭，其将何处？比若为恶德，则“协比其邻，婚姻孔云”之比其将何为？若之何以不中礼之俭为俭，朋比之比为比乎。臣今易置，从古道也。

《语》曰：“孔文子何以谓之文也？子曰，敏而好学，不耻下问，是以谓之文也。”然则文子之谥初无谥法，仲尼则因问而即其人之行事以释之，奈何先立其法必使人之曲中也。规矩本为方圆设，而非豫为小大剂量，使制器者范围于此，况所作之法只采经传之言，其间有大不通理处。子曰，“敏而好学，不耻下问，是以谓之文”，而云“敏而好学曰文”可也。孟子曰，“陈善闭邪谓之敬”，而云“陈善闭邪曰敬”可也。《易》之《益》曰，“君子见善则迁，有过则改”，而云“迁善改过曰益”可也。左氏曰，“共用之谓勇”，而云“率义共用曰勇”可也。奈何《诗》曰，“訾矣能言，巧言如流”，“曰訾”可乎？《书》曰，“宾于四门，四门穆穆”，而云“辟于四门曰穆”可乎？传曰，“季子生而有文在其手曰‘友’，遂命之”，而云“有文在手曰友”，何义也？《书》曰：“乃圣乃神，乃武乃文”，而云“乃圣乃神曰武”，何义也？《诗序》

曰“太平之君子能持盈守成”，而云“持盈守满曰成”，何义也？至于终始如一者则谓之“终”，为人所渴望者则谓之“渴”，于义安乎？取“并后匹嫡”之义而为“并”，取“牝鸡之晨，惟家之索”义而为“索”，是可用乎？千百年间，学者见之，礼官博士行之，而断无以为非者。

参考文献

徐有富著：《郑樵评传》，南京大学出版社1998年版。

吴怀祺著：《郑樵研究》，厦门大学出版社2010年版。

资治通鉴

题 解

《资治通鉴》一共二百九十四卷，是北宋司马光编纂的史学著作，目的主要是为治国理政者提供历史经验。司马光从战国到五代的1362年历史逐年逐月进行编次，举撮机要，删削冗长，专取关系国计民生的大事。由于该书文繁义博，南宋胡三省专门做了音注，注本对于地理沿革和制度变迁都有详尽补充。

版 本

[宋]司马光撰：《资治通鉴》，中华书局2007年版。

选读

炀皇帝下

大业十二年（丙子，公元六一六年）

春，正月，朝集使不至者二十馀郡，始议分遣使者十二道发兵讨捕盗贼。

诏毗陵通守路道德集十郡兵数万人，于郡东南起宫苑，周围十二里，内为十六离宫，大抵仿东都西苑之制，而奇丽过之。又欲筑宫于会稽，会乱，不果成。

三月，上巳，帝与群臣饮于西苑水上，命学士杜宝撰《水饰图经》，采古水事七十二，使朝散大夫黄衮以木为之，间以妓航、酒船，人物自动如生，钟磬筝瑟，能成音曲。

己丑，张金称陷平恩，一朝杀男女万馀口；又陷武安、钜鹿、清河诸县。金称比诸贼尤残暴，所过民无孑遗。

夏，四月，丁巳，大业殿西院火。帝以为盗起，惊走，入西苑，匿草间，火定乃还。帝自八年以后，每夜眠恒惊悸，云有贼，令数妇人摇抚，乃得眠。

癸亥，历山飞别将甄翟儿众十万寇太原，将军潘长文败死。五月，丙戌朔，日有食之，既。

壬午，帝于景华宫征求萤火，得数斛，夜出游山，放之，光遍岩谷。

帝问侍臣盗贼，左翊卫大将军宇文述曰："渐少。"帝曰："比从来少几何？"对曰："不能什一。"纳言苏威引身隐柱，帝呼前问之，对曰："臣非所司，不委多少，但患渐近。"帝曰："何谓也？"威曰："他日贼据长白山，今近在汜水。且往日租赋丁役，今皆何在！岂非其人皆化为盗乎！比见奏贼皆不以实，遂使失于支计，不时剪除。又昔在雁门，许罢征辽，今复征发，贼何由息！"帝不悦而罢。寻属五月五日，百僚多馈珍玩，威独献《尚书》。或谮之曰："《尚书》有《五子之歌》，威意甚不逊。"帝益怒。顷之，帝问威以伐高丽事，威欲帝知天下多盗，对曰："今兹之役，愿不发兵，但赦群盗，自可得数十万。遣之东征，彼喜于免罪，争务立功，高丽可灭。”帝不怿。威出，御史大夫裴蕴奏曰：“此大不逊！天下何处有许多贼！”帝曰：“老革多奸，以贼胁我！欲批其口，且复隐忍。”蕴知帝意，遣河南白衣张行本奏：“威昔在高阳典选，滥授人官；畏怯突厥，请还京师。”帝令按验，狱成，下诏数威罪状，除名为民。后月馀，复有奏威与突厥阴图不轨者，事下裴蕴推之，蕴处威死。威无以自明，但摧谢而已。帝悯而释之，曰：“未忍即杀。”遂并其子孙三世皆除名。

秋，七月，壬戌，济景公樊子盖卒。

江都新作龙舟成，送东都；宇文述劝幸江都，帝从之。右候卫大将军酒泉赵才谏曰：“今百姓疲劳，府藏空竭，盗贼蜂起，禁令不行，愿陛下还京师，安兆庶。”帝大怒，以才属吏，旬日，意解，乃出之。朝臣皆不欲行，帝意甚坚，无敢谏者。建节尉任宗上书极谏，即日于朝堂杖杀之。甲子，帝幸江都，命越王侗与光禄大夫段达、太府卿元文都、检校民部尚书韦津、右武卫将军皇甫天逸、右司郎卢楚等总留后事。津，孝宽之子也。帝以诗留别宫人曰：“我梦江都好，征辽亦偶然。”奉信郎崔民象以盗贼充斥，于建国门上表谏；帝大怒，先解其颐，然后斩之。

戊辰，冯翊孙华举兵为盗。虞世基以盗贼充斥，请发兵屯洛口仓，帝曰：“卿是书生，定犹恇怯。”戊辰，车驾至巩。敕有司移箕山、公路二府于仓内，仍令筑城以备不虞。至汜水，奉信郎王爱仁复上表请还西京，帝斩之而行。至梁郡，郡人邀车驾上书曰：“陛下若遂幸江都，天下非陛下之有！”又斩之。是时李子通据海陵，左才相掠淮北，杜伏威屯六合，众各数万；帝遣光禄大夫陈稜将宿卫精兵八千讨之，往往克捷。

八月，乙巳，贼帅赵万海众数十万，自恒山寇高阳。

冬，十月，己丑，许恭公宇文述卒。初，述子化及、智及皆无赖。化及事帝于东宫，帝宠昵之，及即位，以为太仆少卿。帝幸榆林，化及、智及冒禁与突厥交市，帝怒，将斩之，已解衣辫发，既而释之，赐述为奴。智及弟士及，以尚主之故，常轻智及，唯化及与之亲昵。述卒，帝复以化及为右屯卫将军，智及为将作少监。

李密之亡也，往依郝孝德，孝德不礼之；又入王薄，薄亦不之奇也。密困乏，至削树皮而食之，匿于淮阳村舍，变姓名，聚徒教授。郡县疑而捕之，密亡去，抵其妹夫雍丘令丘君明。君明不敢舍，转寄密于游侠王秀才家，秀才以女妻之。君明从侄怀义告其事，帝令怀义自赍敕书与梁郡通守杨汪相知收捕。汪遣兵围秀才宅，适值密出外，由是获免，君明、秀才皆死。

韦城翟让为东都法曹，坐事当斩。狱吏黄君汉奇其骁勇，夜中潜谓让曰："翟法司，天时人事，抑亦可知，岂能守死狱中乎！"让惊喜叩头曰："让，圈牢之豕，死生唯黄曹主所命！"君汉即破械出之。让再拜曰："让蒙再生之恩则幸矣，奈黄曹主何！"因泣下。君汉怒曰："本以公为大丈夫，可救生民之命，故不顾其死以奉脱，奈何反效儿女子涕泣相谢乎！君但努力自免，勿忧吾也！"让遂亡命于瓦岗为群盗，同郡单雄信，骁健，善用马槊，聚少年往从之。离狐徐世勣家于卫南，年十七，有勇略，说让曰："东郡于公与勣皆为乡里，人多相识，不宜侵掠。荥阳、梁郡，汴水所经，剽行舟、掠商旅，足以自资。"让然之，引众入二郡界，掠公私船，资用丰给，附者益众，聚徒至万馀人。

时又有外黄王当仁、济阳王伯当、韦城周文举、雍丘李公逸等皆拥众为盗。李密自雍州亡命，往来诸帅间，说以取天下之策，始皆不信。久之，稍以为然，相谓曰："斯人公卿子弟，志气若是。今人人皆云杨氏将灭，李氏将兴。吾闻王者不死。斯人再三获济，岂非其人乎！"由是渐敬密。

密察诸帅唯翟让最强，乃因王伯当以见让，为让画策，往说诸小盗，皆下之。让悦，稍亲近密，与之计事，密因说让曰："刘、项皆起布衣为帝王。今主昏于上，民怨于下，锐兵尽于辽东，和亲绝于突厥，方乃巡游扬、越，委弃东都，此亦刘、项奋起之会也。以足下雄才大略，士马精锐，席卷二京，诛灭暴虐，隋氏不足亡也！"让谢曰："吾侪群盗，旦夕偷生草间，君之言者，非吾所及也。"

会有李玄英者，自东都逃来，经历诸贼，求访李密，云"斯人当代隋家”。人问其故，玄英言：“比来民间谣歌有《桃李章》曰：‘桃李子，皇后绕扬州，宛转花园里。勿浪语，谁道许！’‘桃李子’，谓逃亡者李氏之子也；皇与后，皆君也；‘宛转花园里’，谓天子在扬州无还日，将转于沟壑也；‘莫浪语，谁道许’者，密也。”既与密遇，遂委身事之。前宋城尉齐郡房彦藻，自负其才，恨不为时用，预于杨玄感之谋。变姓名亡命，遇密于梁、宋之间，遂与之俱游汉、沔，遍入诸贼，说其豪杰；还日，从者数百人，仍为游客，处于让营。让见密为豪杰所归，欲从其计，犹豫未决。

有贾雄者，晓阴阳占候，为让军师，言无不用。密深结于雄，使之托术数以说让；雄许诺，怀之未发。会让召雄，告以密所言，问其可否，对曰：“吉不可言。”又曰：“公自立恐未必成，若立斯人，事无不济。”让曰：“如卿言，蒲山公当自立，何来从我？”对曰：“事有相因。所以来者，将军姓翟，翟者，泽也，蒲非泽不生，故须将军也。”让然之，与密情好日笃。

密因说让曰：“今四海糜沸，不得耕耘，公士众虽多，食无仓禀，唯资野掠，常苦不给。若旷日持久，加以大敌临之，必涣然离散。未若先取荥阳，休兵馆谷，待士马肥充，然后与人争利。”让从之，于是破金堤关，攻荥阳诸县，多下之。

荥阳太守郇王庆，弘之子也，不能讨，帝徙张须陁为荥阳通守以讨之。庚戌，须陁引兵击让，让向数为须陁所败，闻其来，大惧，将避之。密曰：“须陁勇而无谋，兵又骤胜，既骄且狠，可一战擒也。公但列陈以待，密保为公破之。”让不得已，勒兵将战，密分兵千馀人伏于大海寺北林间。须陁素轻让，方陈而前，让与战，不利，须陁乘之，逐北十馀里；密发伏掩之，须陁兵败。密与让及徐世勣、王伯当合军围之，须陁溃围出；左右不能尽出，须陁跃马复入救之，来往数四，遂战死。所部兵昼夜号哭，数日不止，河南郡县为之丧气。鹰扬郎将河东贾务本为须陁之副，亦被伤，帅馀众五千馀人奔梁郡，务本寻卒。诏以光禄大夫裴仁基为河南道讨捕大使，代领其众，徙镇虎牢。

让乃令密建牙，别统所部，号蒲山公营。密部分严整，凡号令士卒，虽盛夏，皆如背负霜雪。躬服俭素，所得金宝，悉颁赐麾下，由是人为之用。麾下士卒多为让士卒所陵辱，以威约有素，不敢报也。让谓密曰：“今资粮粗足，意欲还向瓦岗，公若不往，唯公所适，让从此别矣。”让帅辎重东引，密亦西行至康城，说下数城，大获资储。让寻悔，复引兵从密。

鄱阳贼帅操师乞自称元兴王，建元始兴，攻陷豫章郡，以其乡人林士弘为大将军。诏治书侍御史刘子翊将兵讨之。师乞中流矢死，士弘代统其众，与子翊战于彭蠡湖，子翊败死。士弘兵大振，至十馀万人。十二月，壬辰，士弘自称皇帝，国号楚，建元太平；遂取九江、临川、南康、宜昌等郡，豪杰争杀隋守令，以郡县应之。其地北自九江，南及番禺，皆为所有。

诏以右骁卫将军唐公李渊为太原留守，以虎贲郎将王威、虎牙郎将高君雅为之副，将兵讨甄翟儿，与翟儿遇于雀鼠谷。渊众才数千，贼围渊数匝；李世民将精兵救之，拔渊于万众之中，会步兵至，合击，大破之。

帝疏薄骨肉，蔡王智积每不自安，及病，不呼医，临终，谓所亲曰：“吾今日始知得保首领没于地矣！”

张金称、郝孝德、孙宣雅、高士达、杨公卿等寇掠河北，屠陷郡县；隋将帅败亡者相继，唯虎贲中郎将蒲城王辩、清河郡丞华阴杨善会数有功，善会前后与贼七百余战，未尝负败。帝遣太仆卿杨义臣讨张金称。金称营于平恩东北，义臣引兵直进抵临清之西，据永济渠为营，去金称营四十里，深沟高垒，不与战。金称日引兵至义臣营西，义臣勒兵擐甲，约与之战，既而不出。日暮，金称还营，明旦，复来；如是月馀，义臣竟不出。金称以为怯，屡逼其营詈辱之。义臣乃谓金称曰：“汝明旦来，我当必战。”金称易之，不复设备。义臣简精骑二千，夜自馆陶济河，伺金称离营，即入击其累重。金称闻之，引兵还，义臣从后击之，金称大败，与左右逃于清河之东。月馀，杨善会讨擒之。吏立木于市，悬其头，张其手足，令仇家割食之；未死间，歌讴不辍。诏以善会为清河通守。

涿郡通守郭绚将兵万馀人讨高士达。士达自以才略不及窦建德，乃进建德为军司马，悉以兵授之。建德请士达守辎重，自简精兵七千人拒绚，诈为与士达有隙而叛，遣人请降于绚，愿为前驱，击士达以自效。绚信之，引兵随建德至长河，不复设备。建德袭之，杀虏数千人，斩绚首，献士达，张金称馀众皆归建德。杨义臣乘胜至平原，欲入高鸡泊讨之。建德谓士达曰："历观隋将，善用兵者无如义臣。今灭张金称而来，其锋不可当。请引兵避之，使其欲战不得，坐费岁月，将士疲倦。然后乘间击之，乃可破也。不然，恐非公之敌。"士达不从，留建德守营，自帅精兵逆击义臣，战小胜，因纵酒高宴。建德闻之曰："东海公未有破敌，遽自矜大，祸至不久矣！"后五日，义臣大破士达，于陈斩之，乘胜逐北，趣其营，营中守兵皆溃。建德与百馀骑亡去，至饶阳，乘其无备，攻陷之，收兵，得三千馀人。义臣既杀士达，以为建德不足忧，引去。建德还平原，收士达散兵，收葬死者，为士达发丧，军复大振，自称将军。先是，群盗得隋官及士族子弟，皆杀之，独建德善遇之。由是隋官稍以城降之，声势日盛，胜兵至十馀万人。

内史侍郎虞世基以帝恶闻贼盗，诸将及郡县有告败求救者，世基皆抑损表状，不以实闻，但云："鼠窃狗盗，郡县捕逐，行当殄尽，愿陛下勿以介怀。"帝良以为然，或杖其使者，以为妄言，由是盗贼遍海内，陷没郡县，帝皆弗之知也。杨义臣破降河北贼数十万，列状上闻，帝叹曰："我初不闻，贼顿如此，义臣降贼何多也！"世基对曰："小窃虽多，未足为虑。义臣克之，拥兵不少，久在阃外，此最非宜。"帝曰："卿言是也。"遽追义臣，放散其兵，贼由是复盛。

治书侍御史韦云起劾奏："世基及御史大夫裴蕴职典枢要，维持内外，四方告变，不为奏闻。贼数实多，裁减言少，陛下既闻贼少，发兵不多，众寡悬殊，往皆不克，故使官军失利，贼党日滋。请付有司结正其罪。"大理卿郑善果奏："云起诋訾名臣，所言不实，非毁朝政，妄作威权。"由是左迁云起为大理司直。

帝至江都，江、淮郡官谒见者，专问礼饷丰薄，丰则超迁丞、守，薄则率从停解。江都郡丞王世充献铜镜屏风，迁通守；历阳郡丞赵元楷献异味，迁江都郡丞。由是郡县竞务刻剥，以充贡献。民外为盗贼所掠，内为郡县所赋，生计无遗；加之饥馑无食，民始采树皮叶，或擣稾为末，或煮土而食之，诸物皆尽，乃自相食；而官食犹充牣，吏皆畏法，莫敢振救。王世充密为帝简阅江淮民间美女献之，由是益有宠。

河间贼帅格谦拥众十馀万，据豆子岗，自称燕王，帝命王世充将兵讨斩之。谦将勃海高开道收其馀众，寇掠燕地，军势复振。

初，帝谋伐高丽，器械资储，皆积于涿郡；涿郡人物殷阜，屯兵数万。又，临朔宫多珍宝，诸贼竞来侵掠；留守官虎贲郎将赵什住等不能拒，唯虎贲郎将云阳罗艺独出战，前后破贼甚众，威名日重，什住等阴忌之。艺将作乱，先宣言以激其众曰："吾辈讨贼数有功，城中仓库山积，制在留守之官，而莫肯散施以济贫乏，将何以劝将士！"众皆愤怨。军还，郡丞出城候艺，艺因执之，陈兵而入。什住等惧，皆来听命，乃发库物以赐战士，开仓廪以赈贫乏，境内咸悦；杀不同己者勃海太守唐祎等数人，威振燕地，柳城、怀远并归之。艺黜柳城太守杨林甫，改郡为营州，以襄平太守邓暠为总管，艺自称幽州总管。

突厥数寇北连。诏晋阳留守李渊帅太原道兵与马邑太守王仁恭击之。时突厥方强，两军众不满五千，仁恭患之。渊选善骑射者二千人，使之饮食舍止一如突厥，或与突厥遇，则伺便击之，前后屡捷，突厥颇惮之。

参考文献

[清]王夫之著：《读通鉴论》，中华书局2013年版。

[日]佐伯富著：《资治通鉴索引》，宗青图书出版公司（台北）1986年版。

朱子语类

题解

《朱子语类大全》一百四十卷，黎靖德编排，是朱熹与其弟子问答的语录汇编。此书基本代表了朱熹的思想，语录体也很好地还原了朱子讲学的现场，对理解宋代理学思想的形成有重要意义。

版本

[宋]黎靖德编：《朱子语类》，王星贤点校，中华书局1986年版。

选读

理气

问："太极不是未有天地之先有个浑成之物，是天地万物之理总名否？"曰："太极只是天地万物之理。在天地言，则天地中有太极；在万物言，则万物中各有太极。未有天地之先，毕竟是先有此理。动而生阳，亦只是理；静而生阴，亦只是理。"问："太极解何以先动而后静，先用而后体，先感而后寂？"曰："在阴阳言，则用在阳而体在阴，然动静无端，阴阳无始，不可分先后。今只就起处言之，毕竟动前又是静，用前又是体，感前又是寂，阳前又是阴，而寂前又是感，静前又是动，将何者为先后？不可只道今日动便为始，而昨日静更不说也。如鼻息，言呼吸则辞顺，不可道吸呼。毕竟呼前又是吸，吸前又是呼。"

问："昨谓未有天地之先，毕竟是先有理，如何？"曰："未有天地之先，毕竟也只是理。有此理，便有此天地；若无此理，便亦无天地，无人无物，都无该载了！有理，便有气流行，发育万物。"曰："发育是理发育之否？"曰："有此理，便有此气流行发育。理无形体。"曰："所谓体者，是强名否？"曰："是。"曰："理无极，气有极否？"曰："论其极，将那处做极？"

若无太极，便不翻了天地！

太极只是一个理字。

有是理后生是气，自"一阴一阳之谓道"推来。此性自有仁义。

天下未有无理之气，亦未有无气之理。气以成形，而理亦赋焉。

先有个理了，却有气。气积为质，而性具焉。

问理与气。曰："伊川说得好，曰：'理一分殊。'合天地万物而言，只是一个理；及在人，则又各自有一个理。"

问理与气。曰："有是理便有是气，但理是本，而今且从理上说气。如云：'太极动而生阳，动极而静，静而生阴。'不成动已前便无静。程子曰：

'动静无端。'盖此亦是且自那动处说起。若论著动以前又有静，静以前又有动，如云：'一阴一阳之谓道，继之者善也。'这'继'字便是动之端。若只一开一阖而无继，便是阖杀了。"又问："继是动静之间否？"曰："是静之终，动之始也。且如四时，到得冬月，万物都归窠了；若不生，来年便都息了。盖是贞复生元，无穷如此。"

性理

或问："人物之性一源，何以有异？"曰："人之性论明暗，物之性只是偏塞。暗者可使之明，已偏塞者不可使之通也。横渠言，凡物莫不有是性，由通蔽开塞，所以有人物之别。而卒谓塞者牢不可开，厚者可以开而开之也难，薄者开之也易是也。"又问："人之习为不善，其溺已深者，终不可复反矣。"曰："势极重者不可反，亦在乎识之浅深与其用力之多寡耳。"

先生答黄商伯书有云："论万物之一原，则理同而气异；观万物之异体，则气犹相近，而理绝不同。"问："'理同而气异'，此一句是说方付与万物之初，以其天命流行，只是一般，故理同；以其二五之气有清浊纯驳，故气异。下句是就万物已得之后说，以其虽有清浊之不同，而同此二五之气，故气相近；以其昏明开塞之甚远，故理绝不同。中庸是论其方付之初，集注是看其已得之后。"曰："气相近，如知寒暖，识饥饱，好生恶死，趋利避害，人与物都一般。理不同，如蜂蚁之君臣，只是他义上有一点子明；虎狼之父子，只是他仁上有一点子明；其他更推不去。恰似镜子，其他处都暗了，中间只有一两点子光。大凡物事禀得一边重，便占了其他底。如慈爱底人少断制，断制之人多残忍。盖仁多，便遮了义；义多，便遮了那仁。"问："所以妇人临事多怕，亦是气偏了？"曰："妇人之仁，只流从爱上去。"问："人物皆禀天地之理以为性，皆受天地之气以为形。若人品之不同，固是气有昏明厚薄之异。若在物言之，不知是所禀之理便有不全耶，亦是缘气禀之昏蔽故如此耶？"曰："惟其所受之气只有许多，故其理亦只有许多。如犬马，他这形气如此，故只会得如此事。”又问：“物物具一太极，则是理无不全也。”曰：“谓之全亦可，谓之偏亦可。以理言之，则无不全；以气言之，（士毅录作“以不能推言之”。）则不能无偏。故吕与叔谓物之性有近人之性者，如猫相乳之类。（温公集载他家一猫，又更差异。）人之性有近物之性者。”

学

因论小学，曰：“古者教必以乐，后世不复然。”问：“此是作乐使之听，或其自作？”曰：“自作。若自理会不得，自作何益！逆者，国君备乐，士无故不去琴瑟，日用之物，无时不列於前。”问：“郑人赂晋以女乐，乃有歌钟二肆，何故？”曰：“所谓‘郑声’，特其声异耳，其器则同。今之教坊乐乃胡乐。此等事，久则亡。欧阳公集古录载寇莱公好舞柘枝，有五十曲。文忠时，其亡已多，举此可见。旧见升朝官以上，前导一物，用水晶为之，谓之‘主斧’，今亦无之。”某云：“今之籍妓，莫是女乐之遗否？”曰：“不知当时女乐如何。”通老问“左手执籥，右手秉翟”。曰：“所谓‘文舞’也。”又问：“古人舞不回旋？”曰：“既谓之‘舞’，安得不回旋？”某问：“‘汉家周舞’，注云：‘此舜舞’。”曰：“遭秦之暴，古帝王乐尽亡，惟韶乐独存，舜舞乃此舞也。”又问通老，大学祭孔子乐。渠云：“亦分堂上堂下，但无大钟。”曰：“竟未知今之乐是何乐。”

……

学问须是大进一番，方始有益。若能於一处大处攻得破，见那许多零碎，只是这一个道理，方是快活。然零碎底非是不当理会，但大处攻不破，纵零碎理会得些少，终不快活。“曾点漆雕开已见大意”，只缘他大处看得分晓。今且道他那大底是甚物事？天下只有一个道理，学只要理会得这一个道理。这里才通，则凡天理、人欲、义利、公私、善恶之辨，莫不皆通。

……

今语学问，正如煮物相似，须爇猛火先煮，方用微火慢煮。若一向只用微火，何由得熟？欲复自家元来之性，乃恁地悠悠，几时会做得？大要须先立头绪。头绪既立，然后有所持守。书曰："若药弗瞑眩，厥疾弗瘳。"今日学者皆是养病。

……

学者须是为己。譬如吃饭，宁可逐些吃，令饱为是乎？宁可铺摊放门外，报人道我家有许多饭为是乎？近来学者，多是以自家合做底事报与人知。又言，此间学者多好高，只是将义理略从肚里过，却翻出许多说话。旧见此间人做婚书，亦说天命人伦。男婚女嫁，自是常事。盖有厌卑近之意，故须将日用常行底事装荷起来。如此者，只是不为己，不求益；只是好名，图好看。亦聊以自诳，如南越王黄屋左纛，聊以自娱尔。

……

佛家一向撤去许多事，只理会自身己；其教虽不是，其意思却是要自理会。所以他那下常有人，自家这下自无人。今世儒者，能守经者，理会讲解而已；看史传者，计较利害而已。那人直是要理会身己，从自家身己做去。不理会自身己，说甚别人长短！明道曰："不立己后，虽向好事，犹为化物。不得以天下万物挠己，己立后，自能了当得天下万物。"只是从程先生后，不再传而已衰。所以某尝说自家这下无人。佛家有三门：曰教，曰律，曰禅。禅家不立文字，只直截要识心见性。律本法甚严，毫发有罪。如云不许饮水，才饮水便有罪过。如今小院号为律院，乃不律之尤者也！教自有三项：曰天台教，曰慈恩教，曰延寿教。延寿教南方无传，有些文字，无能通者。其学近禅，故禅家以此为得。天台教专理会讲解。慈恩教亦只是讲解。吾儒家若见得道理透，就自家身心上理会得本领，便自兼得禅底；讲说辨讨，便自兼得教底；动由规矩，便自兼得律底。事事是自家合理会。颜渊问为邦。看他陋巷箪瓢如此，又却问为邦之事，只是合当理会，看得是合做底事。若理会得入头，意思一齐都转；若不理会得入头，少间百事皆差错。若差了路头底亦多端：有才出门便错了路底，有行过三两条路了方差底，有略差了便转底，有一向差了煞远，终於不转底。

……

致知、敬、克己，此三事，以一家譬之：敬是守门户之人，克己则是拒盗，致知却是去推察自家与外来底事。伊川言：“涵养须用敬，进学则在致知。”不言克己。盖敬胜百邪，便自有克，如诚则便不消言闲邪之意。犹善守门户，则与拒盗便是一等事，不消更言别有拒盗底。若以涵养对克己言之，则各作一事亦可。涵养，则譬如将息；克己，则譬如服药去病。盖将息不到，然后服药。将息则自无病，何消服药。能纯於敬，则自无邪僻，何用克己。若有邪僻，只是敬心不纯，只可责敬。故敬则无己可克，乃敬之效。若初学，则须是功夫都到，无所不用其极。

……

读书已是第二义。盖人生道理合下完具，所以要读书者，盖是未曾经历见许多，圣人是经历见得许多，所以写在册上与人看。而今读书，只是要见得许多道理。及理会得了，又皆是自家合下元有底，不是外面旋添得来。

……

为学之道，圣贤教人，说得甚分晓。大抵学者读书，务要穷究。“道问学”是大事。要识得道理去做人。大凡看书，要看了又看，逐段、逐句、逐字理会，仍参诸解、传，说教通透，使道理与自家心相肯，方得。读书要自家道理浃洽透彻。杜元凯云：“优而柔之，使自求之，厌而饫之，使自趋之。若江海之浸，膏泽之润，涣然冰释，怡然理顺，然后为得也。”

……

大凡读书，须是熟读。熟读了，自精熟；精熟后，理自见得。如吃果子一般，劈头方咬开，未见滋味，便吃了。须是细嚼教烂，则滋味自出，方始识得这个是甜是苦是甘是辛，始为知味。又云：“园夫灌园，善灌之夫，随其蔬果，株株而灌之。少间灌溉既足，则泥水相和，而物得其润，自然生长。不善灌者，忙急而治之，担一担之水，浇满园之蔬。人见其治园矣，而物未尝沾足也。”又云：“读书之道，用力愈多，收功愈远。先难而后获，先事而后得，皆是此理。”又云：“读书之法，须是用工去看。先一书费许多工夫，后则无许多矣。始初一书费十分工夫，后一书费八九分，后则费六七分，又后则费四五分矣。”

……

书只贵读，读多自然晓。今即思量得，写在纸上底，也不济事，终非我有，只贵乎读。这个不知如何，自然心与气合，舒畅发越，自是记得牢。纵饶熟看过，心里思量过，也不如读。读来读去，少间晓不得底，自然晓得；已晓得者，越有滋味。若是读不熟，都没这般滋味。而今未说读得注，且只熟读正经，行住坐卧，心常在此，自然晓得。尝思之，读便是学。夫子说“学而不思则罔，思而不学则殆”，学便是读。读了又思，思了又读，自然有意。若读而不思，又不知其意味；思而不读，纵使晓得，终是卼臲不安。一似倩得人来守屋相似，不是自家人，终不属自家使唤。若读得熟，而又思得精，自然心与理一，永远不忘。某旧苦记文字不得，后来只是读。今之记得者，皆读之功也。老苏只取孟子论语韩子与诸圣人之书，安坐而读之者七八年，后来做出许多文字如此好。他资质固不可及，然亦须著如此读。只是他读时，便只要模写他言语，做文章。若移此心与这样资质去讲究义理。那里得来！是知书只贵熟读，别无方法。

……

学者工夫只求一个是。天下之理，不过是与非两端而已。从其是则为善，徇其非则为恶。事亲须是孝，不然，则非事亲之道；事君须是忠，不然，则非事君之道。凡事皆用审个是非，择其是而行之。圣人教人，谆谆不已，只是发明此理。“十五志学”，所志只在此；“三十而立”，所立只在此；“四十而不惑”，又不是别有一般道理，只是见得明，行得到。为贤为圣，皆只在此。圣人恐人未悟，故如此说，又如彼说；这里既说，那里又说，学者可不知所择哉！今读书而不能尽知其理，只是心粗意广。凡解释文义，须是虚心玩索。圣人言语，义理该贯，如丝发相通，若只恁大纲看过，何缘见得精微出来！所以失圣人之意也。

大学

答林子渊说大学，曰："圣人之书，做一样看不得。有只说一个下工夫规模，有首尾只说道理。如中庸之书，劈初头便说'天命之谓性'。若是这般书，全著得思量义理。如大学，只说个做工夫之节目，自不消得大段思量，才看过，便自晓得。只是做工夫全在自家身心上，却不在文字上。文字已不著得思量。说穷理，只就自家身上求之，都无别物事。只有个仁义礼智，看如何千变万化，也离这四个不得。公且自看，日用之间如何离得这四个。如信者，只是有此四者，故谓之信。信，实也，实是有此。论其体，则实是有仁义礼智；论其用，则实是有恻隐、羞恶、恭敬、是非，更假伪不得。试看天下岂有假做得仁，假做得义，假做得礼，假做得智！所以说信者，以言其实有而非伪也。更自一身推之於家，实是有父子，有夫妇，有兄弟；推之天地之间，实是有君臣，有朋友。都不是待后人旋安排，是合下元有此。又如一身之中，里面有五脏六腑，外面有耳目口鼻四肢，这是人人都如此。存之为仁义礼智，发出来为恻隐、羞恶、恭敬、是非。人人都有此。以至父子兄弟夫妇朋友君臣，亦莫不皆然。至於物，亦莫不然。但其拘於形，拘於气而不变。然亦就他一角子有发见处：看他也自有父子之亲；有牝牡，便是有夫妇；有大小，便是有兄弟；就他同类中各有群众，便是有朋友；亦有主脑，便是有君臣。只缘本来都是天地所生，共这根蒂，所以大率多同。圣贤出来抚临万物，各因其性而导之。如昆蟲草木，未尝不顺其性，如取之以时，用之有节：当春生时'不殀夭，不覆巢，不杀胎；草木零落，然后入山林；獭祭鱼，然后虞人入泽梁；豺祭兽，然后田猎'。所以能使万物各得其所者，惟是先知得天地本来生生之意。"

朱子

读书须读到不忍舍处，方是见得真味。若读之数过，略晓其义即厌之，欲别求书看，则是于此一卷书犹未得趣也。盖人心之灵，天理所在，用之则愈明。只提醒精神，终日着意，看得多少文字！穷得多少义理！徒为懒倦，则精神自是愦愦，只恁昏塞不通，可惜！某旧日读书，方其读论语时，不知有孟子；方读学而第一，不知有为政第二。今日看此一段，明日且更看此一段，看来看去，直待无可看，方换一段看。如此看久，自然洞贯，方为浃洽。时下虽是钝滞，便一件了得一件，将来却有尽理会得时。若撩东札西，徒然看多，事事不了；日暮途远，将来荒忙不济事。旧见李先生说："理会文字，须令一件融释了后，方更理会一件。""融释"二字下得极好，此亦伊川所谓"今日格一件，明日又格一件，格得多后，自脱然有贯通处"。此亦是他真曾经历来，便说得如此分明。今若一件未能融释，而又欲理会一件，则第二件又不了。推之万事，事事不了，何益！

参考文献

陈来著：《朱熹哲学研究》，中国社会科学出版社1993年版。

余英时著：《朱熹的历史世界》，生活·读书·新知三联书店2011年版。

束景南著：《朱熹年谱长编》，华东师范大学出版社2001年版。

本草纲目

题 解

李时珍的《本草纲目》不仅是一部有关中医药的医书，也是一部博物学作品。这部作品是对《黄帝内经》《神农本草》等相关著作的推陈出新，也是将明代以前中国人对周边自然从药学角度的一个专门提升。有关医药的知识在《本草纲目》里得到了前所未有的发掘和整理，经史百家、诗词歌赋和小说方志等相关片段也都在该书中以另一种知识的方式出现。

版 本

[明]李时珍纂：《本草纲目》，刘恒如、刘山永校注，华夏出版社2013年版。

选读

果部　荔枝

【释名】离枝（《纲目》）、丹荔。

颂曰：按：朱应《扶南记》云：此木结实时，枝弱而蒂牢，不可摘取，必以刀斧劙取其枝，故以为名。（音利）与劦同。

时珍曰：司马相如《上林赋》作离支。按：白居易云：若离本枝，一日色变，三日味变。则离支之名，又或取此义也。

【集解】颂曰：荔枝生岭南及巴中。今闽之泉、福、漳州、兴化军，蜀之嘉、蜀、渝、涪州，及二广州郡皆有之。其品以闽中为第一，蜀川次之，岭南为下。其木高二、三丈，自径尺至于合抱，类桂木、冬青之属。绿叶蓬蓬然，四时荣茂不凋。其木性至坚劲，土人取其根，作阮咸槽及弹棋局。其花青白，状若冠之蕤绥。其子喜双实，状如初生松球。壳有皱纹如罗，初青渐红。肉色淡白如肪玉，味甘而多汁。夏至将中，则子翕然俱赤，乃可食也。大树下子至百斛，五六月盛熟时，彼方皆燕会其下以赏之，极量取啖，虽多亦不伤人，稍过则饮蜜浆便解。荔枝始传于汉世，初惟出岭南，后出蜀中。故左思《蜀都赋》云：旁挺龙目，侧生荔枝。唐白居易《图序》论之详矣。今闽中四郡所出特奇，蔡襄《谱》其种类至三十余品，肌肉甚浓，甘香莹白，非广、蜀之比也。福唐岁贡白曝荔枝、蜜煎荔枝肉，俱为上方珍果。白曝须嘉实乃堪，其市货者，多用杂色荔枝入盐、梅曝成，皮色深红，味亦少酸，殊失本真。经曝则可经岁，商贩流布，遍及华夏，味犹不歇，百果之盛，皆不及此。又有焦核荔枝，核如鸡舌香，味更甜美。或云是木生背阳，结实不完就者。又有绿色、蜡色，皆其品之奇者，本土亦自难得。其蜀、岭荔枝，初生小酢，肉薄核大，不堪白曝。花及根亦入药。藏器曰：顾微《广州记》云：荔枝冬夏常青，其实大如鸡卵，壳朱肉白，核黄黑色，似半熟莲子，精者核如鸡舌香，甘美多汁，极益人也。

时珍曰：荔枝炎方之果，性最畏寒，易种而根浮。其木甚耐久，有经数百年犹结实者。其实生时肉白，干时肉红。日晒火烘，卤浸蜜煎，皆可致远。成朵晒干者谓之荔锦。按：白居易《荔枝图序》云：荔枝生巴、峡间。树形团团如帷盖，叶如冬青。花如橘而春荣，实如丹而夏熟。朵如蒲桃，核如枇杷。壳如红缯，膜如紫绡。瓤肉洁白如冰雪，浆液甘酸如醴酪。大略如彼，其实过之。若离本枝，一日而色变，二日而香变，三日而味变，四五日外，色香味尽去矣。又蔡襄《荔枝谱》云：广、蜀所出，早熟而肉薄，味甘酸，不及闽中下等者。闽中惟四郡有之，福州最多，兴化最奇，泉、漳次之。福州延亘原野，一家甚至万株。兴化上品，大径寸余，香气清远，色紫壳薄，瓤浓膜红，核如丁香母。剥之如水精，食之如绛雪。荔枝以甘为味，虽百千树莫有同者，过甘与淡，皆失于中。若夫浓皮尖刺，肌理黄色，附核而赤，食之有渣，食已而涩，虽无酢味，亦自下等矣。最忌麝香触之，花、实尽落也。又洪迈《夷坚志》云：莆田荔枝，名品，皆出天成，虽以其核种之，亦失本体，形状百出，不可以理求也。沈括《笔谈》谓焦核荔枝，乃土人去其大根，燔焦种成者，大不然也。珣曰：荔枝树似青木香。熟时人未采，则百虫不敢近。人才采之，乌鸟、蝙蝠之类，无不伤残之也。故采荔枝者，必日中而众采之。一日色变，二日味变，三日色味俱变。故古诗云：色味不逾三日变也。

荔枝核

【气味】甘，温，涩，无毒。

【主治】心痛、小肠气痛，以一枚煨存性，研末，新酒调服。（宗奭）治㿗疝气痛，妇人血气刺痛。

【发明】时珍曰：荔枝核入厥阴，行散滞气，其实双结而核肖睾丸，故其治㿗疝卵肿，有述类象形之义。

【附方】脾痛不止：荔枝核为末，醋服二钱。数服即愈。妇人血气刺痛：用荔枝核（烧存性）半两，香附子（炒）一两，为末。每服二钱，盐汤、米饮任下。名蠲痛散。疝气肿：孙氏：用荔枝核（炒黑色）、大茴香（炒）等分，为末。每服一钱，温酒下……

荔枝花及皮根

【主治】喉痹肿痛，用水煮汁，细细含咽，取瘥止。

荔枝壳

【主治】痘疮出不爽快，煎汤饮之。又解荔枝热，浸水饮。

【附方】新一。赤白痢：荔枝壳、橡斗壳（炒）、石榴皮（炒）、甘草（炙）各等分。每以半两，水一盏半，煎七分，温服，日二服。

荔枝实

【气味】甘，平，无毒。珣曰：甘、酸，热。多食令人发虚热。李鹏飞曰：生荔枝多食，发热烦渴，口干衄血。颂曰：多食不伤人。如稍过度，饮蜜浆一杯便解也。

时珍曰：荔枝气味纯阳，其性畏热。鲜者食多，即龈肿口痛，或衄血也。病齿及火病人尤忌之。《开宝本草》言其性平，苏氏谓多食无伤，皆谬说也。按：《物类相感志》云：食荔枝多则醉，以壳浸水饮之即解。此即食物不消，还以本物消之之意。

【主治】止渴，益人颜色（《开宝》）。食之止烦渴，头重心躁，背膊劳闷（李珣）。通神，益智，健气（孟诜）。治瘰瘰瘤赘，赤肿疔肿，发小儿痘疮（时珍）。

【发明】震亨曰：荔枝属阳，主散无形质之滞气，故消瘤赘赤肿者用之。苟不明此，虽用之无应。

【附方】新六。痘疮不发：荔枝肉，浸酒饮，并食之。忌生冷。（闻人规《痘疹论》）疔疮恶肿：《普济方》：用荔枝五个或三个，不用双数，以狗粪中米淘净为末，与糯米粥同研成膏，摊纸上贴之。留一孔出毒瓦斯。《济生秘览》：用荔枝肉、白梅各三个。捣作饼子。贴于疮上，根即出也。风牙疼痛：《普济》：用荔枝连壳（烧存性），研末，擦牙即止。乃治诸药不效仙方也。孙氏呃逆不止：荔枝七个，连皮核烧存性，为末。白汤调下，立止。（杨拱《医方摘要》）

介部　蟹

（《本经》中品）

【释名】螃蟹（《蟹谱》）、郭索（扬雄《方言朴子》）、横行介士（《蟹谱》）、无肠公子（《抱朴子》）雄曰蜋螘，雌曰博带。宗奭曰：此物每至夏末秋初，如蝉蜕解。名蟹之意，必取此义。

时珍曰：按：傅肱《蟹谱》云：蟹，水虫也，故字从虫。亦鱼属也，故古文从鱼。以其横行，则曰螃蟹。以其行声，则曰郭索。以其外骨，则曰介士。以其内空，则曰无肠。

【集解】《别录》曰：蟹生伊芳洛池泽诸水中。取无时。弘景曰：蟹类甚多，蝤蛑、拥剑、蟛皆是，并不入药。海边又有蟛蜞，似蟛似蟹而小，不可食。蔡谟初渡江，不识蟛蜞，啖之几死。叹曰：读尔雅不熟，几为劝学者所误也。颂曰：今淮海、汴东、河北陂泽中多有之，伊芳洛乃八月一日取稻芒两枝，长一二寸许，东行输送其长。输芒方可食之，否则毒尤猛也。其类甚多：六足者名（音跪），四足者名北，皆有大毒，不可食。其壳阔而多黄者名蠘，生南海中，其螯最锐，断物如芟刈也，食之行风气。其扁而最大，后足阔者，名蝤蛑，南人谓之拨棹子，以其后脚如棹也。一名蟳。随潮退壳，一退一长。其大者如升，小者如盏碟。两螯如手，所以异于众蟹也，其力至强，八月能与虎斗，虎不如也。一螯大、一螯小者，名拥剑，一名桀步。常以大螯斗，小螯食物。又名执火，以其螯赤也。其最小无毛者，名蟛蚏（音越），吴人讹为彭越。《尔雅》云：螖蠌，小者蟧。郭璞注云：即蟛蚏。

时珍曰：蟹，横行甲虫也。外刚内柔，于卦象离。骨眼蜩腹，蛭脑鲎足，二螯八跪，利钳类爪，壳脆而坚，有十二星点。雄者脐长，雌者脐团。腹中之黄，应月盈亏。其性多躁，引声噀沫，至死乃已。生于流水者，色黄而腥；生于止水者，色绀而馨。佛书言：其散子后即自枯死。霜前食物故有毒，霜后将蛰故味美。所谓入海输芒者，亦谬谈也。蟛蜞大于蟛蚏，生于陂池田港中，故有毒，令人吐下。似蟛蜞而生于沙穴中，见人便走者，沙狗也，不可食。似蟛蜞而生海中，潮至出穴而望者，望潮也，可食。两螯极小如石者，蚌江也，不可食。生溪涧石穴中，小而壳坚赤者，石蟹也，野人食之。又海中有红蟹，大而色红。飞蟹能飞。善苑国有百足之蟹。海中蟹大如钱，而腹下又有小蟹如榆荚者，蟹奴也。居蚌腹者，蛎奴也，又寄居蟹，并不可食。蟹腹中有虫，如小木鳖子而白者，不可食，大能发风也。宗奭曰：取蟹以八九月蟹浪之时，伺其出水而拾之，夜则以火照捕之，时黄与白满壳也。

【修治】时珍曰：凡蟹生烹，盐藏糟收，酒浸酱汁浸，皆为佳品。但久留易沙，见灯亦沙，得椒易脏。得皂荚或蒜及韶粉可免沙脏。得白芷则黄不散，得葱及五味子同煮则色不变。蔬蟹名曰蝑蟹（音泻）。

【气味】咸，寒，有小毒。弘景曰：未被霜，甚有毒，云食水莨所致。人中之，不疗多死也。独螯独目，两目相向，六足四足，腹下有毛，腹中有骨，头背有星点，足斑目赤者，并不可食，有毒害人。冬瓜汁、紫苏汁、蒜汁、豉汁、芦根汁，皆可解之。杨归厚曰：娠妇食之，令子横生。宗奭曰：此物极动风，风疾人不可食，屡见其事。

时珍曰：不可同柿及荆芥食，发霍乱动风，木香汁可解。详柿下。

【主治】胸中邪气，热结痛，㖞僻面肿。能败漆。烧之致鼠（《本经》）弘景曰：仙方用之，化漆为水，服之长生。以黑犬血灌之，三日烧之，诸鼠毕至。颂曰：其黄能化漆为水，故涂漆疮用之。其螯烧烟，可集鼠于庭也……

蟹壳

【主治】烧存性，蜜调，涂冻疮及蜂虿伤。酒服，治妇人儿枕痛及血崩腹痛，消积。

【附方】新三。崩中腹痛：毛蟹壳烧存性，米饮服一钱。（《证治要诀》）蜂虿螫伤：蟹壳烧存性，研末，蜜调涂之。（同上）熏辟壁虱：蟹壳烧烟熏之。（《摘玄》）

蟹爪

【主治】破胞堕胎。（《别录》）破宿血，止产后血闭，酒及醋汤煎服良。能安胎，堕生胎，下死胎，辟邪魅。

【附方】新二。神造汤：治子死腹中，并双胎一死一生，服之令死者出，生者安，神验方也。用蟹爪一升，甘草二尺，东流水一斗，以苇薪煮至二升，滤去滓，入真阿胶三两令烊，顿服或分二服。若人困不能服者，灌入即活。下胎蟹爪散：治妊妇有病欲去胎。用蟹爪二合，桂心、瞿麦各一两，牛膝二两，为末。空心温酒服一钱。（《千金方》）

盐蟹汁

【主治】喉风肿痛，满含细咽即消（时珍）。

虫部　蜘蛛

（《别录》下品）

【释名】次蟗（音秋）。《尔雅》：蠾蝓（属俞）。《方言》：蚍蟱，亦作蝃蝥，音拙谋。

时珍曰：按：王安石《字说》云：设一面之网，物触而后诛之。知乎诛义者，故曰蜘蛛。《尔雅》作鼅鼄，从黾，黾者大腹也。扬雄《方言》云：自关而东呼为蠾蝓，侏儒语转也。北燕朝鲜之间，谓之蝳蜍。齐人又呼为社公。

【集解】弘景曰：蜘蛛数十种，今入药惟用悬网如鱼罾者，亦名蚍蟱。赤斑者，俗名络新妇，亦入方术家用。其余并不入药。颂曰：蜘蛛处处有之，其类极多。《尔雅》云：次、也。藏器曰：在孔穴中及草木上，陶言即蜘蛛，非矣。斅曰：凡五色者，及大身有刺毛生者，并薄小者，并不入药。惟身小尻大，腹内有苍黄脓者为真。取屋西结网者，去头、足，研膏用。宗奭曰：蜘蛛品多，皆有毒。今人多用人家檐角、篱头、陋巷之间，空中作圆网，大腹深灰色者耳。遗尿着人，令人生疮癣。恭曰：剑南、山东，为此虫所啮，疮中出丝，屡有死者。

时珍曰：蜘蛛布网，其丝右绕。其类甚多，大小颜色不一，《尔雅》但分蜘蛛、草、土及蟏蛸四种而已。蜘蛛啮人甚毒，往往见于典籍。按刘禹锡《传信方》云：判官张延赏，为斑蜘蛛咬颈上，一宿有二赤脉绕项下至心前，头面肿如数斗，几至不救。一人以大蓝汁入麝香、雄黄，取一蛛投入，随化为水。遂以点咬处，两日悉愈。又云：贞元十年，崔从质员外言：有人被蜘蛛咬，腹大如孕妇。有僧教饮羊乳，数日而平。又李绛《兵部手集》云：蜘蛛咬人遍身成疮者，饮好酒至醉，则虫于肉中似小米自出也。刘郁《西使记》云：赤木儿城有虫如蛛，毒中人则烦渴，饮水立死，惟饮葡萄酒至醉吐则解。此与李绛所言蜘蛛毒人，饮酒至醉则愈之意同。盖亦蜘蛛也。郑晓吾学编云：西域赛蓝地方夏秋间草生小黑蜘蛛，甚毒，啮人痛声彻地。土人诵呪以薄荷枝拂之。又以羊肝遍擦其体，经一日夜痛方止，愈后皮脱如蜕。牛马被伤辄死也。元稹《长庆集》云：巴中蜘蛛大而毒，甚者身边数寸，踦长数倍其身。竹木被网皆死。中人，疮痏痛痒倍常，惟以苦酒调雄黄涂之，仍用鼠负虫食其丝尽则愈。不急救之，毒及心能死人也。段成式《酉阳杂俎》云：深山蜘蛛有大如车轮者，能食人物。若此数说，皆不可不知。淮南万毕术言赤斑蜘蛛食猪肪百日，杀以涂布，雨不能濡；杀以涂足，可履水上。《抱朴子》言：蜘蛛、水马，合冯夷水仙丸服，可居水中。皆方士幻诞之谈，不足信也。

【气味】微寒，有小毒。大明曰：无毒。畏蔓青、雄黄。时珍曰：蛛入饮食不可食。

【主治】大人、小儿㿗，及小儿大腹丁奚，三年不能行者。(《别录》)蜈蚣、蜂、虿螫人，取置咬处，吸其毒(弘景)。主蛇毒温疟，止呕逆霍乱(苏恭)。取汁，涂蛇伤。烧啖，治小儿腹痞(苏颂)。主口㖞、脱肛、疮肿、胡臭、齿䘌(时珍)。斑者，治疟疾疔肿。(《日华》)

【发明】颂曰：《别录》言蜘蛛治㿗。张仲景治阴狐疝气，偏有大小，时时上下者，蜘蛛散主之。蜘蛛十四枚(炒焦)，桂半两，为散。每服八分一匕，日再。或以蜜丸亦通。恭曰：蜘蛛能制蛇，故治蛇毒，而本条无此。时珍曰：《鹤林玉露》载：蜘蛛能制蜈蚣，以溺射之，节节断烂。则陶氏言蜘蛛治蜈蚣伤，亦相伏尔。沈括《笔谈》载：蛛为蜂螫，能啮芋梗，磨创而愈。今蛛又能治蜂、蝎螫，何哉？又刘义庆《幽明录》云：张甲与司徒蔡谟有亲。谟昼寝。梦甲忽暴病，心腹痛胀满不得吐下。名干霍乱，惟用蜘蛛生断去脚吞之则愈。但人不知，甲某时死矣。谟觉，使人验之，甲果死矣。后用此治干霍乱辄验也。按此说虽怪，正合《唐注》治呕逆霍乱之文，当亦不谬。盖蜘蛛服之，能令人利也。

【附方】旧七，新十五。中风口㖞：向火取蜘蛛摩偏急颊车上，候正即止。（《千金方》）小儿口噤：《直指》立圣散：用干蜘蛛一枚（去足，竹沥浸一宿，炙焦），蝎梢七个，腻粉少许。为末。每用一字，乳汁调，时时灌入口中。《圣惠方》：治小儿十日内，口噤不能吮乳。蜘蛛一枚，去足，炙焦研末。入猪乳一合，和匀。分作三服，徐徐灌之，神效无比。止截疟疾：葛洪方：用蜘蛛一枚，同饭捣丸，吞之。《杨氏家藏》：用蜘蛛一枚，著芦管中，密塞，绾项上。勿令患人知之。《海上》：用蜘蛛三五枚，绵包，系寸口上。《宣明方大蜘蛛三枚，信砒一钱，雄黑豆四十九粒，为末，滴水为丸豌豆大。先夜以一丸献于次早纸裹插耳内，立见神圣。一丸可医二人。泄痢脱肛：疼痛已久者，黑圣散主之。大蜘蛛一个，瓠叶两重包扎定，合子内烧存性，入黄丹少许，为末。先以白矾、葱、椒煎汤洗，拭干，以前药末置软帛上，托入收之，甚是有效也。（《乘闲方》）走马牙疳，出血作臭：用蜘蛛一枚，铜绿半钱，麝香少许，杵匀擦之。无蛛用壳。（《直指》）齿䶧断烂：用大蜘蛛一个，以湿纸重裹，荷叶包之，灰火煨焦为末，入麝香少许，研傅。（《永类钤方》）聤耳出脓：蜘蛛一个，胭脂坯子半钱，麝香一字，为末。用鹅翎吹之。吹奶疼痛：蜘蛛一枚，面裹烧存性，为末。酒服即止，神效。颏下结核：大蜘蛛不计多少，好酒浸过，同研烂，澄去滓。临卧时服之，最效。（《医林集要》）瘰疬结核，无问有头、无头。用大蜘蛛五枚，日干，去足细研，酥调涂之，日再上。（《圣惠方》）鼠瘘肿核已破出脓水者：蜘蛛二七枚，烧研，敷之。（《千金方》）便毒初起：大黑蜘蛛一枚，研烂，热酒一碗，搅服，随左右侧卧取利。不退再服，必效。（《寿域》）疔肿拔根：取户边蜘蛛，杵烂，醋和，先挑四畔血出，根稍露，敷之，干即易。一日夜根拔出，大有神效。（《千金方》）腋下狐臭：大蜘蛛一枚，以黄泥入少赤石脂末，及盐少许，和匀裹蛛，之为末，入轻粉一字，醋调成膏。临卧敷腋下，明早登厕，必泄下黑汁也。(《三因方》)蜂蝎螫伤:蜘蛛研汁涂之,并以生者安咬处吸其毒。(《广利方》)蜈蚣咬伤:同上。(《孙真人》)蛇虺咬伤:蜘蛛捣烂敷之,甚效。一切恶疮:蜘蛛晒,研末,入轻粉,麻油涂之。(《直指方》)

蜕壳

【主治】虫牙、牙疳。(时珍)

【附方】旧一,新一。虫牙有孔:蜘蛛壳一枚,绵裹塞之。(《备急》)牙疳出血:蜘蛛壳,为末,入胭脂、麝香少许,敷之。(《直指方》)

网

【主治】喜忘,七月七日取置衣领中,勿令人知。(《别录》)以缠疣赘,七日消落,有验。(苏恭)疗疮毒,止金疮血出。炒黄研末,酒服,治吐血。(时珍,出《圣惠方》)

【发明】时珍曰:按:侯延庆《退斋雅闻录》云:凡人卒暴吐血者,用大蜘蛛网,搓成小团,米饮吞之,一服立止。此乃孙绍先所传方也。又酉阳杂俎云:裴旻山行,见山蜘蛛垂丝如匹布。引弓射杀,断其丝数尺收之。部下有金疮者,剪方寸贴之,血立止也。观此,则蛛网盖止血之物也。

【附方】新四。积年诸疮:蜘蛛膜贴之,数易。(《千金方》)反花疮疾:同上。肛门鼠痔:蜘蛛丝,缠之,即落。疣瘤初起:柳树上花蜘蛛丝缠之,久则自消。(《简便方》)

参考文献

[梁]梁弘景编:《本草经集注》,群联出版社1955年版。

[唐]苏敬等撰:《新修本草》,上海古籍1985年版。

[宋]寇宗奭撰:《本草衍义》,商务印书馆1957年版。

[元]忽思慧撰:《饮膳正要》,中国书店1985年版。

[清]孙星衍、孙冯翼辑:《神农本草经》,人民卫生出版社1963年版。

天工开物

题解

《天工开物》十八卷，明代宋应星撰。它全面系统地总结和记述了中国古代农业和手工业的生产技术和经验，是一部了解中国传统工艺和农艺必读的文献，被称为“中国17世纪的工艺百科全书”。

版本

[明]宋应星著：《天工开物》，潘吉星译注，上海古籍出版社2013年版。

选读

作咸

宋子曰：天有五气，是生五味。润下作咸，王访箕子而首闻其义焉。口之于味也，辛酸甘苦经年绝一无恙。独食盐禁戒旬日，则缚鸡胜匹倦怠恹然。岂非“天一生水”，而此味为生人生气之源哉？四海之中，五服而外，为蔬为谷，皆有寂灭之乡，而斥卤则巧生以待。孰知其所已然。

盐产

凡盐产最不一，海、池、井、土、崖、砂石，略分六种，而东夷树叶，西戎光明不与焉。赤县之内，海卤居十之八，而其二为井、池、土碱。或假人力，或由天造。总之，一经舟车穷窘，则造物应付出焉。

海水盐

凡海水自具咸质，海滨地高者名潮墩，下者名草荡，地皆产盐。同一海卤传神，而取法则异。一法高堰地，潮波不没者，地可种盐。种户各有区画经界，不相侵越。度诘朝无雨，则今日广布稻麦稿灰及芦茅灰寸许于地上，压使平匀。明晨露气冲腾，则其下盐茅勃发，日中晴霁，灰、盐一并扫起淋煎。一法潮波浅被地，不用灰压。候潮一过，明日天晴，半日晒出盐霜，疾趋扫起煎炼。一法逼海潮深地，先掘深坑，横架竹木，上铺席苇，又铺沙于苇席上。俟潮灭顶冲过，卤气由沙渗下坑中，撤去沙、苇，以灯烛之，卤气冲灯即灭，取卤水煎炼。总之功在晴霁，若淫雨连旬，则谓之盐荒。又淮场地面有日晒自然生霜如马牙者，谓之大晒盐。不由煎炼，扫起即食。海水顺风飘来断草，勾取煎炼名蓬盐。

凡淋煎法，掘坑二个，一浅一深。浅者尺许，以竹木架芦席于上，将扫来盐料（不论有灰无灰，淋法皆同）铺于席上。四围隆起作一堤垱形，中以海水灌淋，渗下浅坑中。深者深七八尺，受浅坑所淋之汁，然后入锅煎炼。

凡煎盐锅古谓之牢盆，亦有两种制度。其盆周阔数丈，径亦丈许。用铁者以铁打成叶片，铁钉栓合，其底平如盂，其四周高尺二寸，其合缝处一以卤汁结塞，永无隙漏。其下列灶燃薪，多者十二三眼，少者七八眼，共煎此盘。南海有编竹为者，将竹编成阔丈深尺，糊以蜃灰，附于釜背。火燃釜底，滚沸延及成盐。亦名盐盆，然不若铁叶镶成之便也。凡煎卤未即凝结，将皂角椎碎，和粟米糠二味，卤沸之时投入其中搅和，盐即顷刻结成。盖皂角结盐犹石膏之结腐也。

凡盐淮扬场者，质重而黑。其他质轻而白。以量较之。淮场者一升重十两，则广、浙、长芦者只重六七两。凡蓬草盐不可常期，或数年一至，或一月数至。凡盐见水即化，见风即卤，见火愈坚。凡收藏不必用仓廪，盐性畏风不畏湿，地下叠稿三寸，任从卑湿无伤。周遭以土砖泥隙，上盖茅草尺许，百年如故也。

池盐

凡池盐，宇内有二，一出宁夏，供食边镇；一出山西解池，供晋、豫诸郡县。解池界安邑、猗氏、临晋之间，其池外有城堞，周遭禁御。池水深聚处，其色绿沉。土人种盐者池傍耕地为畦陇，引清水入所耕畦中，忌浊水，参入即淤淀盐脉。凡引水种盐，春间即为之，久则水成赤色。待夏秋之交，南风大起，则一宵结成，名曰颗盐，即古志所谓大盐也。以海水煎者细碎，而此成粒颗，故得大名。其盐凝结之后，扫起即成食味。种盐之人。积扫一石交官，得钱数十文而已。其海丰、深州引海水入池晒成者，凝结之时扫食不加人力，与解盐同。但成盐时日，与不藉南风则大异也。

井盐

凡滇、蜀两省远离海滨，舟车艰通，形势高上，其咸脉即韫藏地中。凡蜀中石山去河不远者，多可造井取盐。盐井周围不过数寸，其上口一小盂覆之有余，深必十丈以外乃得卤性，故造井功费甚难。

其器冶铁锥，如碓嘴形，其尖使极刚利，向石山舂凿成孔。其身破竹缠绳，夹悬此锥。每舂深入数尺，则又以竹接其身使引而长。初入丈许，或以足踏锥梢，如舂米形。太深则用手捧持顿下。所舂石成碎粉，随以长竹接引，悬铁盏挖之而上。大抵深者半载，浅者月余，乃得一井成就。

盖井中空阔，则卤气游散，不克结盐故也。井及泉后，择美竹长丈者，凿净其中节，留底不去。其喉下安消息，吸水入筒，用长絙系竹沉下，其中水满。井上悬桔槔、辘轳诸具，制盘驾牛。牛曳盘转，辘轳绞絙，汲水而上。入于釜中煎炼，（只用中釜，不用牢盆。）顷刻结盐，色成至白。

西川有火井，事奇甚。其井居然冷水，绝无火气，但以长竹剖开去节合缝漆布，一头插入井底，其上曲接，以口紧对釜脐，注卤水釜中。只见火意烘烘，水即滚沸。启竹而视之，绝无半点焦炎意。未见火形而用火神，此世间大奇事也，凡川、滇盐井逃课掩盖至易，不可穷诘。

末盐

凡地碱煎盐，除并州末盐外，长芦分司地土人，亦有刮削煎成者，带杂黑色，味不甚佳。

崖盐

凡西省阶、凤等州邑，海井交穷。其岩穴自生盐，色如红土，恣人刮取，不假煎炼。

杀青

宋子曰：物象精华，乾坤微妙，古传今而华达夷，使后起含生，目授而心识之，承载者以何物哉？君与民通，师将弟命，凭借呫呫口语，其与几何？持寸符，握半卷，终事诠旨，风行而冰释焉。覆载之间之藉有楮先生也，圣顽咸嘉赖之矣。身为竹骨为与木皮，杀其青而白乃见，万卷百家基从此起。其精在此，而其粗效于障风、护物之间。事已开于上古，而使汉、晋时人擅名记者，何其陋哉！

纸料

凡纸质用楮树（一名谷树）皮与桑穰、芙蓉膜等诸物者为皮纸，用竹麻者为竹纸。精者极其洁白，供书文、印文、柬启用；粗者为火纸、包裹纸。

所谓“杀青”，以斩竹得名；“汗青”以煮沥得名；“简”即已成纸名，乃煮竹成简。后人遂疑削竹片以纪事，而又误疑韦编为皮条穿竹札也。秦火未经时，书籍繁甚，削竹能藏几何？如西番用贝树造成纸叶，中华又疑以贝叶书经典。不知树叶离根即焦，与削竹同一可哂也。

造竹纸

凡造竹纸，事出南方，而闽省独专其盛。当笋生之后，看视山窝深浅，其竹以将生枝叶者为上料。节界芒种，则登山斫伐。截断五七尺长，就于本山开塘一口，注水其中漂浸。恐塘水有涸时，则用竹枧通引，不断瀑流注入。浸至百日之外，加功槌洗，洗去粗壳与青皮，（是名杀青。）其中竹穰形同苎麻样。用上好石灰化汁涂浆，入楻桶下煮，火以八日八夜为率。

凡煮竹，下锅用径四尺者，锅上泥与石灰捏弦，高阔如广中煮盐牢盆样，中可载水十余石。上盖楻桶，其围丈五尺，其径四尺余。盖定受煮八日已足。歇火一日，揭楻取出竹麻，入清水漂塘之内洗净。其塘底面、四维皆用木板合缝砌完，以防泥污。（造粗纸者不须为此。）洗净，用柴灰浆过，再入釜中，其上按平，平铺稻草灰寸许。桶内水滚沸，即取出别桶之中，仍以灰汁淋下。倘水冷，烧滚再淋。如是十余日，自然臭烂。取出入臼受舂，（山国皆有水碓。）舂至形同泥面，倾入槽内。

凡抄纸槽，上合方斗，尺寸阔狭，槽视帘，帘视纸。竹麻已成，槽内清水浸浮其面三寸许。入纸药水汁于其中，（形同桃竹叶，方语无定名。）则水干自成洁白。凡抄纸帘，用刮磨绝细竹丝编成。展卷张开时，下有纵横架框。两手持帘入水，荡起竹麻入于帘内。厚薄由人手法，轻荡则薄，重荡则厚。竹料浮帘之顷，水从四际淋下槽内。然后覆帘，落纸于板上，叠积千万张。数满则上以板压。俏绳入棍。如榨酒法，使水气净尽流干。然后以轻细铜镊逐张揭起焙干。凡焙纸先以土砖砌成夹巷地面，下以砖盖地面，数块以往，即空一砖。火薪从头穴烧发，火气从砖隙透巷外。砖尽热，湿纸逐张贴上焙干，揭起成帙。

近世阔幅者名大四连，一时书文贵重。其废纸洗去朱墨污秽，浸烂入槽再造，全省从前煮浸之力，依然成纸，耗亦不多。南方竹贱之国，不以为然，北方即寸条片角在地，随手拾取再造，名曰还魂纸。竹与皮，精与细，皆同之也。若火纸、糙纸，斩竹煮麻，灰浆水淋，皆同前法。唯脱帘之后不用烘焙，压水去湿，日晒成干而已。

盛唐时鬼神事繁，以纸钱代焚帛，（北方用切条，名曰板钱。）故造此者名曰火纸。荆楚近俗，有一焚侈至千斤者。此纸十七供冥烧，十三供日用。其最粗而厚者曰包裹纸，则竹麻和宿田晚稻稿所为也。若铅山诸邑所造柬纸，则全用细竹料厚质荡成。以射重价。最上者曰官柬，富贵之家通刺用之。其纸敦厚而无筋膜，染红为吉柬，则先以白矾水染过，后上红花汁云。

造皮纸

凡楮树取皮，于春末夏初剥取。树已老者，就根伐去，以土盖之。来年再长新条，其皮更美。凡皮纸，楮皮六十斤，仍入绝嫩竹麻四十斤，同塘漂浸，同用石灰浆涂，入釜煮糜。近法省啬者，皮竹十七而外，或入宿田稻稿十三，用药得方，仍成洁白。凡皮料坚固纸。其纵文扯断绵丝，故曰绵纸，衡断且费力。其最上一等，供用大内糊窗格者，曰棂纱纸。此纸自广信郡造，长过七尺，阔过四尺。五色颜料先滴色汁槽内和成，不由后染。其次曰连四纸，连四中最白者曰红上纸。皮名而竹与稻稿参和而成料者，曰揭贴呈文纸。

芙蓉等皮造者统曰小皮纸，在江西则曰中夹纸。河南所造，未详何草木为质，北供帝京，产亦甚广。又桑皮造者曰桑穰纸，极其敦厚，东浙所产，三吴收蚕种者必用之。凡糊雨伞与油扇，皆用小皮纸。

凡造皮纸长阔者，其盛水槽甚宽，巨帘非一人手力所胜，两人对举荡成。若棂纱，则数人方胜其任。凡皮纸供用画幅，先用巩水荡过，则毛茨不起。纸以逼帘者为正面，盖料即成泥浮其上者，粗意犹存也。

朝鲜白硾纸，不知用何质料。倭国有造纸不用帘抄者，煮料成糜时，以巨阔青石覆于炕面，其下爇火，使石发烧。然后用糊刷蘸糜，薄刷石面，居然顷刻成纸一张，一揭而起。其朝鲜用此法与否，不可得知。中国有用此法者亦不可得知也。永嘉蠲糨纸，亦桑穰造。四川薛涛笺，亦芙蓉皮为料煮糜，入芙蓉花末汁。或当时薛涛所指，遂留名至今。其美在色，不在质料也。

曲糵

宋子曰：狱讼日繁，酒流生祸，其源则何辜！祀天追远，沉吟《商倾》《周雅》之间，若作酒醴之资曲糵也，殆圣作而明述矣。惟是五谷菁华变幻，得水而凝，感风而化，供用岐黄者神其名，而坚固食羞者丹其色。君臣自古配合日新，眉寿介而宿痼怯，其功不可殚述。自非炎黄作祖、末流聪明，乌能竟其方术哉。

酒母

凡酿酒必资曲药成信。无曲即佳米珍黍，空造不成。古来曲造酒，糵造醴，后世厌醴味薄，遂至失传，则并糵法亦亡。凡曲，麦、米、面随方土造，南北不同，其义则一。凡麦曲，大、小麦皆可用。造者将麦连皮，井水淘净，晒干，时宜盛暑天。磨碎，即以淘麦水和作块，用楮叶包扎，悬风处，或用稻秸掩黄，经四十九日取用。

造面曲用白面五斤、黄豆五升，以蓼汁煮烂，再用辣蓼末五两、杏仁泥十两和踏成饼，楮叶包悬与稻秸掩黄，法亦同前。其用糯米粉与自然蓼汁溲和成饼，生黄收用者，掩法与时日，亦无不同也。其入诸般君臣草药，少者数味，多者百味，则各土各法，亦不可殚述。近代燕京，则以薏苡仁为君，入曲造薏酒。浙中宁、绍则以绿豆为君，入曲造豆酒。二酒颇擅天下佳雄。（别载《酒经》。）

凡造酒母家，生黄未足，视候不勤，盥拭不洁，则疵药数丸动辄败人石米。故市曲之家必信著名闻，而后不负酿者。凡燕、齐黄酒曲药，多从淮郡造成，载于舟车北市。南方曲酒，酿出即成红色者，用曲与淮郡所造相同，统名大曲。但淮郡市者打成砖片，而南方则用饼团。其曲一味，蓼身为气脉，而米、麦为质料，但必用已成曲、酒糟为媒合。此糟不知相承起自何代，犹之烧矾之必用旧矾滓云。

神曲

凡造神曲所以入药，乃医家别于酒母者。法起唐时，其曲不通酿用也。造者专用白面，每百斤入青蒿自然汁、马蓼、苍耳自然汁相和作饼，麻叶或楮叶包掩如造酱黄法。待生黄衣，即晒收之。其用他药配合，则听好医者增入，苦无定方也。

丹曲

凡丹曲一种，法出近代。其义臭腐神奇，其法气精变化。世间鱼肉最朽腐物，而此物薄施涂抹，能固其质于炎暑之中，经历旬日，蛆、蝇不敢近，色味不离初，盖奇药也。

凡造法用灿稻米，不拘早晚。舂杵极其精细，水浸一七日，其气臭恶不可闻，则取入长流河水漂净。（必用山河流水，大江者不可用。）漂后恶臭犹不可解，入甑蒸饭则转成香气，其香芬甚。凡蒸此米成饭，初一蒸半生即止，不及其熟。出离釜中，以冷水一沃，气冷再蒸，则令极熟矣。熟后，数石共积一堆拌信。

凡曲信必用绝佳红酒糟为料，每糟一斗入马蓼自然汁三升，明矾水和化。每曲饭一石入信二斤，乘饭热时，数人捷手拌匀，初热拌至冷。候视曲信入饭，久复微温，则信至矣。凡饭拌信后，倾入箩内，过矾水一次，然后分散入篾盘，登架乘风。后此风力为政，水火无功。

凡曲饭入盘，每盘约载五升。其屋室宜高大，防瓦上暑气侵逼。室面宜向南，防西晒。一个时中翻拌约三次。候视者七日之中，即坐卧盘架之下，眠不敢安，中宵数起。其初时雪白色，经一二日成至黑色。黑转褐，褐转赭，赭转红，红极复转微黄。目击风中变幻，名曰生黄曲，则其价与入物之力皆倍于凡曲也。凡黑色转褐，褐转红，皆过水一度。红则不复入水。凡造此物，曲工盥手与洗净盘簟，皆令极洁。一毫滓秽，则败乃事也。

参考文献

潘吉星著:《宋应星评传》,南京大学出版社1990年版。

潘吉星著:《天工开物校注及研究》,巴蜀书社1989年版。

[明]宋应星撰:《宋应星学术著作四种》,王咨臣、熊飞注,江西人民出版社1988年版。

日知录

题解

《日知录》共三十二卷，为明末清初学者顾炎武所著，该书从经术、治道、博闻三大类进行稽古考订，以学术札记的方式展示自己毕生治学的所思所得，视野广阔，考订精详，对清代学术风气的形成、学术文体的选择都有重要影响。

版本

[清]顾炎武著：《日知录集释》，[清]黄汝成集释，栾保群、吕宗力点校，上海古籍出版社2006年版。

选读

卷七

帝王名号

尧、舜、禹皆名也。古未有号，故帝王皆以名纪，临文不讳也。考之《尚书》，帝曰“格汝舜，格汝禹”，名其臣也。尧崩之后，舜与其臣言，则曰“帝禹崩之后”。《五子之歌》则曰“皇祖”，《胤征》则曰“先生”、无言尧、舜、禹者，不敢名其君也，自启至发皆名也。夏后氏之季，而始有以十干为号者。桀之癸，商之报丁、报乙、报丙、主壬、主癸，皆号以代其名，自天乙至辛皆号也。商之王著号不著名，而名之见于经者二：天乙之名履，曰汤、曰纣，则亦号也。号则臣子所得而称，故伊尹曰“惟尹躬暨汤”，《颂》曰武汤、曰成汤、曰汤孙也。曰文祖，曰艺祖，曰神宗，曰皇祖，曰烈祖，曰高祖，曰高后，曰中宗，曰高宗，而庙号起矣。曰玄王，曰武王，而谥立矣。曰大舜，曰神禹，曰大禹，曰成汤，曰宁王，而称号繁矣。自夏以前，纯乎质，故帝王有名而无号。自商以下，浸乎文，故有名有号。而德之盛者，有谥以美之，于是周公因而制谥。自天子达于卿大夫，美恶皆有谥，而十干之号不立。然王季以上不追谥，犹用商人之礼焉，此文质之中，而臣子之义也。呜呼！此其所以为圣人也欤？

九经

唐宋取士，皆用《九经》。今制定为《五经》，而《周礼》《仪礼》《公羊》《谷梁》二传并不列于学官。杜氏《通典》：东晋元帝时，太常贺循上言：“《尚书》被符经置博士一人。又多故历纪，儒、道荒废，学者能兼明经义者少，且《春秋》三传俱出圣人，而义归不同，自前代通儒未有能通得失兼而学之者也。今宜《周礼》《仪礼》二经置博士二人，《春秋》三传置博士三人，其余则经置一人，合八人。”太常荀崧上疏言：“博士旧员十有九人，今《五经》合九人，准古计今，犹未中半。《周易》有郑氏注，其书根源，诚可深惜。《仪礼》一经，所谓《曲礼》，郑玄于礼特明，皆有证据。昔周之衰，孔子作《春秋》，左丘明、子夏造膝亲受。孔子殁，丘明撰其所闻为之传，微辞妙旨，无不精究。公羊高亲受子夏，立于汉朝，多可采用。谷梁赤师徒相传，诸所发明，或是《左氏》《公羊》不载，亦足有所订正。臣以为《三传》虽同曰《春秋》，而发端异越，宜各置一人以传其学。”遇王敦难，不行。唐贞观九年五月，敕自今以后，明经兼习《周礼》若《仪礼》者，于本色内量减一选。开元八年七月，国子司业李无瓘上言：“《三礼》《三传》及《毛诗》《尚书》《周易》等，并圣贤微旨，生人教业。今明经所习，务在出身，咸以《礼记》文少，人皆竞读；《周礼》，经邦之轨则；《仪礼》，庄敬之楷模、《公羊》《谷梁》，历代宗习。今两监及州县以独学无友，四经殆绝，事资训诱，不可因循，其学生请停，各量配作业，并贡人预试之日，习《周礼》《仪礼》《公羊》《谷梁》，并请帖十通五，许其入第，以此开劝。即望四海均习，《九经》该备。”从之。《唐书》：开元十六年十二月，杨玚为国子祭酒，奏言：“今之明经，习《左氏》者十无二三，又《周礼》《仪礼》及《公羊》《谷梁》殆将废绝，请量加优奖。”于是下制：“明经习《左氏》及通《周礼》等四经者，出身免任散官。”遂著于式。古人抱遗经、扶微学之心，如此其急，而今乃一切废之，盖必当时之士子苦四经之难习，而主议之臣徇其私意，遂举历代相传之经典弃之而不学也。自汉以来。岂不知经之为五，而义有并存，不容执一，故三家之学并列《春秋》。至于《三礼》，各自为书。今乃去经习传，尤为乖理。苟便己私，用之干禄，率天下而欺君负国，莫甚于此。经学日衰，人材日下，非职此之由乎？

《宋史》：“神宗用王安石之言，士各占治《易》《书》《诗》《周礼》《礼记》一经，兼《论语》《孟子》。”朱文公《乞修〈三礼〉札子》：“遭秦灭学，礼乐先坏，其颇存者，《三礼》而已。《周官》一书固为礼之纲领，至于仪法度数，则《仪礼》乃其本经；而《礼记》郊特性、冠义等篇，乃其义说耳。前此犹有三礼通礼、学究诸科，礼虽不行，士犹得以诵习而知其说。熙宁以来，王安石变乱旧制，废罢《仪礼》，而独存《礼记》之科，弃经任传，遗本宗末，其失已甚。”是则《礼记》之废乃自安石始之，至于明代，此学遂绝。

朱子又作《谢监岳文集序》曰："谢绰中，建之政和人。先君子尉政和，行田间，闻读书声，入而视之，《仪礼》也。以时方专治王氏学，而独能尔，异之，即与俱归，勉其所未至，遂中绍兴三年进士第。"在宋已为空谷之足音，今时则绝响矣。

卷八

吏胥

天子之所恃以平治天下者，百官也。故曰"臣作朕股肱耳目"，又曰"天工人其代之"。今夺百官之权而一切归之吏胥，是所谓百官者虚名，而柄国者吏胥而已。郭隗之告燕昭王曰："亡国与役处，吁，其可惧乎！"秦以任刀笔之吏而亡天下，此固已事之明验也。

唐郑余庆为相，有主书滑涣，久司中书簿籍，与内官典枢密刘光琦相倚为奸，每宰相议事，与光琦异同者，令涣往请，必得。四方书币赀货充集其门，弟泳官至刺史。及余庆再入中书，与同僚集议，涣指陈是非，余庆怒叱之，未几，罢为太子宾客。其年八月，涣赃污发赐死。宪宗闻余庆叱涣事，甚重之。久之，复拜尚书左仆射。韦处厚为相，有汤铢者为中书小胥，其所掌谓之孔目房。宰相遇休假，有内状出，即召铢至延英门付之，送知印宰相。由是稍以机权自张，广纳财贿。处厚恶之，谓曰："此是半装滑涣矣。"乃以事逐之。夫身为大臣，而有甘临之忧，系遁之疾，则今之君子有愧于唐贤多矣。

谢肇淛曰："从来仕宦法罔之密，无如今日者，上自宰辅，下至驿递仓巡，莫不以虚文相酬应。而京官犹可，外吏则愈甚矣。大抵官不留意政事，一切付之胥曹；而胥曹之所奉行者，不过已往之旧牍，历年之成规，不敢分毫逾越。而上之人既以是责下，则下之人亦不得不以故事虚文应之；一有不应，则上之胥曹又乘隙而绳以法矣。故郡县之吏宵旦竭蹶，惟日不足，而吏治卒以不振者，职此之由也。"

又曰："国朝立法太严，如户部官不许苏松、浙江人为之，以其地多赋税，恐飞诡为奸也。然弊孔蠹窦皆由吏胥，堂司官迁转不常，何知之有？今户部十三司胥算，皆绍兴人，可谓目察秋毫，而不见其睫者矣。”

卷十

钱法之变

《太祖实录》：“岁辛丑二月，置宝元局于应天府，铸大中通宝钱，与历代之钱相兼行使。”至嘉靖，所铸之钱最为精工。隆庆、万历加重半铢，而前代之钱通行不废。予幼时见市钱多南宋年号，后至北方，见多汴宋年号，真行草字体皆备，间有一二唐钱。自天启、崇祯广置钱局，括古钱以充废铜，于是市人皆摈古钱不用。而新铸之钱弥多弥恶，旋铸旋销，宝源、宝泉二局只为奸蠹之窟。故尝论古来之钱凡两大变：隋时尽销古钱，一大变；天启以来，一大变也。昔时钱法之弊，至于鹅眼、綖环之类，无代不有。然历代之钱尚存，旬日之间便可澄汰。今则旧钱已尽，即使良工更铸，而海内之广一时难遍，欲一市价而裕民财，其必用开皇之法乎？

自汉五铢以来，为历代通行之货。未有废古而专用今者，唯王莽一行之耳。考之于史，魏熙平初，尚书令任城王澄上言：“请下诸州方镇，其太和及新铸五铢并古钱内外全好者，不限大小，悉听行之。”梁敬帝太平元年，诏杂用古今钱。《宋史》言：“自五代以来，相承用唐旧钱。”至如宋明帝泰始二年，则断新钱，专用古钱矣。金世宗大定十九年，则以宋大观钱一当五用矣。昔之贵古钱如此。近年听炉头之说，官吏、工徒无一不衣食其中，而古钱销尽，新钱愈杂。地既爱宝，火常克金，遂有乏铜之患。自非如隋文别铸五铢，尽变天下之钱，古制不可得而复矣。

钱者，历代通行之货，虽易姓改命，而不得变古。后之人主不知此义，而以年号铸之钱文，于是易代之君，遂以为胜国之物而销毁之，自钱文之有年号始也。尝考之于史，年号之兴，皆自季世。宋孝武帝孝建初，铸四铢，文曰“孝建”，一边为“四铢”。其后稍去“四铢”，专为“孝建”。废帝景和二年，铸二铢钱，文曰“景和”。魏孝文帝太和十九年，更铸钱，文曰“太和”“五铢”。孝庄帝永安二年，更铸永安五铢。此非永世流通之术，而高道穆乃以为：“论今据古，宜载年号。”何其愚也！

近日河南、陕西各自行钱，不相流通，既非与民同利之术，而市肆之猾乘此以欺愚人，窘行旅。《盐铁论》言：“币数变而民滋伪。”亮哉，斯言矣！

卷十二

俸禄

今日贪取之风，所以胶固于人心而不可去者，以俸给之薄而无以赡其家也。昔者武王克殷，庶士倍禄。《王制》：“诸侯之下士视上农夫，中士倍下士，上士倍中士，下大夫倍上士。”汉宣帝神爵三年，诏曰：“吏不廉平则治道衰。今小吏皆勤事而俸禄薄，欲其毋侵渔百姓，难矣。其益吏百石已下俸十五。”光武建武二十六年，诏有司增百官俸，其千石以上减于西京旧制，六百石已下增于旧秩。晋武帝泰始三年，诏曰：“古者以德诏爵，以庸制禄，虽下士犹食上农，外足以奉公忘私，内足以养亲施惠。今在位者，禄不代耕，非所以崇化本也。其议增吏俸。”唐时俸钱，上州刺史八万，中下州七万；赤县令四万五千，畿县、上县令四万；赤县丞三万五千，上县丞三万；赤县簿尉三万，畿县、上县薄尉二万。玄宗天宝十四载，制曰：“衣食既足，廉耻乃知。至如资用靡充，或贪求不已，败名冒法，实此之由。辇毂之下尤难取给，其在西京文武九品已上正员官，今后每月给俸食、杂用、防阁、庶仆等宜十分率加二分；其同正员官加一分。仍为常式。”而白居易《观刈麦（时为盩厔县尉诗）》云：“吏禄三百石，岁晏有余粮。”其《江州司马厅记》曰：“唐兴，上州司马秩五品，岁廪数百石，月俸六七万，官足以庇身，食足以给家。”今之制，禄不过唐人之什二三，彼无以自赡，焉得而不取诸民乎？昔杨绾为相，承元载汰侈之后，欲变之以节俭，而先益百官之俸，皇甫镈以宰相判度支，请减内外官俸禄，给事中崔植封还诏书，可谓达化理之原者矣。

《汉书》言王莽时，天下吏以不得俸禄，各因官职为奸，受取赇赂，以自共给。《五代史》言北汉国小民贫，宰相月俸止百缗，节度使止三十缗，自余薄有资给而已，故其国中少廉吏。穆王之书曰："爵重禄轻，群臣比而戾民，毕程氏以亡。"此之谓矣。

前代官吏皆有职田，故其禄重；禄重则吏多勉而为廉。如陶潜之种秫，阮长之芒种前一日去官，皆公田之证也。《元史》："世祖至元元年八月乙巳，诏定官吏员数，分品从官职，给俸禄，颁公田。"《太祖实录》："洪武十年十月辛酉，制赐百官公田，以其租入充俸禄之数。"是国初此制未废，不知何年收职田以归之上，而但折俸钞，其数复视前代为轻，始无以责吏之廉矣。

《宣宗实录》："宣德八年三月庚辰，兼掌行在户部事礼部尚书胡濙，奏请文武官七年分俸钞，每石减旧数，折钞一十五贯。以十分为率，七分折与官绢，每匹准钞四百贯；三分折与官绵布，每匹准钞二百贯。从之。濙初建议，与少师蹇义等谋，义等力言不可，曰：'仁宗皇帝在春宫久，深知官员折俸之薄，故即位特增数倍，此仁政也，岂可违之。'濙初欲每石减作十贯，闻义等言，乃作十五贯。白而行之，而小官不足者多矣。"

《大明会典·官员俸给条》云："每俸一石该钞二十贯，每钞二百贯折布一匹。"后又定布一匹折银三钱，是十石之米折银仅三钱也。盖国初民间所纳官粮皆米麦也，或折以钞布。百官所受俸亦米也，或折以钞。其后钞不行，而代以银。于是粮之重者愈重，而俸之轻者愈轻，其弊在于以钞折米，以布折钞，以银折布，而世莫究其源流也。

正统六年二月戊辰，巡按山东监察御史曹泰奏："臣闻之《书》曰：'凡厥正人，既富方谷。今在外诸司文臣，去家远任，妻子随行。禄厚者月给米不过三石，薄者一石、二石，又多折钞。九载之间，仰事俯育之资，道路往来之费，亲故问遗之需，满罢闲居之用，其禄不赡则不免失其所守，而陷于罪者多矣。乞敕廷臣会议，量为增益，俾足养廉。如是而仍有贪污，惩之无赦。"事下行在户部，格以定制，不行。

《北梦琐言》："唐毕相諴家本寒微。其舅为太湖县伍伯，相国耻之，俾罢此役，为除一官。累遣致意，竟不承命。特除选人杨载宰此邑，参辞日，于私第延坐，与语期为落籍，津送入京。杨令到任，具达台旨。伍伯曰：‘某下贱，岂有外甥为宰相邪？’杨令坚勉之，乃曰：‘某每岁公税享六十缗事例钱，苟无败阙，终身优渥，不审相公俗为致何官职？’杨令具以闻，相国叹赏，亦然其说，竟不夺其志也。”夫以伍伯之役而岁六十缗，宜乎台皂之微皆知自重。乃信《汉书》言：“赵广汉奏请令长安游徼狱吏秩百石，其后百石吏皆差自重，不敢枉法，妄系留人。”诚清吏之本务。谓贪浇之积习不可反而廉静者，真不知治体之言矣。

助饷

人主之道，在乎不利群臣百姓之有。夫能不利群臣百姓之有，然后群臣百姓亦不利君之有，而府库之财可长保矣。《旧唐书·柳浑传》：“浑为宰相，奏故尚书左丞田季羔公忠正直，先朝名臣，其祖父皆以孝行旌表门闾，京城隋朝旧第，季羔一家而已。今被堂侄伯强进状，请货宅，召市人马，以讨吐蕃。一开此门，恐滋不逞。讨贼自有国计，岂资侥幸之徒，且毁弃义门，亏损风教。望少责罚，亦可惩劝。上可其奏。”夫以德宗好货之主，而犹能听宰相之言，不受伯强之献，后之人群可以思矣。王明清记高宗建炎二年，有湖州民王永从献钱五十万缗，上以国用稍集，却之，仍诏：“今后富民不许陈献。”嗟夫，此宋之所以复存于南渡也与？

江武尊卜式，以风天下，犹是劝之以爵。今乃怵这以威，戚畹之家常惴惴不自保，而署其门曰“此房实卖”，都城之中十室而五，其不祥孰甚焉。《南唐书》言后主之世，以铁钱六权铜钱四。而行至其末年，铜钱一直铁钱十。比国亡，诸郡所积铜钱六十七万缗。呜呼！此所谓府库财非其财者矣。

贼犯京师，史公可法为南京兵部尚书，军饷告绌，乃传檄募富人出财助国。其略曰：“亲郊乃雍容之事，唐宗有崇韬；出塞本徼幸之图，汉武尚逢卜式。”桐城诸生姚士晋之辞也。然百姓终莫肯输财佐县官，而神京沦丧，殆于孟子所谓“委而去之”者，虽多财奚益哉！

洪武十五年七月，堂邑民有掘得黄金者，有司以进于朝。上曰：“民得金，而朕有之，甚无谓也。”命归之民。天启初，辽事告急，有议及捐助者，朝论以为教猱升木。而六年十二月，兵部主事詹以晋请灵鹫废寺所存田亩变价助工。奉旨：“詹以晋垂涎贱价，规夺寺业，可削籍为民，仍令自行修理寺宇，田有变佃为民业者，责令赎还本寺，以为言利锱铢之戒。”以权奄之世，而下有此论，上有此旨，亦三代直道之犹存矣。

参考文献

张岂之著：《顾炎武》，中华书局1982年版。

赵俪生著：《顾炎武传略》，上海人民出版社1955年版。

周可真著：《顾炎武年谱》，苏州大学出版社1998年版。

黄秀政著：《顾炎武与清初经世学风》，台湾商务印书馆1978年版。

明夷待访录

题 解

黄宗羲（公元1610—1695年），字太冲，号南雷。明清之际著名学者，主要学术成就在学术史和思想史。代表作品有《明儒学案》《宋元学案》《明夷待访录》等。《明夷待访录》篇幅不大，但对中国政治思想的几个关键词进行了深入反思，其中涉及的民本命题与欧洲启蒙民主观遥相呼应，对中国近代思想启蒙产生过重要影响。

版 本

吴光主编：《黄宗羲全集（共22册）》，浙江古籍出版社2012年版。

选读

原君

有生之初，人各自私也，人各自利也，天下有公利而莫或兴之，有公害而莫或除之。

有人者出，不以一己之利为利，而使天下受其利，不以一己之害为害，而使天下释其害。此其人之勤劳必千万於天下之人。夫以千万倍之勤劳而己又不享其利，必非天下之人情所欲居也。故古之人君，量而不欲入者，许由、务光是也；入而又去之者，尧、舜是也；初不欲入而不得去者，禹是也。岂古之人有所异哉？好逸恶劳，亦犹夫人之情也。

后之为人君者不然，以为天下利害之权皆出於我，我以天下之利尽归於己，以天下之害尽归於人，亦无不可；使天下之人不敢自私，不敢自利，以我之大私为天下之大公。始而惭焉，久而安焉，视天下为莫大之产业，传之子孙，受享无穷；汉高帝所谓"某业所就，孰与仲多"者，其逐利之情不觉溢之於辞矣。此无他，古者以天下为主，君为客，凡君之所毕世而经营者，为天下也。

今也以君为主，天下为客，凡天下之无地而得安宁者，为君也。是以其未得之也，屠毒天下之肝脑，离散天下之子女，以博我一人之产业，曾不惨然！曰"我固为子孙创业也"。其既得之也，敲剥天下之骨髓，离散天下之子女，以奉我一人之淫乐，视为当然，曰"此我产业之花息也"。然则为天下之大害者，君而已矣。

向使无君，人各得自私也，人各得自利也。呜呼，岂设君之道固如是乎！

古者天下之人爱戴其君，比之如父，拟之如天，诚不为过也。今也天下之人怨恶其君，视之如寇雠，名之为独夫，固其所也。而小儒规规焉以君臣之义无所逃於天地之间，至桀、纣之暴，犹谓汤、武不当诛之，而妄传伯夷、叔齐无稽之事，乃兆人万姓崩溃之血肉，曾不异夫腐鼠。岂天地之大，於兆人万姓之中，独私其一人一姓乎？是故武王圣人也，孟子之言，圣人之言也。

后世之君，欲以如父如天之空名禁人之窥伺者，皆不便於其言，至废孟子而不立，非导源於小儒乎！

虽然，使后之为君者，果能保此产业，传之无穷，亦无怪乎其私之也。既以产业视之，人之欲得产业，谁不如我？摄缄縢，固扃鐍，一人之智力不能胜天下欲得之者之众，远者数世，近者及身，其血肉之崩溃在其子孙矣。

昔人愿世世无生帝王家，而毅宗之语公主，亦曰："若何为生我家！"痛哉斯言！回思创业时，其欲得天下之心，有不废然摧沮者乎！是故明乎为君之职分，则唐、虞之世，人人能让，许由、务光非绝尘也；不明乎为君之职分，则市井之间，人人可欲，许由、务光所以旷后世而不闻也。然君之职分难明，以俄顷淫乐不易无穷之悲，虽愚者亦明之矣。

原法

三代以上有法，三代以下无法。

何以言之？二帝、三王知天下之不可无养也，为之授田以耕之；知天下之不可无衣也，为之授地以桑麻之；知天下之不可无教也，为之学校以兴之，为之婚姻之礼以防其淫，为之卒乘之赋以防其乱。此三代以上之法也，固未尝为一己而立也。

后之人主，既得天下，唯恐其祚命之不长也，子孙之不能保有也，思患於未然以为之法。然则其所谓法者，一家之法，而非天下之法也。是故秦变封建而为郡县，以郡县得私於我也；汉建庶孽，以其可以藩屏於我也；宋解方镇之兵，以方镇之不利於我也。此其法何曾有一毫为天下之心哉！而亦可谓之法乎？

三代之法，藏天下於天下者也：山泽之利不必其尽取，刑赏之权不疑其旁落，贵不在朝廷也，贱不在草莽也。在后世方议其法之疏，而天下之人不见上之可欲，不见下之可恶，法愈疏而乱愈不作，所谓无法之法也。

后世之法，藏天下於筐箧者也；利不欲其遗於下，福必欲其敛於上；用一人焉则疑其自私，而又用一人以制其私；行一事焉则虑其可欺，而又设一事以防其欺。天下之人共知其筐箧之所在，吾亦鳃鳃然日唯筐箧之是虞，向其法不得不密。法愈密而天下之乱即生於法之中，所谓非法之法也。

论者谓一代有一代之法，子孙以法祖为孝。夫非法之法，前王不胜其利欲之私以创之，后王或不胜其利欲之私以坏之。坏之者固足以害天下，其创之者亦未始非害天下者也。乃必欲周旋於此胶彼漆之中，以博宪章之馀名，此俗儒之剿说也。即论者谓天下之治乱不系於法之存亡。

夫古今之变，至秦而一尽，至元而又一尽，经此二尽之后，古圣王之所恻隐爱人而经营者荡然无具，苟非为之远思深览，一一通变，以复井田、封建、学校、卒乘之旧，虽小小更革，生民之戚戚终无已时也。

即论者谓有治人无治法，吾以谓有治法而后有治人。自非法之法桎梏天下人之手足，即有能治之人，终不胜其牵挽嫌疑之顾盼，有所设施，亦就其分之所得，安於苟简，而不能有度外之功名。使先王之法而在，莫不有法外之意存乎其间。其人是也，则可以无不行之意；其人非也，亦不至深刻罗网，反害天下。故曰有治法而后有治人。

学校

学校，所以养士也。

然古之圣王，其意不仅此也，必使治天下之具皆出於学校，而后设学校之意始备。非谓班朝，布令，养老，恤孤，讯馘，大师旅则会将士，大狱讼则期吏民，大祭祀则享始祖，行之自辟雍也。盖使朝廷之上，闾阎之细，渐摩濡染，莫不有诗书宽大之气，天子之所是未必是，天子之所非未必非，天子亦遂不敢自为非是，而公其非是於学校。

是故养士为学校之一事，而学校不仅为养士而设也。

三代以下，天下之是非一出於朝廷。天子荣之，则群趋以为是；天子辱之，则群擿以为非。簿书、期会、钱谷、戎狱，一切委之俗吏。时风众势之外，稍有人焉，便以为学校中无当於缓急之习气。而其所谓学校者，科举嚣争，富贵熏心，亦遂以朝廷之势利一变其本领，而士之有才能学术者，且往往自拔於草野之间，於学校初无与也，究竟养士一事亦失之矣。

於是学校变而为书院。有所非也，则朝廷必以为是而荣之；有所是也，则朝廷必以为非而辱之。伪学之禁，书院之毁，必欲以朝廷之权与之争胜。其不仕者有刑，曰："此率天下士大夫而背朝廷者也。"其始也，学校与朝廷无与；其继也，朝廷与学校相反。不特不能养士，且至於害士，犹然循其名而立之何与？

东汉太学三万人，危言深论，不隐豪强，公卿避其贬议。宋诸生伏阙搥鼓，请起李纲。三代遗风，惟此犹为相近。使当日之在朝廷者，以其所非是为非是，将见盗贼奸邪慑心於正气霜雪之下！君安而国可保也。乃论者目之为衰世之事，不知其所以亡者，收捕党人，编管陈、欧，正坐破坏学校所致，而反咎学校之人乎！

嗟乎！天之生斯民也，以教养托之於君。授田之法废，民买田而自养，犹赋税以扰之；学校之法废，民蚩蚩而失教，犹势利以诱之。是亦不仁之甚，而以其空名跻之曰"君父，君父"，则吾谁欺！郡县学官，毋得出自选除。

郡县公议，请名儒主之。自布衣以至宰相之谢事者，皆可当其任，不拘已任未任也。其人稍有干於清议，则诸生得共起而易之，曰："是不可以为吾师也。"其下有《五经》师，兵法、历算、医、射各有师，皆听学官自择。

凡邑之生童皆裹粮从学，离城烟火聚落之处士人众多者，亦置经师。民间童子十人以上，则以诸生之老而不仕者充为蒙师。故郡邑无无师之士，而士之学行成者，非主六曹之事，则主分教之务，亦无不用之人。

学官以外，凡在城在野寺观庵堂，大者改为书院，经师领之，小者改为小学，蒙师领之，以分处诸生受业。其寺产即隶於学，以赡诸生之贫者。二氏之徒，分别其有学行者，归之学宫，其馀则各还其业。

太学祭酒，推择当世大儒，其重与宰相等，或宰相退处为之。每朔日，天子临幸太学，宰相、六卿、谏议皆从之。祭酒南面讲学，天子亦就弟子之列。

政有缺失，祭酒直言无讳。

天子之子年至十五，则与大臣之子就学於太学，使知民之情伪，且使之稍习於劳苦，毋得闭置宫中，其所闻见不出宦官宫妾之外，妄自崇大也。

郡县朔望，大会一邑之缙绅士子。学官讲学，郡县官就弟子列，北面再拜。师弟子各以疑义相质难。其以簿书期会，不至者罚之。郡县官政事缺失，小则纠绳，大则伐鼓号於众。其或僻郡下县，学官不得骤得名儒，而郡县官之学行过之者，则朔望之会，郡县官南面讲学可也。

若郡县官少年无实学，妄自压老儒而上之者，则士子哗而退之。

择名儒以提督学政，然学官不隶属於提学，以其学行名辈相师友也。每三年，学官送其俊秀於提学而考之，补博士弟子；送博士弟子於提学而考之，以解礼部，更不别遣考试官。发榜所遗之士，有平日优於学行者，学官咨於提学补入之。其弟子之罢黜，学官以生平定之，而提学不与焉。

学历者能算气朔，即补博士弟子。其精者同入解额，使礼部考之，官於钦天监。学医者送提学考之，补博士弟子，方许行术。岁终，稽其生死效否之数，书之於册，分为三等：下等黜之；中等行术如故；上等解试礼部，入太医院而官之。

凡乡饮酒，合一郡一县之缙绅士子。士人年七十以上，生平无玷清议者，庶民年八十以上，无过犯者，皆以齿南面，学官、郡县官皆北面，宪老乞言。

凡乡贤名宦祠，毋得以势位及子弟为进退。功业气节则考之国史，文章则稽之传世，理学则定之言行。此外乡曲之小誉，时文之声名，讲章之经学，依附之事功，已经入祠者皆罢之。

凡郡邑书籍，不论行世藏家，博搜重购。每书钞印三册，一册上秘府，一册送太学，一册存本学。时人文集，古文非有师法，语录非有心得，奏议无裨实用，序事无补史学者，不许传刻。其时文、小说、词曲、应酬代笔，已刻者皆追板烧之。士子选场屋之文及私试义策，蛊惑坊市者，弟子员黜革，见任官落职，致仕官夺告身。

民间吉凶，一依朱子《家礼》行事。庶民未必通谙，其丧服之制度，木主之尺寸，衣冠之式，宫室之制，在市肆工艺者，学官定而付之；离城聚落，蒙师相其礼以革习俗。

凡一邑之名迹及先贤陵墓祠宇，其修饰表章，皆学官之事。淫祠通行拆毁，但留土谷，设主祀之。故入其境，有违礼之祀，有非法之服，市悬无益之物，土留未掩之丧，优歌在耳，鄙语满街，则学官之职不修也。

取士（下）

古之取士也宽，其用士也严；今之取士也严，其用士也宽。古者乡举里选，士之有贤能者，不患於不知。降而唐宋，其为科目不一，士不得与於此，尚可转而从事於彼，是其取之之宽也。“王制”论秀士，升之司徒曰选士：司徒论选士之秀者，升之学曰俊士：大乐正论造士之秀者，升之司马曰进士，司马论进士之贤者，以告於王而定其论。

论定然后官之，任官然后爵之，位定然后禄之。一人之身，未入仕之先凡经四转，已入仕之后凡经三转，总七转，始与之以禄。唐之士，及第者未便解褐，入仕吏部，又复试之。韩退之三试於吏部无成，则十年犹布衣也。宋虽登第入仕，然亦止是簿尉令录，榜首才得丞判，是其用之之严也。宽於耻则无枉才，严於用则少倖进。

今也不然。其所以程士者，止有科举之一途，虽使古豪杰之士若屈原、司马迁、相如、董仲舒、杨雄之徒，舍是亦无由而进取之，不谓严乎哉！一日苟得，上之列於侍从，下亦置之郡县、即其黜落而为乡贡者，终身不复取解，授之以官，用之又何其宽也！严於取，则豪杰之老死丘壑者多矣；宽於用，此在位者多不得其人也。

流俗之人，徒见夫二百年以来之功名气节，一二出於其中，遂以为科法已善，不必他求。不知科目之内，既聚此百千万人，不应功名气节之士独不得入，则是功名气节之士之得科目，非科目之能得功名气节之士也。假使士子探筹，第其长短而取之，行之数百年，则功名气节之士亦自有出於探筹之中者，宁可谓探筹为取士之善法耶？究竟功名气节人物，不及汉唐远甚，徒使庸妄之辈充塞天下。岂天下之不生才哉？则取之之法非也。

吾故宽取士之法，有科举，有荐举，有太学，有任子，有郡邑佐，有辟召，有绝学，有上书，而用之之严附见焉。

科举之法：其考校仿朱子议：第一场《易》《诗》《书》为一科，子午年试之；《三礼》兼《大戴》为一科，卯年试之；《三传》为一科，酉年试之。试义各二道，诸经皆兼《四书》义一道。答义者先条举注疏及后儒之说，既备，然后以“愚按”结之。其不条众说，或条而不能备，竟入己意者，虽通亦不中格。有司有不依章句移文配接命题者，有丧礼服制忌讳不以为题者，皆坐罪。

第二场周、程、张、朱、陆六子为一科，孙、吴武经为一科，荀、董、扬、文中为一科，管、韩、老、庄为一科，分年各试一论。

第三场《左》《国》《三史》为一科，《三国》《晋书》《南北史》为一科，新、旧《唐书》《五代史》为一科，《宋史》、有明《实录》为一科，分年试史论各二道。答者亦必摭事实而辨是非。若事实不详，或牵连他事而於本事反略者，皆不中格。

第四场时务策三道。

凡博士弟子员遇以上四年仲秋，集於行省而试之，不限名数，以中格为度。考官聘名儒，不论布衣、在位，而以提学主之。明年会试，经、子、史科，亦依乡闱分年，礼部尚书知贡举。登第者听宰相鉴别，分置六部各衙门为吏，管领簿书。拔其尤者，仿古侍中之职在天子左右，三考满常调而后出官郡县。又拔其尤者为各部主事，落第者退为弟子员，仍取解试而后得入礼闱。

荐举之法：每岁郡举一人，与於待诏之列。宰相以国家疑难之事问之，观其所对，令廷臣反覆诘难，如汉之贤良、文学以盐铁发策是也。能自理其说者，量才官之；或假之职事，观其所效而后官之。若庸下之材剿说欺人者，举主坐罪，其人报罢。若道德如吴与弼、陈献章，则不次待之，举主受上赏。

太学之法：州县学每岁以弟子员之学成者，列其才能德艺以上之，不限名数，缺人则止。太学受而考之，其才能德艺与所上不应者，本生报罢。凡士子之在学者，积岁月累试，分为三等：上等则同登第者，宰相分之为侍中属吏；中等则不取解试，竟入礼闱；下等则罢归乡里。

任子之法：六品以上，其子十有五年皆入州县学，补博士弟子员，若教之十五年而无成则出学。三品以上，其子十有五年皆入太学，若教之十五年而无成则出学。今也大夫之子与庶民之子同试，提学受其请讬，是使其始进不以正，不受其请讬，非所以优门第也。公卿之子不论其贤否而仕之，贤者则困於常调，不贤者而使之在民上，既有害於民，亦非所以爱之也。

郡县佐之法：郡县各设六曹，提学试弟子员之高等者分置之，如户曹管赋税出入，礼曹主祀事、乡饮酒、上下吉凶之礼，兵曹统民户所出之兵、城守、捕寇、工曹主郡邑之兴作，刑曹主刑狱，吏曹主各曹之迁除资俸也。满三考升贡太学，其才能尤著者，补六部各衙门属吏。凡廪生皆罢。

辟召之法：宰相、六部、方镇及各省巡抚，皆得自辟其属吏，试以职事，如古之摄官。其能显著，然后上闻即真。绝学者，如历算、乐律、测望、占候、火器、水利之类是也。郡县上之於朝，政府考其果有发明，使之待诏。否则罢归。

上书有二：一，国家有大事或大奸，朝廷之上不敢言而草野言之者，如唐刘蕡、宋陈亮是也，则当处以谏职。若为人嗾使，因而挠乱朝政者，如东汉牢修告捕党人之事，即应处斩。一，以所著书进览，或他人代进，详看其书足以传世者，则与登第者一体出身。若无所发明，篡集旧书，且是非谬乱者，如今日赵宧光《说文长笺》、刘振《识大编》之类，部帙虽繁，却其书而遣之。

参考文献

吴光主编:《黄宗羲与明清思想》,上海古籍出版社2006年版。

季学原,章亦平主编:《黄宗羲研究资料索引》,浙江古籍出版社1993年版。

杨廷福著:《明末三大思想家》,四联出版社1955年版。

文史通义

题 解

《文史通义》是清人章学诚（公元1738—1801年）论文衡史的一部著作，如果考虑到乾嘉时期的著述特点，这部气势恢宏的学术作品引发广泛争议在所难免。在评骘先贤上，章氏词锋尖锐，但确有真知灼见。

版 本

[清]章学诚撰：《文史通义校注》，叶瑛校注，中华书局1985年版。

选读

诗教

周衰文弊，六艺道息，而诸子争鸣。盖至战国而文章之变尽，至战国而著述之事专，至战国而后世之文体备；故论文於战国，而升降盛衰之故可知也。战国之文，奇邪错出，而裂於道，人知之；其源皆出於六艺，人不知也。后世之文，其体皆备於战国，人不知；其源多出於《诗》教，人愈不知也。知文体备於战国，而始可与论后世之文。知诸家本於六艺，而后可与论战国之文，知战国多出於《诗》教，而后可与论六艺之文；可与论六艺之文，而后可与离文而见道；可与离文而见道，而后可与奉道而折诸家之文也。

战国之文，其源皆出於六艺，何谓也？曰：道体无所不该，六艺足以尽之。诸子之为书，其持之有故而言之成理者，必有得於道体之一端，而后乃能恣肆其说，以成一家之言也。所谓一端者，无非六艺之所该，故推之而皆得其所本；非谓诸子果能服六艺之教，而出辞必衷於是也。《老子》说本阴阳，《庄》《列》寓言假象，《易》教也。邹衍侈言天地，关尹推衍五行，《书》教也。管、商法制，义存政典，《礼》教也。申、韩刑名，旨归赏罚，《春秋》教也。其他杨、墨、尹文之言，苏、张、孙、吴之术，辨其源委，挹其旨趣，九流之所分部，《七录》之所叙论，皆於物曲人官，得其一致，而不自知为六典之遗也。

战国之文，既源於六艺，又谓多出於《诗》教，何谓也？曰：战国者，纵横之世也。纵横之学，本於古者行人之官。观春秋之辞命，列国大夫，聘问诸侯，出使专对，盖欲文其言以达旨而已。至战国而抵掌揣摩，腾说以取富贵，其辞敷张而扬厉，变其本而加恢奇焉，不可谓非行人辞命之极也。孔子曰："诵诗三百，授之以政，不达；使於四方，不能专对，虽多奚为？"是则比兴之旨，讽谕之义，固行人之所肄也。纵横者流，推而衍之，是以能委折而入情，微婉而善讽也。九流之学，承官曲於六典，虽或原於《书》《易》《春秋》，其质多本於礼教，为其体之有所该也。及其出而用世，必兼纵横，所以文其质也。古之文质合於一，至战国而各具之质；当其用也，必兼纵横之辞以文之，周衰文弊之效也。故曰：战国者，纵横之世也。

原学

古人之学，不遗事物，盖亦治教未分，官师合一，而后为之较易也。司徒敷五教，典乐教胄子，以及三代之学校，皆见於制度。彼时从事於学者，入而申其占毕，出而即见政教典章之行事，是以学皆信而有徵，而非空言相为授受也。然而其知易入，其行难副，则从古已然矣。尧之斥共工也，则曰："静言庸违。"夫静而能言，则非不学者也。试之於事而有违，则与效法於成象者异矣。传说之启高宗也，则曰："非知之艰，行之惟艰。"高宗旧学於甘盘，久劳於外，岂不学者哉？未试於事，则恐行之而未孚也。又曰："人求多闻，时惟建事，学於古训乃有获。"说虽出於古文，其言要必有所受也。夫求多闻而实之以建事，则所谓学古训者，非徒诵说，亦可见矣。夫治教一而官师未分，求知易而实行已难矣；何况官师分，而学者所肄，皆为前人陈迹哉？夫子曰："学而不思则罔，思而不学则殆。"又曰："吾尝终日不食，终夜不寝，以思，无益，不如学也。"夫思亦学者之事也，而别思於学，若谓思不可以言学者，盖谓必习於事，而后可以言学，此则夫子诲人知行合一之道也。诸子百家之言，起於徒思而不学也。是以其旨皆有所承禀，而不能无敝耳。刘歆所谓某家者流，其源出於古者某官之掌，其流而为某家之学，其失而为某事之弊。夫某官之掌，即先王之典章法度也。流为某家之学，则官守失传，而各以思之所至，自为流别也。失为某事之弊，则极思而未习於事，虽持之有故，言之成理，而不能知其行之有病也。是以三代之隆，学出於一，所谓学者，皆言人之功力也。统言之，十年曰幼学，是也。析言之，则十三学乐，二十学礼，是也。国家因人功力之名，而名其制度，则曰乡学国学，学则三代共之，是也。未有以学属乎人，而区为品诣之名者。官师分而诸子百家之言起，於是学始因人品诣以名矣，所谓某甲家之学，某乙家之学，是也。学因人而异名，学斯舛矣。是非行之过而至於此也，出於思之过也。故夫子言学思偏废之弊，即继之曰："攻乎异端，斯害也已。"夫异端之起，皆思之过，而不习於事者也。

博约

沈枫墀以书问学，自愧通人广坐，不能与之问答。余报之以学在自立，人所能者，我不必以不能愧也。因取譬於货殖，居布帛者，不必与知粟菽，藏药饵者，不必与闻金珠；患己不能自成家耳。譬市布而或阙於衣材，售药而或欠於方剂，则不可也。或曰：此即苏子瞻之教人读《汉书》法也，今学者多知之矣。余曰：言相似而不同，失之毫厘，则谬以千里矣。或问苏君曰：公之博赡，亦可学乎？"苏君曰："可，吾尝读《汉书》矣，凡数过而尽之。如兵、农、礼、乐，每过皆作一意求之，久之而后贯彻。"因取譬於市货，意谓货出无穷，而操贾有尽，不可不知所择云尔。学者多诵苏氏之言，以为良法，不知此特寻常摘句，如近人之纂类策括者尔。问者但求博赡，固无深意。苏氏答之，亦不过经生决科之业，今人稍留意於应举业者，多能为之，未可进言於学问也。而学者以为良法，则知学者鲜矣。大学必有所专，苏氏之意，将以班书为学欤？则终身不能竟其业也，岂数过可得而尽乎？将以所求之礼、乐、兵、农为学欤？则每类各有高深，又岂一过所能尽一类哉？就苏氏之所喻，比於操贾求货，则每过作一意求，是欲初出市金珠，再出市布帛，至於米粟药饵，以次类求矣。如欲求而尽其类欤？虽陶朱、猗顿之富，莫能给其贾也。如约略其贾，而每种姑少收之，则是一无所成其居积也。苏氏之言，进退皆无所据，而今学者方奔走苏氏之不暇，则以苏氏之言，以求学问则不足，以务举业则有馀也。举业比户皆知诵习，未有能如苏氏之所为者，偶一见之，则固矫矫流俗之中，人亦相与望而畏之；而其人因以自命，以谓是学问，非举业也，而不知其非也。苏氏之学，出於纵横。其所长者，揣摩世务，切实近於有用，而所凭以发挥者，乃策论也。策对必有条目，论锋必援故实，苟非专门夙学，必须按册而稽，诚得如苏氏之所以读《汉书》者尝致力焉，则亦可以应猝备求，无难事矣。韩昌黎曰："记事者必提其要，纂言者必钩其玄。"钩玄提要，千古以为美谈；而韩氏所自为玄要之言，不但今不可见，抑且当日绝无流传，亦必寻章摘句，取备临文摭拾者耳。而人乃欲仿钩玄提要之意而为撰述，是亦以苏氏类求，误为学问，可例观也。或曰：如子所言，韩、苏不足法欤？曰：韩、苏用其功力，以为文辞助尔，非以此谓学也。

史德

才、学、识三者，得一不易，而兼三尤难，千古多文人而少良史，职是故也。昔者刘氏子玄，盖以是说谓足尽其理矣。虽然，史所贵者义也，而所具者事也，所凭者文也。孟子曰："其事则齐桓、晋文，其文则史，义则夫子自谓窃取之矣。"非识无以断其义，非才无以善其文，非学无以练其事，三者固各有所近也，其中固有似之而非者也。记诵以为学也，辞采以为才也，击断以为识也，非良史之才、学、识也。虽刘氏之所谓才、学、识，犹未足以尽其理也。夫刘氏以谓有学无识，如愚估操金，不解贸化。推此说以证刘氏之指，不过欲於记诵之间，知所决择，以成文理耳。故曰：古人史取成家，退处士而进奸雄，排死节而饰主阙，亦曰一家之道然也。此犹文士之识，非史识也。能具史识者，必知史德。德者何？谓著书者之心术也。夫秽史者所以自秽，谤书者所以自谤，素行为人所羞，文辞何足取重。魏收之矫诬，沈约之阴恶，读其书者，先不信其人，其患未至於甚也。所患夫心术者，谓其有君子之心，而所养未底於粹也。夫有君子之心，而所养未粹，大贤以下，所不能免也。此而犹患於心术，自非夫子之《春秋》，不足当也。以此责人，不亦难乎？是亦不然也。盖欲为良史者，当慎辨於天人之际，尽其天而不益以人也。尽其天而不益以人，虽未能至，苟允知之，亦足以称著述者之心术矣。而文史之儒，竞言才、学、识，而不知辨心术以议史德，乌乎可哉？

朱陆

末流失其本，朱子之流别，以为优於陆、王矣。然则承朱氏之俎豆，必无失者乎？曰：奚为而无也。今人有薄朱氏之学者，即朱氏之数传而后起者也。其与朱氏为难，学百倍於陆、王之末流，思更深於朱门之从学，充其所极，朱子不免先贤之畏后生矣。然究其承学，实自朱子数传之后起也，其人亦不自知也。而世之号为通人达士者，亦几几乎褰裳以从矣。有识者观之，齐人之饮井相捽也。性命之说，易入虚无。朱子求一贯於多学而识，寓约礼於博文，其事繁而密，其功实而难；虽朱子之所求，未敢必谓无失也。然沿其学者，一传而为勉斋、九峰，再传而为西山、鹤山、东发、厚斋，三传而为仁山、白雲，四传而为潜溪、义乌，五传而为宁人、百诗，则皆服古通经，学求其是，而非专己守残，空言性命之流也。自是以外，文则入於辞章，学则流於博雅，求其宗旨之所在，或有不自知者矣。生乎今世，因闻宁人、百诗之风，上溯古今作述，有以心知其意，此则通经服古之绪，又嗣其音矣。无如其人慧过於识而气荡乎志，反为朱子诟病焉，则亦忘其所自矣。夫实学求是，与空谈性天不同科也。考古易差，解经易失，如天象之难以一端尽也。历象之学，后人必胜前人，势使然也。因后人之密而贬羲、和，不知即羲、和之遗法也。今承朱氏数传之后，所见出於前人，不知即是前人之遗绪，是以后历而贬羲、和也。盖其所见，能过前人者，慧有馀也。抑亦后起之智虑所应尔也，不知即是前人遗蕴者，识不足也。其初意未必遂然，其言足以慑一世之通人达士，而从其井捽者，气所荡也。其后亦遂居之不疑者，志为气所动也。攻陆、王者，出伪陆、王，其学猥陋，不足为陆、王病也。贬朱者之即出朱学，其力深沉，不以源流互质，言行交推；世有好学而无真识者，鲜不从风而靡矣。

文理

偶於良宇案间，见《史记》录本，取观之，乃用五色圈点，各为段落，反覆审之，不解所谓。询之良宇，哑然失笑，以谓己亦厌观之矣。其书云出前明归震川氏，五色标识，各为义例，不相混乱。若者为全篇结构，若者为逐段精彩，若者为意度波澜，若者为精神气魄，以例分类，便於拳服揣摩，号为古文秘传。前辈言古文者，所为珍重授受，而不轻以示人者也。又云："此如五祖传灯，灵素受箓，由此出者，乃是正宗；不由此出，纵有非常著作，释子所讥为野狐禅也。余幼学於是，及游京师，闻见稍广，乃知文章一道，初不由此。然意其中或有一二之得，故不遽弃，非珍之也。"

余曰：文章一道，自元以前，衰而且病，尚未亡也。明人初承宋、元之遗，粗存规矩。至嘉靖、隆庆之间，晦蒙否塞，而文几绝矣。归震川氏生於是时，力不能抗王、李之徒，而心知其非，故斥凤洲以为庸妄。谓其创为秦、汉伪体，至并官名地名，而改用古称，使人不辨作何许语，故直斥之曰文理不通，非妄言也。然归氏之文，气体清矣，而按其中之所得，则亦不可强索。故余尝书识其后，以为先生所以砥柱中流者，特以文从字顺，不汩没於流俗；而於古人所谓闳中肆外，言以声其心之所得，则未之闻尔。然亦不得不称为彼时之豪杰矣。但归氏之於制艺，则犹汉之子长，唐之退之，百世不祧之大宗也。故近代时文家之言古文者，多宗归氏。唐、宋八家之选，人几等於《五经》四子所由来矣。惟归、唐之集，其论说文字皆以《史记》为宗；而其所以得力於《史记》者，乃颇怪其不类。盖《史记》体本苍质，而司马才大，故运之以轻灵。今归、唐之所谓疏宕顿挫，其中无物，遂不免於浮滑，而开后人以描摩浅陋之习。故疑归、唐诸子，得力於《史记》者，特其皮毛，而於古人深际，未之有见。今观诸君所传五色订本，然后知归氏之所以不能至古人者，正坐此也。

夫立言之要，在於有物。古人著为文章，皆本於中之所见，初非好为炳炳烺烺，如锦工绣女之矜夸采色已也。富贵公子，虽醉梦中，不能作寒酸求乞语；疾痛患难之人，虽置之丝竹华宴之场，不能易其呻吟而作欢笑。此声之所以肖其心，而文之所以不能彼此相易，各自成家者也。今舍己之所求，而摩古人之形似，是杞梁之妻，善哭其夫，而西家偕老之妇，亦学其悲号；屈子自沈汨罗，而同心一德之朝，其臣亦宜作楚怨也；不亦傎乎？至於文字，古人未尝不欲其工。孟子曰："持其志，无暴其气。"学问为立言之主，犹之志也；文章为明道之具，犹之气也。求自得於学问，固为文之根本；求无病於文章，亦为学之发挥。故宋儒尊道德而薄文辞，伊川先生谓工文则害道，明道先生谓记诵为玩物丧志，虽为忘本而逐末者言之；然推二先生之立意，则持其志者，不必无暴其气。而出辞气之远於鄙倍，辞之欲求其达，孔、曾皆为不闻道矣。但文字之佳胜，正贵读者之自得；如饮食甘旨，衣服轻暖，衣且食者之领受，各自知之，而难以告人。如欲告人衣食之道，当指脍炙而令其自尝，可得旨甘；指狐貉而令其自被，可得轻暖，则有是道矣。必吐己之所尝而哺人以授之甘，搂人之身而置怀以授之暖，则无是理也。

韩退之曰："记事者必提其要，纂言者必钩其玄。"其所谓钩玄提要之书，不特后世不可得而闻，虽当世籍、湜之徒，亦未闻其有所见，果何物哉？盖亦不过寻章摘句，以为撰文之资助耳。此等识记，古人当必有之。如左思十稔而赋《三都》，门庭藩溷，皆著纸笔，得即书之。今观其赋，并无奇思妙想，动心骇魄，当藉十年苦思力索而成。其所谓得即书者，亦必标书志义，先掇古人菁英，而后足以供驱遣尔。然观书有得，存乎其人，各不相涉也。故古人论文，多言读书养气之功，博古通经之要，亲师近友之益，取材求助之方，则其道矣。至於论及文辞工拙，则举隅反三，称情比类，如陆机《文赋》，刘勰《文心雕龙》，锺嵘《诗品》，或偶举精字善句，或品评全篇得失，令观之者得意文中，会心言外，其於文辞思过半矣。至於不得已而摘记为书，标识为类，是乃一时心之所会，未必出於其书之本然。比如怀人见月而思，月岂必主远怀？久客听雨而悲，雨岂必有愁况？然而月下之怀，雨中之感，岂非天地至文？而欲以此感此怀，藏为秘密，或欲嘉惠后学，以谓凡对明月与听霖雨，必须用此悲感，方可领略，则适当良友乍逢，及新昏宴尔之人，必不信矣。是以学文之事，可授受者规矩方圆；其不可授受者心营意造。至於纂类摘比之书，标识评点之册，本为文之末务，不可揭以告人，只可用以自志。父不得而与子，师不得以传弟。盖恐以古人无穷之书，而拘於一时有限之心手也。

律诗当知平仄，古诗宜知音节。顾平仄显而易知，音节隐而难察；能熟於古诗，当自得之。执古诗而定人之音节，则音节变化，殊非一成之诗所能限也。赵伸符氏取古人诗为《声调谱》，通人讥之，余不能为赵氏解矣。然为不知音节之人言，未尝不可生其启悟；特不当举为天下之式法尔。时文当知法度，古文亦当知有法渡。时文法度显而易言，古文法度隐而难喻，能熟於古文，当自得之。执古文而示人以法度，则文章变化，非一成之文所能限也。归震川氏取《史记》之文，五色标识，以示义法；今之通人，如闻其事必窃笑之，余不能为归氏解也，然为不知法度之人言，未尝不可资其领会；特不足据为传授之秘尔。据为传授之秘，则是郢人宝燕石矣。夫书之难以一端尽也，仁者见仁，智者见智。诗之音节，文之法度，君子以谓可不学而能，如啼笑之有收纵，歌哭之有抑扬；必欲揭以示人，人反拘而不得歌哭啼笑之至情矣。然使一己之见，不事穿凿过求，而偶然浏览，有会於心，笔而志之，以自省识，未尝不可资修辞之助也。乃因一己所见，而谓天下之人，皆当范我之心手焉，后人或我从矣，起古人而问之，乃曰："余之所命，不在是矣！"毋乃冤欤？

横通

通人之名，不可概拟也，有专门之精，有兼览之博。各有其不可易，易则不能为良；各有其不相谋，谋则不能为益。然通之为名，盖取譬於道路，四冲八达，无不可至，谓之通也。亦取其心之所识，虽有高下、偏全、大小、广狭之不同，而皆可以达於大道，故曰通也。然亦有不可四冲八达，不可达於大道，而亦不得不谓之通，是谓横通。横通之与通人，同而异，近而远，合而离。

老贾善於贩书，旧家富於藏书，好事勇於刻书，皆博雅名流所与把臂入林者也。礼失求野，其闻见亦颇有可以补博雅名流所不及者，固君子之所必访也。然其人不过琴工碑匠，艺业之得接於文雅者耳。所接名流既多，习闻清言名论，而胸无智珠，则道听途说，根底之浅陋，亦不难窥。周学士长发，以此辈人谓之横通，其言奇而确也。故君子取其所长，而略其所短，譬琴工碑匠之足以资用而已矣。无如学者陋於闻见，接横通之议论，已如疾雷之破山，遂使鱼目混珠，清流无别。而其人亦遂嚣然自命，不自知其通之出於横也。江湖挥麈，别开琴工碑匠家风，君子所宜慎流别也。

参考文献

余英时著：《论戴震与章学诚》，生活·读书·新知三联书店2005年版。

倪德卫著：《章学诚的生平及其思想》，江苏人民出版社2008年版。

[日]山口久和著：《章学诚的知识论》，上海古籍出版社2006年版。

文化名著中英文对照

（英文为汉语拼音者不列）

论语 The Analects of Confucius

中庸 Doctrine of the Mean

四书 The Four Books

四书章句集注 A Variorum of the Four Books

礼记 The Book of Rites

周礼 Ritual of Zhou

仪礼 The Book of Etiquette

尚书 Book of Documents

诗经 The Book of Songs

左传 Zuoqiu Ming's Chronicles

五经 The Five Classics

十三经 Thirteen Classics of Confucianism

说文解字 Explanation and Study of Principles of Composition of Characters

册府元龟 Tortoise Shells for Divning from the Imperial Archives

太平广记 The Extensive Anthologies of Tai Ping Period
永乐大典 The Great Encyclopediain the Reign of Emperor Yong Le
四库全书 Complete Collection in Four Treasures
三字经 Three-Character Textbook
千字文 The Thousand Character Primer

史记 Historical Records
汉书 Chronicles of the Han Dynasty
战国策 Strategies of the Warring States Period
通典 Comprehensive Documents
通志 General History
文献通考 A Critical History of Institutions
资治通鉴 Historical Events
文史通义 General Interpretation of Historiography
水经注 Commentary on the Waterways
洛阳伽蓝记 Temples and Monasteries in Luo Yang

道德经 The Scripture of Ethics
孙子兵法 Master Sun's Art of War
春秋繁露 Luxuriant Dew of the Spring and Autumn Annals
伤寒杂病论 Febrile and other Diseases
齐民要术 Important Arts for the People's Welfare
天工开物 Exploitation of the Works of Nature
农政全书 Complete Treatise on Agriculture
本草纲目 Compendium Materia Medica
九章算术 The Mathematics in Nine Sections

文心雕龙 The Literary Mind and the Craving of the Dragon

世说新语 New Collection of Anecdotes of Famous Personages

搜神记 Stories of Immortals

全唐诗 The Compendium of Tang Poems

全宋词 Complete Collection of Song Ci Poetry

西厢记 The West Chamber

窦娥冤 Snow in Mid-summer

荆钗记 The Thorn Hairpin

牡丹亭 The Peony Pavilion

桃花扇 Peach Blossom Fan

长生殿 Palace of Eternal Youth

三国演义 Romance of the Three Kingdoms

水浒传 Outlaws of the Marsh

西游记 Pilgrimage to the West

金瓶梅 The Plum in the Golden Vase

聊斋志异 Strange Tales from A Lonely Studio

红楼梦 A Dream of Red Mansions

儒林外史 The Scholars